***ACCESO GRATIS** a la Lectura en la Nube*

Para visualizar el libro electrónico en la nube de lectura envíe junto a su nombre y apellidos una fotografía del código de barras situado en la contraportada del libro y otra del ticket de compra a la dirección:

ebooktirant@tirant.com

En un máximo de 72 horas laborales le enviaremos el código de acceso con sus instrucciones.

La visualización del libro en **NUBE DE LECTURA** excluye los usos bibliotecarios y públicos que puedan poner el archivo electrónico a disposición de una comunidad de lectores. Se permite tan solo un uso individual y privado

ASPECTOS JURÍDICOS CONTROVERTIDOS EN LA SOCIEDAD DEL S. XXI

COMITÉ CIENTÍFICO DE LA EDITORIAL TIRANT LO BLANCH

María José Añón Roig
Catedrática de Filosofía del Derecho de la Universidad de Valencia

Ana Cañizares Laso
Catedrática de Derecho Civil de la Universidad de Málaga

Jorge A. Cerdio Herrán
Catedrático de Teoría y Filosofía de Derecho. Instituto Tecnológico Autónomo de México

José Ramón Cossío Díaz
Ministro en retiro de la Suprema Corte de Justicia de la Nación y miembro de El Colegio Nacional

María Luisa Cuerda Arnau
Catedrática de Derecho Penal de la Universidad Jaume I de Castellón

Carmen Domínguez Hidalgo
Catedrática de Derecho Civil de la Pontificia Universidad Católica de Chile

Eduardo Ferrer Mac-Gregor Poisot
Juez de la Corte Interamericana de Derechos Humanos. Investigador del Instituto de Investigaciones Jurídicas de la UNAM

Owen Fiss
Catedrático emérito de Teoría del Derecho de la Universidad de Yale (EEUU)

José Antonio García-Cruces González
Catedrático de Derecho Mercantil de la UNED

José Luis González Cussac
Catedrático de Derecho Penal de la Universidad de Valencia

Luis López Guerra
Catedrático de Derecho Constitucional de la Universidad Carlos III de Madrid

Ángel M. López y López
Catedrático de Derecho Civil de la Universidad de Sevilla

Marta Lorente Sariñena
Catedrática de Historia del Derecho de la Universidad Autónoma de Madrid

Javier de Lucas Martín
Catedrático de Filosofía del Derecho y Filosofía Política de la Universidad de Valencia

Víctor Moreno Catena
Catedrático de Derecho Procesal de la Universidad Carlos III de Madrid

Francisco Muñoz Conde
Catedrático de Derecho Penal de la Universidad Pablo de Olavide de Sevilla

Angelika Nussberger
Catedrática de Derecho Constitucional e Internacional en la Universidad de Colonia (Alemania) Miembro de la Comisión de Venecia

Héctor Olasolo Alonso
Catedrático de Derecho Internacional de la Universidad del Rosario (Colombia) y Presidente del Instituto Ibero-Americano de La Haya (Holanda)

Luciano Parejo Alfonso
Catedrático de Derecho Administrativo de la Universidad Carlos III de Madrid

Consuelo Ramón Chornet
Catedrática de Derecho Internacional Público y Relaciones Internacionales de la Universidad de Valencia

Tomás Sala Franco
Catedrático de Derecho del Trabajo y de la Seguridad Social de la Universidad de Valencia

Ignacio Sancho Gargallo
Magistrado de la Sala Primera (Civil) del Tribunal Supremo de España

Elisa Speckmann Guerra
Directora del Instituto de Investigaciones Históricas de la UNAM

Ruth Zimmerling
Catedrática de Ciencia Política de la Universidad de Mainz (Alemania)

Fueron miembros de este Comité:

Emilio Beltrán Sánchez, Rosario Valpuesta Fernández y **Tomás S. Vives Antón**

Procedimiento de selección de originales, ver página web:

www.tirant.net/index.php/editorial/procedimiento-de-seleccion-de-originales

ASPECTOS JURÍDICOS CONTROVERTIDOS EN LA SOCIEDAD DEL S. XXI

DIRECTORA
ANA N. ESCRIBÁ PÉREZ

COORDINADORES
IGNACIO V. MAYORAL NARROS
VICENT J. SORRENTÍ COSTA

tirant lo blanch
Valencia, 2023

Copyright ® 2023

Todos los derechos reservados. Ni la totalidad ni parte de este libro puede reproducirse o transmitirse por ningún procedimiento electrónico o mecánico, incluyendo fotocopia, grabación magnética, o cualquier almacenamiento de información y sistema de recuperación sin permiso escrito de los autores y del editor.

En caso de erratas y actualizaciones, la Editorial Tirant lo Blanch publicará la pertinente corrección en la página web www.tirant.com.

© Varios autores y autoras

La presente obra ha sido sometida a la revisión de pares ciegos según el protocolo de publicación de la editorial a efectos de ofrecer el rigor y calidad correspondiente tanto en su contenido como en su forma, aplicándose los criterios específicos aprobados por la Comisión Nacional E 016 (BOE num. 286, de 26 de noviembre de 2016).

© TIRANT LO BLANCH
EDITA: TIRANT LO BLANCH
C/ Artes Gráficas, 14 - 46010 - Valencia
TELFS.: 96/361 00 48 - 50
FAX: 96/369 41 51
Email: tlb@tirant.com
www.tirant.com
Librería virtual: www.tirant.es
DEPÓSITO LEGAL: V-3190-2023
ISBN: 978-84-1197-282-6

Si tiene alguna queja o sugerencia, envíenos un mail a: *atencioncliente@tirant.com*. En caso de no ser atendida su sugerencia, por favor, lea en *www.tirant.net/index.php/empresa/politicas-de-empresa* nuestro procedimiento de quejas.

Responsabilidad Social Corporativa: http://www.tirant.net/Docs/RSCTirant.pdf

AUTORES

MARÍA CASTRO CORREDORIA

MARIA JOSÉ CATALÁ VERDET

DR. JAVIER CASANOVES BOIX

DRA. CRISTINA LÓPEZ LÓPEZ

DRA. ANA N. ESCRIBÁ PÉREZ

DRA. TÀLIA GONZÁLEZ COLLANTES

DR. VALENTÍN GUILLÉN PÉREZ

ROCÍO GUTIÉRREZ GALLARDO

MARIANA CECILIA FERNÁNDEZ

DR. JOAQUÍN J. MARCO MARCO

DRA. JULIA MARTÍNEZ-CANDADO

CRISTINA MARTÍNEZ GARAY

DRA. MÓNICA PÉREZ SÁNCHEZ

DR. ANTONIO QUIRÓS FONS

DRA. LUCÍA ROZALÉN CREUS

NATHALIE SORIANO RUIZ

JORDI BELLVER SANCHIS

DRA. RAQUEL VALLE ESCOLANO

Índice

PRÓLOGO

La Universidad Internacional de Valencia -VIU, consciente de la realidad contemporánea, publica este volumen bajo el título "Aspectos jurídicos controvertidos en la sociedad del s. XXI", en el que se pueden encontrar trabajos de diversas disciplinas del Derecho, que abordan problemas de actualidad jurídica.

Probablemente, la noción de Derecho existía en el inconsciente del ser humano como una idea sutil que surge por la unión de un grupo de personas que se relacionan y tienen la necesidad de ordenar su conducta mediante normas. Por eso, la idea de Derecho no puede separarse del concepto norma. Sin embargo, a la hora de dar una definición de Derecho, no es bastante con hablar de conjunto de normas porque, evidentemente, hay normas que no son jurídicas. De esta manera, cuando hablamos de Derecho, lo podríamos definir como un conjunto de normas que regulan las relaciones entre los individuos, decretadas por la Autoridad competente, con una fuerza normativa precisa y cuyo cumplimiento se impone a los destinatarios con independencia de su voluntad.

Precisamente, por ese papel que tiene el Derecho de regulador de la realidad social, su principal función es servir a los individuos. Mas, en los últimos tiempos, ese protagonismo regulador se ha tornado más complejo por la propia evolución de la sociedad, recogiéndose en este trabajo aspectos polémicos que afectan a temas variados de Derecho. Así, en el trabajo de María Castro se analiza una cuestión de rabiosa actualidad: la Ley Orgánica 1/2004, de 28 de diciembre, de Medidas de Protección Integral contra la Violencia de Género. En sus líneas, la autora hace un estudio prolijo de las Sentencias del Tribunal Constitucional 59/2008 y 45/2009, planteándose el dilema de si se trata de una norma discriminatoria o, por el contrario, se limita a aplicar la perspectiva de género en el ámbito penal.

Los conceptos de dignidad e integridad moral y la vulneración de los derechos fundamentales por comportamientos de ciberacoso es el tema elegido por María José Catalá y Joaquín Marco. Los autores proponen una actualización de la LO 1/82, de 5 de mayo, para ampliar la protección de los derechos personalísimos que pueden verse conculcados por el mal uso de las nuevas tecnologías.

Las conclusiones del estudio empírico de Casanoves, López y Pérez pueden resultar útiles a los directivos universitarios para diseñar aquellas estrategias que permitan mantener o mejorar el capital de marca educativo.

En el trabajo de Escribá Pérez, se observa un análisis prolijo de los cambios introducidos por el Real Decreto-Ley 6/2019, de 1 de marzo en materia de igualdad y de conciliación de la vida laboral y familiar, distinguiendo las novedades que afectan a los trabajadores por cuenta ajena, a los autónomos, a los empleados públicos y los empresarios.

Interesante resulta, también, el análisis de las diferencias existentes entre el concepto de violencia de género recogido en instrumentos internacionales y la Ley Orgánica 1/2004 y la reforma operada en el Código Penal por la Ley Orgánica 1/2015, de 30 de marzo, para trasladar los instrumentos internacionales a nuestro Ordenamiento jurídico que aborda González Collantes.

El examen del artículo 20.2,b) de la LO 4/2015, de 30 de marzo, de Protección de Seguridad Ciudadana, sobre registros corporales externos es el tema elegido por Guillén Pérez que, tras delimitar las posiciones doctrinales y jurisprudenciales, determina los requisitos que los agentes policiales deben tener en cuenta para garantizar la efectividad de los derechos constitucionales.

Por otro lado, Gutiérrez Gallardo estudia la necesidad de introducir la nueva agravante del artículo 22. 4ª del Código Penal, planteándose el problema de las diferencias entre la agravante por razón de género y la agravante por razón de sexo y entre éstas y la agravante por razón de la orientación o identidad sexual, concluyendo que su inclusión tras la reforma operada por la LO 1/2015, de 30 de enero es totalmente innecesaria, apostando por crear subtipos agravados en ciertos delitos dolosos graves que se cometen contra las mujeres.

La aportación internacional la encontramos con el trabajo de Mariana Cecilia Fernández que, desde Argentina, estudia la relación entre la justicia penal y los medios de comunicación en aquel país, concluyendo, tras utilizar como metodologías, entre otras, el análisis de documentos y de la realización de entrevistas semi-estructuradas, que las estrategias comunicacionales vigentes entre los magistrados y los periodistas a la hora de trasladar sus decisiones son heterogéneas.

La importancia de las nuevas tecnologías en el ámbito del Derecho es el tema que aborda Martínez Garay que, tras el análisis de la Ley Orgánica 3/2018, de 5 de diciembre, identifica y estudia los derechos digitales reconocidos en la norma. Su trabajo se cierra estudiando el impacto que la tecnología puede tener en las relaciones laborales y, en concreto, cómo conciliar el derecho a la intimidad del trabajador con la potestad que el Estatuto de los Trabajadores concede al empresario para la vigilancia y control del cumplimiento de sus obligaciones.

La situación de la enseñanza concertada tras la aprobación de la LO 3/2020, de 29 de diciembre es el tema elegido para su análisis por Martínez-Candado que, después de hacer un rápido repaso por la legislación educativa y el régimen de conciertos, concluye que la LOMLOE persigue una interpretación inédita del artículo 27 de la Constitución, poniendo en peligro las libertades educativas consagradas en el texto constitucional.

Tema bien distinto, pero de indudable actualidad, es el que examina Quirós Fons al hablar de la objeción de conciencia en el ámbito sanitario. Si bien la cuestión analizada en este estudio no es nueva, si resulta interesante cuando el análisis se centra en mujeres objetoras y afectadas por la objeción. El estudio concluye señalando que, aunque la objeción de conciencia en el ámbito sanitario está reconocida en los Ordenamientos jurídicos europeos, su ejercicio puede verse limitado por el derecho reproductivo de las mujeres, circunstancia que motiva numerosos conflictos de interpretación que deben ser resueltos por los Tribunales.

Rozalén Creus hace un recorrido por la evolución de la situación de la mujer en el derecho de familia, reconociendo la evolución que se produce desde la Constitución Española de 1978, pero destacando el camino que aún queda por recorrer.

La introducción de la agravante por razón de género de la víctima tras la reforma de la LO 1/2015, de 30 de marzo, es analizada por Soriano y Bellver que, tras un detallado análisis jurisprudencial concluyen que la eliminación de prejuicios de género patriarcales exige medidas educativas preventivas más que represivas y judiciales.

Los retos y líneas de actuación en materia de igualdad de mujeres con discapacidad son tratados por Valle Escolano que, tras analizar la normativa internacional, europea y española, define el concepto de interseccionalidad y estudia la existencia de la interseccionalidad género-discapacidad en la normativa y la agenda de igualdad internacional y española.

Para concluir, podemos señalar que el lector disfrutará con este trabajo por la variedad de los temas y las valiosas aportaciones de los autores. Mi felicitación sincera a la Universidad Internacional de Valencia- VIU por su apuesta por la investigación y la transferencia de conocimiento.

JULIA MARTÍNEZ-CANDADO
Valencia, 2023

PERSPECTIVA DE GÉNERO EN EL DERECHO PENAL ESPAÑOL: REVISIÓN JURISPRUDENCIAL

MARÍA CASTRO CORREDOIRA
Universidade de Santiago de Compostela

I. INTRODUCCIÓN

La tutela penal reforzada consagrada en la Ley Orgánica 1/2004, de 28 de diciembre, de Medidas de Protección Integral contra la Violencia de Género ha sido objeto de fuertes cuestionamientos, siendo de destacar la preocupación por el posible tratamiento discriminatorio que dicha ley podría introducir a nivel normativo. La cuestión central radicar en dilucidar si estamos ante una norma discriminatoria que vulnera el principio de igualdad consagrado en el artículo 14 de la Constitución Española de 1978, o si, por el contrario, dicho texto legal respeta los dictados constitucionales y únicamente obra en aras a la consolidación de la perspectiva de género en el campo del derecho penal.

El sector doctrinal mayoritario sostiene que este cuerpo normativo no ha introducido trato discriminatorio a favor de la mujer, justificando su postura en la necesidad de dar respuesta a una realidad social concreta: la desigualdad objetiva entre mujeres y hombres[1]. No obstante, también se observa un sector minoritario – apoyado por el Consejo General del Poder Judicial- que mantiene que la norma sí introduce un tratamiento discriminatorio[2].

Uno de los principales objetos de controversia fue el tenor del artículo 153.1 CP en la redacción por la LO 1/2004. Consecuencia de ello, a nivel jurisprudencial se plantearon múltiples cuestiones de inconstitucionalidad contra el tenor del art. 153.1 CP, entre ellas, las que siguen: 2013-2006, 2684-2006, 3442-2006, 4655-2006, 4574-2006, 4575-2006, 4577-2006, 4654-2006, 4998-2006, 5163-2006, 5439-2006, 5465-2006, 4537-2006, 6035-2006, 6438-2006, 7558-2006, 8109-2006, 8197-2006, 8199-2006, 8232-2006, 8261-2006, 8437-2006, 8906-2006, 8966-2006, 9154-2006, 9155-2006, 9359-2006, 9361-2006, 9804-2006, 10486-2006, 10487-2006, 10596-2006, 10789-2006, 10913-2006, 11334-2006, 11335-2006, 47-2007, 306-2007, 1218-2007, 1219-2007, 1415-2007[3]. El

---

1 Vid. por todos GUINARTE CABADA, G., "Algunas cuestiones polémicas en la interpretación de los delitos de violencia de género", en RODRÍGUEZ CALVO, M. S.; VÁZQUEZ-PORTOMEÑE, F. (dirs.), *La violencia de género. Aspectos médico-legales y jurídico penales.* Tirant lo Blanch, Valencia, 2013.

2 Vid. por todos BOLDOVA PASAMAR, y M. A., RUEDA MARTÍN, M. A., "Consideraciones político-criminales en torno a la violencia de género", en BOLDOVA PASAMAR, M. A., y RUEDA MARTÍN, M. A. (coords.), *La reforma penal en torno a la violencia doméstica y de género*, Atelier, Barcelona, 2006, p. 28.

3 Planteadas, respectivamente, por los siguientes órganos judiciales: Juzgado de lo Penal nº 1 de San Sebastián; Juzgado de Instrucción nº 7 de Alcalá de Henares; Juzgado de lo Penal nº 6 de Madrid; Juzgado de lo Penal nº 2 de Albacete; Juzgado de lo Penal nº 2 de Toledo; Juzgado de Instrucción nº 7 de Alcalá de Henares; Juzgado de lo Penal nº 2 de Albacete; Juzgado de lo Penal nº 4 de Murcia; Juzgado de lo Penal nº 4 de Murcia; Juzgado de lo Penal nº 1 de Valladolid; Juzgado de lo Penal nº 4 de Murcia; Juzgado de lo Penal nº 2 de Albacete;

Tribunal Constitucional ha tenido ocasión de pronunciarse sobre estas cuestiones en sus importantes sentencias 59/2008 y 45/2009, cuyos postulados pasamos a exponer a continuación.

II. COMENTARIO A LA STC 59/2008, DE 14 DE MAYO

Los cambios introducidos en el Código Penal por la LO 1/2004 suscitaron ciertas dudas de constitucionalidad a las que dio respuesta, el Tribunal Constitucional, en sendas sentencias 59/2008, de 14 de mayo, y 45/2009, de 19 de febrero.[4]

En la STC 59/2008[5], se pronunció sobre la cuestión de inconstitucionalidad nº 5939-2005, planteada por el Juzgado de lo Penal nº 4 de Murcia, en relación al aptdo. 1º del art. 153 CP. El 5 de julio de 2005, el Juzgado de Violencia sobre la Mujer nº 1 de Murcia dictó Auto por el que acordó la incoación de diligencias urgentes en el juicio rápido nº 13/2005 por un presunto delito de maltrato familiar. Con la misma fecha, dictó otros dos Autos: uno en que se acordó la puesta en libertad del imputado, y otro por el que se impuso orden de protección,

---

Juzgado de lo Penal nº 1 de Valladolid; Juzgado de lo Penal nº 4 de Murcia; Juzgado de lo Penal nº 3 de Las Palmas de Gran Canaria; Juzgado de lo Penal nº 2 de Albacete; Juzgado de lo Penal nº 4 de Murcia; Juzgado de lo Penal nº 2 de Albacete; Juzgado de lo Penal nº 1 de Valladolid; Juzgado de lo Penal nº 2 de Albacete; Juzgado de lo Penal nº 4 de Murcia; Juzgado de lo Penal nº 2 de Toledo; Juzgado de lo Penal nº 1 de Valladolid; Juzgado de lo Penal nº 2 de Valladolid; Juzgado de lo Penal nº 2 de Albacete; Juzgado de lo Penal nº 2 de Toledo; Juzgado de lo Penal nº 1 de Valladolid; Juzgado de lo Penal nº 2 de Albacete; Juzgado de lo Penal nº 4 de Murcia; Juzgado de lo Penal nº 2 de Albacete; Juzgado de lo Penal nº 1 de Valladolid.

4 Referencia TOL1.449.446

5 Referencia: TOL1.315.315

prohibiéndole al procesado aproximarse a la víctima a menos de 200 metros[6].

La cuestión se planteó realizando un juicio de relevancia[7]. Con la calificación de los hechos como maltrato de obra causante de lesión no constitutiva de delito, la magistrada proponente entendió que la redacción del precepto distingue, por razón de sexo, la onerosidad de la pena de prisión imponible a este tipo de supuestos. Al efecto, consideró que el hecho de que fuese el hombre quien hubiese perpetrado la agresión sobre la esposa obligaba a la jueza a valorar un umbral mínimo de prisión de nueve meses y un día, mientras que, en caso contrario, sería de siete meses y dieciséis días.

---

6 El Ministerio Fiscal formuló escrito de acusación contra el imputado por los hechos calificados como "dos delitos de maltrato del art. 153.1, párrafo segundo del Código Penal, con aplicación de la agravante del último párrafo a uno de los referidos delitos", calificación a la que se adhirió la acusación particular de la esposa.
Remitidas las actuaciones al Juzgado de lo Penal nº 4 de Murcia, éste dictó auto con señalamiento de 13 de agosto de 2005 para la celebración de la vista oral. Una vez concluido el juicio oral, se concedió un plazo de 10 días para realizar alegaciones sobre el posible planteamiento de cuestión de inconstitucionalidad respecto del contenido del art. 153.1 CP. La duda de constitucionalidad se basaba en la posible vulneración de la dignidad de la persona (art. 10 CE), del derecho a la igualdad (art. 14 CE) y a la presunción de inocencia (art. 24.2 CE). Habiendo formulado alegaciones la representación del imputado, quien interesó que se elevara la cuestión de inconstitucionalidad, el Juzgado de lo Penal nº 4 de Murcia la promovió, mediante Auto de 29 de julio de 2005.

7 Estableciendo una vinculación entre la norma cuestionada (la aplicable al caso) y la relación de hechos probados, consistentes en que "el acusado sujetó fuertemente de las orejas a su esposa, que sufrió un enrojecimiento retro-auricular bilateral que curó, con una primera asistencia, sin necesidad de tratamiento médico ulterior".

El juicio de relevancia se centra entonces en la determinación de la pena aplicable a sendos supuestos fácticos, siendo en el caso de autos la pena de prisión más onerosa por causa del sexo del agresor. Dicha diferenciación, según explicó, afectaría también, en consecuencia, a la pena de inhabilitación para el ejercicio de la patria potestad, tutela, curatela, guarda o acogimiento, al régimen de alternativas a la pena privativa de libertad, y a la aplicación de la pena inferior en grado del art. 153.4 CP. Apuntó, finalmente, la posibilidad de aplicar penas idénticas para el caso de considerar al marido como una persona especialmente vulnerable, cumpliéndose el requisito de la convivencia, pero precisando de acreditación de la especial vulnerabilidad.

Antes de entrar en la explicación detallada de los motivos aducidos para considerar que los preceptos constitucionales en causa habían sido vulnerados, la magistrada proponente formuló algunas consideraciones generales. Comenzó apuntando que el contenido normativo de la LO 1/2004 fija una clara distinción por razón de sexo, y que de ésta predeterminación legal se derivan algunas consecuencias jurídicas.

El uso de expresiones como “la ofendida”, “la esposa” o “la mujer ligada a él”, unido al tenor del art. 1.1 de la meritada ley, que identifica la violencia de género con aquella que como “manifestación de la discriminación, situación de desigualdad y las relaciones de poder de los hombres sobre las mujeres, se ejerce sobre éstas por parte de quienes sean o hayan sido sus cónyuges o de quienes estén o hayan estado ligados a ellas por relaciones similares de afectividad, aun sin convivencia”, justifica el argumento de la magistrada de que la intención de la norma es crear una predeterminación legal del sexo, confiriendo una especial protección a la violencia perpetrada por un hombre (sujeto activo) contra una mujer (sujeto pasivo). Por tanto, las notas definitorias de la agravación serían, a su juicio, el sexo de los sujetos intervinientes y la posición relacional existente entre ellos (encontrándose ésta última condicionada a la primera y, por tanto, no añadiendo nada significativo).

En segundo término, se expusieron las distintas consecuencias jurídicas resultantes del sexo. El Auto puntualiza que la duda de constitucionalidad atañe únicamente al primer inciso del primer párrafo del art. 153 CP, por cuanto se hace necesaria la condición femenina de víctima y la correlativa masculina del agresor, sin que se cuestione la agravación referida a la "persona especialmente vulnerable que conviva con el autor". De esta afirmación dimana el primer motivo de inconstitucionalidad aducido, pues se plantea por la posible conculcación del principio de igualdad del art. 14 CE como consecuencia de la discriminación por razón de sexo que deriva de la definición de los sujetos intervinientes en la violencia de género.

Al efecto, el Auto recuerda que es jurisprudencia reiterada del TC[8] que el sexo no puede operar como criterio de diferenciación, por cuanto la protección del derecho a la igualdad descansa sobre una serie de premisas sintetizadas en las SSTC 76/1990 y 253/2004, de 22 de diciembre[9]. Es por ello que

---

8 Vid. por todas STS 28/1992, de 9 de marzo.

9 Vid. por todas STS 253/2004, de 22 de diciembre. Referencia: TOL526.410
"a) no toda desigualdad de trato en la Ley supone una infracción del art. 14 de la Constitución, sino que dicha infracción la produce sólo aquella desigualdad que introduce una diferencia entre situaciones que pueden considerarse iguales y que carece de una justificación objetiva y razonable; b) el principio de igualdad exige que a iguales supuestos de hecho se apliquen iguales consecuencias jurídicas, debiendo considerarse iguales dos supuestos de hecho cuando la utilización o introducción de elementos diferenciadores sea arbitraria o carezca de fundamento racional; c) el principio de igualdad no prohíbe al legislador cualquier desigualdad de trato, sino sólo aquellas desigualdades que resulten artificiosas o injustificadas por no venir fundadas en criterios objetivos suficientemente razonables de acuerdo con criterios o juicios de valor generalmente aceptados; d) por último, para que la diferenciación resulte constitucionalmente

concluye que, de la redacción del precepto, no puede deducirse otra cosa que la diferencia de trato (en función del sexo) en relación a la sanción imponible y al sistema de alternativas a la pena privativa de libertad. Se argumentó que la redacción del precepto restringe el umbral mínimo de la sanción en sentido agravatorio, lo que tiene implicaciones en su adopción para el tipo básico, para el atenuado y para el agravado. En cuanto afecta al sistema de alternativas a la pena privativa de libertad, se arguye que la imposición de la pena de prisión conlleva un régimen agravado de suspensión o sustitución.

Conforme a lo expuesto, se cuestionó que la redacción del precepto se pudiese incluir en la denominada doctrina de la "acción positiva"[10]. Ésta únicamente se configura como mecanismo corrector de desigualdades e injusticias pretéritas

---

lícita no basta con que lo sea el fin que con ella se persigue, sino que es indispensable además que las consecuencias jurídicas que resultan de tal distinción sean adecuadas y proporcionadas a dicho fin, de manera que la relación entre la medida adoptada, el resultado que se produce y el fin pretendido por el legislador superen un juicio de proporcionalidad en sede constitucional, evitando resultados especialmente gravosos o desmedidos". También se cita la STC 181/2000, de 29 de junio, referencia: TOL119.783 , donde se expone que la configuración constitucional del principio de igualdad prohíbe al legislador "configurar los supuestos de hecho de la norma de modo tal que se dé trato distinto a personas que, desde todos los puntos de vista legítimamente adoptables, se encuentran en la misma situación o, dicho de otro modo, impidiendo que se otorgue relevancia jurídica a circunstancias que, o bien no pueden ser jamás tomadas en consideración por prohibirlo así expresamente la propia Constitución, o bien no guardan relación alguna con el sentido de la regulación que, al incluirlas, incurre en arbitrariedad y es por eso discriminatoria".

10 Sobre este "derecho desigual igualitario" STC 229/1992, de 14 de diciembre. Referencia: TOL82.009

cometidas contra grupos determinados. Sin embargo, en el precepto enjuiciado, a juicio de la magistrada, la pretendida acción positiva no se ha diseñado hacia la mujer como tal, sino hacia la mujer como víctima de violencia de género, cuando ésta se produce en una relación matrimonial o análoga, actual o pasada[11]. Considerando que se trata de una formulación diferencial sustentada sobre la diferenciación sexual de los sujetos, defendió que no es posible calificar de "acción positiva" las medidas penales que endurecen la respuesta punitiva acudiendo a estos criterios[12].

De conformidad con estos argumentos, se propuso un juicio de proporcionalidad en el que se ponderase la medida adoptada, el resultado producido y la finalidad pretendida.

En primer lugar, la controversia se ciñó a la distinción de sujetos en relación al subtipo agravado del art. 153.1 CP, por la propia naturaleza penal de las medidas, lo que introduce un elemento cualitativo fundamental. Una diferenciación por sexo en el Código Penal comprometería el principio de igualdad, así como el derecho a la presunción de inocencia y la dignidad de la persona.

En segundo lugar, por lo que refiere a la finalidad perseguida por la norma, en materia de prevención general sostuvo la magistrada que el endurecimiento punitivo podría estar justificado en casos de violencia conyugal, como fenómeno diferenciado, pero no cuando se identifica el sexo del sujeto

---

11 Insistimos, una vez más, en la importancia de advertir esta visión reduccionista de la violencia de género.

12 Para fundamentar esta idea, trae a colación la idea expresada por el Consejo General del Poder Judicial al Anteproyecto de la LO 1/2004, que rechazó la posibilidad de adoptar medidas de acción positiva en el ámbito penal cuando no exista un desequilibrio previo que motive la necesidad de corregirlo.

activo (en este caso, el hombre) para fundamentar esa respuesta agravada. También cuestionó la eficacia de la intervención penal en casos como el delito de maltrato ocasional.

Con todo, la magistrada sostuvo que la norma no superaría el juicio de proporcionalidad, estimando que el único fundamento que podría hallar sería el ánimo discriminatorio aludido en el art. 1.1 LO 1/2004, aunque ello también plantearía ciertas dudas. Primeramente, porque el precepto cuestionado no hace mención expresa a la violencia de género, por lo que pretender una vinculación expresa entre esta preceptividad y la violencia de género podría conculcar los principios de legalidad y de taxatividad, teniendo en cuenta que el propio enunciado normativo ha de dar cuenta de los comportamientos que quedan excluidos de su ámbito de aplicación.

En segundo lugar, y con buen criterio, no se comprende cómo podría formularse esta tesis justificando la limitación al hombre y, por otra parte, teniendo en cuenta que "tan falsa es la afirmación de que sólo en las relaciones de afectividad conyugal o análoga, la violencia tiene motivación de género, como la de que, en todas esas relaciones cualquier conducta violenta, por más que sea dirigida del hombre a la mujer, lo tiene".

La modificación de la LO 1/2004 incluyó medidas susceptibles de ser consideradas antidiscriminatorias, concretamente, respecto de los delitos de lesiones (art. 148.4 CP y 153.1), amenazas (171.4) y coacciones (172.2), sin que en ningún caso se introdujese una alusión expresa a la violencia de género, lo que dificulta la tesis del móvil discriminatorio. A juicio de la magistrada, la limitación de estas conductas discriminatorias al plano relacional suscita dudas de arbitrariedad y razonabilidad, más aún si se tiene en cuenta que no se han introducido estas agravaciones respecto a otras tipologías delictivas, como los delitos contra la libertad sexual. Además, la presunción del móvil discriminatorio, únicamente en el hombre, también plantea dudas en relación al principio de culpabilidad, el de responsabilidad por el hecho, y la presunción de inocencia.

Con respecto a este tipo de medidas se han apuntado dos líneas de interpretación posibles. Conforme a la subjetiva, que incidiría en la motivación del sujeto activo, la justificación de la agravante se situaría en el ámbito de la culpabilidad, exigiéndose prueba en el caso concreto del móvil discriminatorio, puesto que la presunción del móvil en el maltrato ocasional sólo del hombre a la mujer sería contrario a los derechos a la igualdad y a la presunción de inocencia. También se ha apuntado una explicación de la agravante desde el plano de la antijuridicidad y no de la culpabilidad, a partir del desvalor adicional del resultado del maltrato por razón de la pertenencia de la víctima a un colectivo "oprimido", dando prioridad no al móvil discriminatorio en sí mismo sino al efecto que el delito realizado con esa motivación produce en el sujeto pasivo. En cualquier caso, la duda de constitucionalidad no desaparece, toda vez que la diferencia valorativa traería causa de su sexo.

También se descartó, como fundamento de la norma, tanto el abuso de superioridad del hombre como la capacidad limitada de defensa de la mujer, o la presunción de una especial vulnerabilidad de ésta, por tratarse de presunciones que, por su naturaleza, podrían constituir graves lesiones de la dignidad humana. Es más, especial cuidado ha de manifestarse en relación a la presunción de especial vulnerabilidad de la víctima, por cuanto el Tribunal Constitucional rechaza las medidas en las que se denote un cariz paternalista de la mujer por tratarse de postulados normativos que terminan por volverse en contra de la propia víctima, al imprimirle una imagen de debilidad[13].

---

[13] Formuló alegaciones el Fiscal General del Estado en su escrito de 24 de octubre de 2005, interesando la inadmisión de la cuestión planteada. A diferencia de la Magistrada proponente, el Fiscal General

Por cuanto refiere a la argumentación de la Magistrada de que el sujeto activo ha de ser necesariamente un hombre y el sujeto pasivo una mujer, el Tribunal Constitucional reconoció que es ésta una de las interpretaciones posibles del precepto en cuestión, y que no es irrazonable o carente de fundamento. No obstante, de aceptar este planteamiento simplista, se daría por sentado, de un lado, que el hombre es condenado con

---

del Estado considera que no es predicable la neutralidad efectiva entre ambos sexos y en las relaciones de pareja, estimando que, está sobradamente acreditado, de un lado, que los condicionamientos sociales y culturales sitúan a la mujer en una posición de subordinación y, de otro lado, que los datos demuestran que es sustancialmente mayor el número de casos en que las mujeres son víctimas de estas formas de violencia respecto de aquellos otros en que ellas los perpetran. De ello se infiere una forma delictiva con autonomía propia, que engloba conductas con un plus de antijuridicidad como expresión del poder y sometimiento del hombre sobre la mujer. Con ello, estima suficientemente acreditado que el legislador haya optado por adoptar unas medidas específicas para una tipología específica de víctimas (las de la violencia de género).
El Abogado General del Estado se personó en nombre del Gobierno, instando la inadmisión de la causa o, en su defecto, la desestimación de las pretensiones. En cuanto al fondo del asunto, rechaza la lectura sesgada de la Magistrada proponente, por cuanto no se contempla la lectura rígida (por razón de sexo) que ésta realiza. Estima el Abogado General del Estado que la realización de una lectura segregada del contenido del aptdo. 1° del art. 153 CP lleva a que se comprenda, de un lado, a la mujer víctima de violencia de género y, de otro, a la víctima especialmente vulnerable, de lo que se deriva esa vinculación por razón de sexo esgrimida en el Auto de cuestionamiento. Antes al contrario, el Abogado del Estado mantiene que tanto hombre como mujer pueden ser víctima por vía del art. 153.1 CP, por cuanto una interpretación global del conjunto del precepto permitiría una interacción recíproca en cada supuesto. La ley penal procura evitar la discriminación frente a las mujeres por el mero hecho de serlo, sin que ello lleve a la lectura simplista del Auto.

una sanción mayor, y de otro lado, que la mujer es objeto de una mayor protección, ante unos hechos similares. El Tribunal Constitucional tomó como punto de partida que el sujeto activo ha de ser un hombre, por ser este planteamiento el que presenta un mayor grado de diferenciación y, en consecuencia, la distinción más incisiva e intensa desde la perspectiva del principio de igualdad. Consideró que, solamente a la luz de este planteamiento, si la norma llegase a ser inconstitucional, cabría hacer una valoración alternativa del sujeto activo (como hombre y como mujer).

Partiendo de las consideraciones antedichas, el Tribunal Constitucional entendió que la inclusión del inciso "persona especialmente vulnerable que conviva con el autor" reduce notablemente la objeción sustancial del Auto de planteamiento, desde el momento en que dicha formulación permite la condena en los mismos términos que el primer inciso, siempre que se trate de una persona especialmente vulnerable, que conviva con el sujeto activo, y con independencia del sexo del sujeto pasivo. Con ello, el TC quiso aclarar que, en tanto se interprete el primer inciso como relativo a la relación agresor-víctima, hombre-mujer, nada obsta para penar, en la misma medida, otras supuestos de violencia en la pareja cuando concurra esa especial vulnerabilidad, eso sí, con independencia del sexo de los sujetos.

Sentadas estas bases, el órgano judicial valora la posible conculcación del art. 14 CE. Es doctrina reiterada del Tribunal Constitucional[14] que el art. 14 CE acoge dos contenidos: el principio de igualdad y la interdicción de discriminación.

---

14 Vid. STC 200/2001, de 4 de octubre. Referencia: TOL113.855; donde se expone detalladamente y, con posterioridad, entre otras, en las SSTC 39/2002, de 14 de febrero. Referencia: TOL80.795; 214/2006, de 3 de julio. Referencia TOL964.395; 3/2007, de 15 de

De acuerdo con el principio de igualdad se exige un trato igual ante hechos iguales, siendo necesario, para conferir tratamiento diferenciado, que se justifique y motive debidamente esa diferencia, resultando ésta fundada y razonable, sin que resulte desproporcionada[15].

Conforme a la interdicción de discriminaciones, da cobijo a los motivos de discriminación como criterio de diferenciación jurídica, previendo para tales casos un canon de control muy riguroso y estricto, articulado para enjuiciar la legitimidad de la diferenciación y la proporcionalidad. En este sentido, únicamente corresponde al Tribunal Constitucional enjuiciar el encuadre constitucional de la norma dictada por el legislador, sin que le corresponda valorar la conveniencia, los efectos o la calidad de la norma respecto a otras posibles alternativas. Quiere decir con ello que únicamente atenderá a la sujeción de la norma al Texto Constitucional, sin que esto implique, *per se,* un juicio positivo de la norma. Por lo tanto, en el caso analizado no procedía valorar la eficacia o bondad de la norma, como tampoco enjuiciar el grado de desvalor del comportamiento típico, o la severidad de su sanción. En definitiva, únicamente correspondía al TC valorar el respeto a los límites externos

---

enero. Referencia: TOL1.032.865; y 233/2007, de 5 de noviembre. Referencia: TOL1.179.103

15 Trayendo a colación las palabras del Alto Tribunal en su STC 222/1992, de 11 de diciembre. Referencia: TOL82.002 "los condicionamientos y límites que, en virtud del principio de igualdad, pesan sobre el legislador se cifran en una triple exigencia, pues las diferenciaciones normativas habrán de mostrar, en primer lugar, un fin discernible y legítimo, tendrán que articularse, además, en términos no inconsistentes con tal finalidad y deberán, por último, no incurrir en desproporciones manifiestas a la hora de atribuir a los diferentes grupos y categorías derechos, obligaciones o cualesquiera otras situaciones jurídicas subjetivas".

que el principio de igualdad impone desde la Constitución a la construcción legislativa[16].

A partir de estas nociones, el TC arguyó que el sexo de los sujetos intervinientes no opera como factor determinante en los tratamientos diferenciados, sino que la diferenciación normativa se construye sobre la voluntad de sancionar, con mayor gravedad, unas conductas que son consideradas más graves y merecedoras de un mayor reproche social, debido al contexto relacional en que se producen, y que son expresión de la desigualdad en el ámbito de las parejas. Con todo, el TC entiende que la distinción goza de objetividad, procediendo entonces al examen de razonabilidad y de proporción. Aunque se comprende la postura que quiere mantener el TC, ésta no es acorde a la redacción del art. 1 LO 1/2004. Tal y como se expresa el Alto Tribunal, sería aplicable con independencia del sexo, y esto no es exactamente así, pues de ser la víctima un hombre, habría que encajar el caso en el inciso de "especial vulnerabilidad" y ello nos llevaría a otro problema. Si realmente no se quiere establecer distinciones, ¿por qué es el propio texto de la norma quien las fija? Y más aún, ¿cómo se justifica, según esta línea argumental, que haya que acreditarse la especial vulnerabilidad del hombre? ¿considera el TC que habría que acudir a una suerte de presunción de que el hombre es especialmente vulnerable cuando resulte víctima de violencia en la pareja? Realmente, ha de reconocerse que, en este sentido, el TC ha sido sumamente contradictorio, no llegando a disipar las dudas que se le plantearon.

En el juicio de razonabilidad, diferenció la legitimidad del fin de la norma de su adecuación a la diferenciación denuncia-

---

16 Esta argumentación recuerda, en cierta medida, a la de la STC 60/2010. Referencias: TOL6.448.677; TOL1.974.048

da. Superó el control de legitimidad el fin de la propia norma, por cuanto responde a una forma específica de violencia, desarrollada en una situación de desigualdad y relaciones de poder, frente a la cual el legislador ha tratado de dar una respuesta específica, procurando la protección de la vida, la integridad física, la salud, la libertad y la seguridad de las mujeres.

Contrastada la legitimidad del fin perseguido por la norma, correspondía entonces ponderar la adecuación de la diferenciación denunciada. Es necesario que la norma penal revele funcionalidad frente a una alternativa no diferenciadora. Es decir, es necesario que, de esa diferenciación, se concluya la adecuación. Se torna entonces preciso valorar la necesidad de distinción desde la óptica de sendos sujetos. En cuanto atañe al sujeto pasivo, parece ciertamente acreditado y razonable considerar la posición de la mujer como víctima que, como revelan las cifras, padece esta grave criminalidad y ello constituye, en sí mismo, un parámetro de razonabilidad. Por su parte, con la concreción del hombre como sujeto activo se evita una innecesaria intervención punitiva excesiva, sobre todo teniendo en cuenta que las agresiones perpetradas, en el contexto aludido, por hombre contra mujer, adolecen de un mayor desvalor que ha de ser contrarrestado con una mayor pena.

Por último, la norma ha de ser sometida a un examen de proporcionalidad. Se valoraron, al efecto, la razón de la diferencia y la cuantificación de ésta. En palabras del propio TC únicamente "concurrirá una desproporción constitucionalmente reprochable ex principio de igualdad entre las consecuencias de los supuestos diferenciados cuando quepa apreciar entre ellos un "desequilibrio patente y excesivo o irrazonable… a partir de las pautas axiológicas constitucionalmente indiscutibles y de su concreción en la propia actividad legislativa" (SSTC 55/1996, de 28 de marzo, FJ 9; 161/1997, FJ 12; 136/1999, de 20 de julio, FJ 23)". En este sentido tampoco mereció reproche alguno la norma en cuestión.

No se acogió, por tanto, el principal motivo de inconstitucionalidad, como tampoco tuvo cabida el que aludía a la respuesta punitiva. El marco punitivo del art. 153.1 CP y el del art. 153.2 CP se diferencian por la pena mínima de privación de libertad (límite inferior de la pena) en tres meses. No obstante, esta pena es alternativa a la de trabajos en beneficio de la comunidad y, además, el art. 153.4 incorpora opciones de graduación de la pena "en atención a las circunstancias personales del autor y las concurrentes en la realización del hecho". Por tanto, el Alto Tribunal estimó que el sistema penal se encuentra dotado de los mecanismos necesarios para graduar la pena. Considera con ello que los tribunales gozan de margen de arbitrio suficiente para ponderar cada caso de forma individualizada y precisa.

Por último, en atención al reproche relativo al principio de culpabilidad, el TC concluyó que el legislador no presume un mayor desvalor o una mayor gravedad de la conducta, sino que se aprecia el mayor desvalor propio de la conducta descrita. No se trata, como bien indica, "de una presunción normativa de lesividad, sino de la constatación razonable de tal lesividad a partir de las características de la conducta descrita y, entre ellas, la de su significado objetivo como reproducción de un arraigado modelo agresivo de conducta contra la mujer por parte del varón en el ámbito de la pareja". Recordó que no consiste tampoco en presumir una especial vulnerabilidad de las mujeres, sino de que legislador ha apreciado una especial gravedad merecedora de un reproche particular. Finalizó negando que la previsión normativa del 153.1 CP vulnere el principio de culpabilidad por el hecho de que se haya apreciado ese desvalor añadido que venimos comentando, derivado de que el agresor inserta su conducta en una determinada pauta cultural que no lleva, ni mucho menos, a un derecho penal de autor, sino a que el sujeto responda por los gravísimos hechos que ha cometido.

Por lo expuesto, ha de concluirse que el Tribunal Constitucional desestimó íntegramente las pretensiones formuladas, declarando así la plena constitucionalidad del precepto cuestionado[17].

III. COMENTARIO A LA STC 45/2009, DE 19 DE FEBRERO DE 2009

El Tribunal Constitucional, en su STC 45/2009, de 19 de febrero, dio respuesta, de manera acumulada, a varias cuestiones de inconstitucionalidad[18] planteadas contra la redacción dada al

---

17 Sin perjuicio de la decisión final del Alto Tribunal, la sentencia no se emitió con unanimidad, sino que varios Magistrados expresaron su disconformidad con la solución adoptada, formulando para ello votos particulares, concretamente Conde Martín de Hijas, Delgado Barrio, Rodríguez-Zapata Pérez y Ramón Rodríguez Arribas.

18 Vid. cuestiones de inconstitucionalidad nº 5983/2005, planteada por Auto de 3 de agosto de 2005 por el Juzgado de lo Penal nº 1 de Murcia; y nº s 8295/2006, planteada mediante Auto de 20 de julio de 2006 (p.a. 213-2006); 9765/2006, planteada mediante Auto de 13 de octubre de 2006 (p.a. 249-2006); 954/2007, planteada por Auto de 23 de enero de 2007 (p.a. 420-2006); 1264/2007; 2083/2007, planteada mediante Auto de 26 de febrero de 2007 (p.a. 19-2007); 3088/2007, planteada por Auto de 22 de marzo de 2007 (p.a. 66-2007); 6968/2007, planteada mediante Auto de 14 de agosto de 2007 (p.a. 309-2007); 7616/2007, planteada por Auto de 26 de julio de 2007 (p.a. 264-2007); 8972/2007, planteada mediante Auto de 11 de octubre de 2007 (p.a. 261-2007); 52/2008, planteada por Auto de 29 de noviembre de 2007 (p.a. 437-2007); 2315/2008, planteadas por el Juzgado de lo Penal nº 4 de Murcia, mediante Auto de 31 de enero de 2008 (p.a. 553-2007).
La Magistrada proponente, que resulta ser, en todos los casos, la misma, plantea la posible inconstitucionalidad de la redacción actual del art. 171.4 CP, excluyendo de la fundamentación de algunas de las cuestiones elevadas, las dudas sobre la pena de inhabilitación

art. 171.4 CP por el art. 38 de la LO 1/2004. La primera de ellas, fue elevada por posible vulneración del derecho a la dignidad de la persona (art. 10 CE), el derecho a la igualdad (art. 14 CE), el derecho a la presunción de inocencia (art. 24.2 CE) y el principio de proporcionalidad (arts. 25, 17.1, 24.2 y 53 CE).

Las consideraciones pueden ser condensadas en dos motivos: la conculcación del principio de proporcionalidad, y la vulneración del principio de igualdad.

El primero planteó la posible vulneración del principio de proporcionalidad, por infracción de los arts. 17.1, 9.3 y 25 CE. Se cuestionaba hasta qué punto es compatible con el principio de intervención mínima –y, por extensión, con el principio de proporcionalidad- que las faltas leves sean penadas como delitos, cuando se cometen contra un círculo reducido de personas, con independencia de que exista o no convivencia. También surgieron dudas de por qué la agravación no se había extendido a la violencia habitual, y por qué no había comprendido otros tipos de relaciones como las paterno-filiales, que plantean mayores limitaciones de acceso a la justicia y son, al fin y al cabo, relaciones involuntarias. Se puso en duda, en fin, que la redacción del precepto atienda a fines preventivos, de un lado, por considerase que las amenazas leves no son expresión de una necesaria intervención para la represión de presiones ejercidas por el sujeto activo sobre el pasivo y, de otro lado, porque con esta regulación se desvían recursos para la represión de conductas que sí merecerían una actitud más vigilante de los poderes públicos. Con todo, se estimó una lesión del derecho a la libertad, con apoyo en los arts. 17 y 25 CP, así como la vulneración del principio de proporcionalidad.

---

especial para el ejercicio de la patria potestad, tutela, curatela, guarda o acogimiento (como consecuencia de no haber sido esta pena solicitada en algunos de los supuestos).

El segundo motivo esgrimió razonamientos para apreciar la conculcación del principio de igualdad, consecuencia de la discriminación por razón de sexo que dimana de la definición de los sujetos intervinientes (activo y pasivo) en el tipo. A este respecto, se arguyeron varias ideas. Primeramente, la magistrada, al igual que en el caso anterior, cuestionó que la tipificación de 2004 correspondiese a una medida de acción positiva, por entender que no existía un desequilibrio previo entre el hombre y la mujer, o una escasez de bienes para ésta, planteándose "cómo favorece la igualdad de oportunidades para la mujer ... el castigo más severo de conductas como la enjuiciada, cuando son cometidas por un hombre". Asimismo, negó la consideración del tipo como una "fórmula de reparación colectiva por pretéritas discriminaciones sufridas por las mujeres como grupo social", porque ello "se traduciría en la imputación a cada acusado varón de una responsabilidad como representante o heredero del grupo opresor" lo que "chocaría frontalmente con el principio de culpabilidad".

Tampoco confirió entidad alguna al dato estadístico de que la mayor parte de los agresores son varones (pues se trata de un dato coincidente con muchos otros delitos), ni a que se presuma que en las conductas concurra abuso de superioridad, una conducta discriminatoria, o una situación de vulnerabilidad de la víctima, pues "se trataría de presunciones legales ajenas a la exigencia de prueba en el caso concreto, derivadas únicamente del sexo respectivo de autor y víctima, de la naturaleza de la conducta objetiva y del tipo de relación entre los sujetos".

También puso en cuestionamiento la idoneidad de haber limitado la conducta típica a la violencia conyugal, fundándose en dos motivos. Por un lado, calificó esta decisión del legislador de "sospechosamente arbitraria", pues consideró que la dominación violenta del hombre sobre la mujer "puede darse en otro tipo de relaciones afectivas entre hombre y mujer, incluso con mayor virulencia, como sucedería en las paterno-filiales". Dicha tipificación no comulga con la tendencia político-criminal de neutralidad sexual perseguida en la descripción de los tipos penales. En la misma línea, defendió que no resulta objetiva ni razonable la lista de tipos en los que se ha procedido a integrar la distinción, preguntándose el porqué de la exclusión de delitos como el maltrato habitual, los delitos contra la libertad, la libertad sexual y la vida, o los más graves contra la integridad física y psíquica.

Desechó así cada plano de justificación de la agravación y defendió que, explicar la agravación desde la antijuridicidad, acudiendo al criterio de un mayor desvalor del resultado, no resolvería las dudas de constitucionalidad, por traer causa en el sexo. Tampoco colmaría las exigencias la fundamentación de la agravación en el abuso de superioridad, toda vez que "desde el punto de vista de la igualdad (…) elevaría una observación sociológica a la categoría de presupuesto jurídico de agravación en el caso concreto". Por lo demás, estimó que "la sola previsión paralela y yuxtapuesta de los dos casos agravados constituye una invitación al sentimiento de desdoro para la dignidad de la mujer", contraria al valor de la dignidad de la persona, en cuanto que "sugiere la equiparación de la mujer a las personas especialmente vulnerables"[19].

---

19 una sentencia de la Audiencia Provincial de Madrid de 27 de marzo de 2008 se refería esta categoría afirmando que "una persona es especialmente vulnerable cuando por su edad, estado físico o psíquico o sus condiciones personales en relación al grupo conviviente, la sitúan en una posición de inferioridad y/o debilidad frente al agresor (…). El Tribunal Supremo ha predicado la vulnerabilidad por razón de la edad, de la enfermedad o de condiciones objetivas externas a la personalidad, pero también ha indicado que dicha edad, enfermedad o condición externa «deben incidir en esa vulnerabilidad», con lo que de ello se colige que la aplicación no es "automática". En definitiva, a lo que queremos llegar es a expresar que en el ámbito jurídico penal

En definitiva, la magistrada consideró que la tipificación penal no encuentra un criterio objetivo suficientemente razonable para justificar la diferencia de trato en función del sexo[20].

---

la posibilidad de apreciar esa "especial vulnerabilidad" provendrá de la conjunción de diferentes factores en el caso concreto, por lo que el solo hecho de tratarse de una mujer/víctima extranjera, de entrada, no dará lugar a la estimación del concepto jurídico (67).

20 Formuló alegaciones el Fiscal General del Estado, interesando la inadmisión de la causa por notoriamente infundada, de acuerdo con los siguientes argumentos.
En cuanto al principio de proporcionalidad, refuerza la opción legislativa, por estimar que la previsión de penas alternativas, y posibilidad de imponer penas inferiores en grado permite que los tribunales adecúen la respuesta penal a las circunstancias de cada caso.
Por cuanto refiere a la invocada infracción del art. 14 CE, considera debidamente acreditada la predominancia de casos en que el agresor es hombre, y en que las agresiones se perpetran en las relaciones de pareja, desechando que el legislador carezca de una justificación razonable y objetiva, por cuanto esta forma delictiva goza de autonomía propia "caracterizada por unas conductas que encierran un desvalor añadido, un plus de antijuridicidad, al ser expresivas de determinadas relaciones de poder y sometimiento del hombre sobre la mujer".
A ello añade que la agravación punitiva realmente no da respuesta, de manera exclusiva, a este ámbito específico de violencia, sino que extiende la respuesta penal a cualquier relación familiar "cuando concurran en la víctima circunstancias objetivas de desprotección".
Asimismo, arguye que el sistema penal prevé una pluralidad de respuestas punitivas que permiten al órgano judicial adaptar la respuesta a las circunstancias del caso, sin que, por ello, pueda afirmarse que tal regulación carece de motivos objetivos y razonables y, por tanto, pueda ser tachada de desproporcionada. Concluye que el precepto no vulnera ninguna previsión constitucional.
Por su parte, el Abogado del Estado también interesó la inadmisión íntegra de tres cuestiones, y la inadmisión parcial de las demás. Considera irrelevante la invocación del art. 24.2 CE, cuando lo que realmente se cuestiona es el propio fundamento del tipo cuestionado, y no la prueba de sus elementos. En este sentido, también recuerda

---

que la invocación de los arts. 1 y 10 CE exige la conexión con otros preceptos constitucionales, en aras de fundamentar la alegada vulneración constitucional. En lo que atañe a la posible vulneración del art. 14 CE y el principio de culpabilidad, alega que la diferente respuesta penal no se reduce a una cuestión de sexo, pues entiende que no toda mujer se encuentra protegida por el tipo, como tampoco se definen los sujetos activo y pasivo por su condición sexual. En efecto, considera que la norma no limita la condición de víctima al sexo femenino, contemplándose la posibilidad de que ostente tal posición cualquier persona especialmente vulnerable que conviva con el autor. Justifica la alusión a la mujer que sea o haya sido esposa o pareja del autor en la consideración del legislador de que "se encuentran en una situación de especial vulnerabilidad que justificaría la pena agravada ... El legislador entiende que por circunstancias socioculturales, que subsisten como herencia de una organización familiar patriarcal, el entorno de la pareja favorece una posición de cierta prevalencia del hombre sobre la mujer. Esta posición de dominio, que el legislador considera estructural en las relaciones afectivas, justifica que en el entorno de presentes o pasadas relaciones de pareja, deba darse especial protección a la mujer. No parece que la apreciación del legislador pueda considerarse irrazonable o arbitraria, teniendo en cuenta los datos estadísticos... La mujer, no por el hecho de serlo, sino por circunstancias sociales y culturales fuertemente arraigadas, se encuentra en una situación especialmente vulnerable en el entorno de la relación de pareja". En la misma línea argumental estima que no es posible hablar de discriminación positiva, sino de respuesta específica a una mayor necesidad de tutela penal y social.

Rechaza la concepción próxima a un Derecho penal de autor, por entender que tanto hombre como mujer pueden ostentar la posición de sujetos activos del delito, y defender que la diferencia de trato se basa en que "el legislador considera que la mujer en el entorno de una relación de pareja es especialmente vulnerable, dada la tradicional organización patriarcal de la familia, que vendría a favorecer una posición de dominio del hombre sobre la mujer". Con ello, el Abogado del Estado quiere dejar claro que el precepto no está pensado para castigar una tipología concreta de autor, sino, un hecho bien

Frente a estas formulaciones, declaró el TC procedente la pretensión de inadmisibilidad de la cuestión 7616-2007, entrando a valorar los argumentos de fondo planteados en las otras cuestiones elevadas.

El TC trajo a colación los argumentos esgrimidos en la comentada STC 59/2008. Delimitó su objeto de análisis, recordando que "corresponde en exclusiva al legislador el diseño de la política criminal", para lo cual "goza, dentro de los límites establecidos en la Constitución, de un amplio margen de libertad que deriva de su posición constitucional y, en última instancia, de su específica legitimidad democrática"[21]. Con ello, quiso dejar claro, una vez más, que no le corresponde realizar un análisis "de su eficacia o de su bondad, ni alcanza a calibrar el grado de desvalor de su comportamiento típico o el de severidad de su sanción", reiterando que únicamente es de su competencia "enjuiciar si se han respetado los límites externos

---

definido. No obstante, entra en contradicción con su propia argumentación, pues si bien en un primer momento, como se apuntó, incide en que se trata de una especialidad derivada de la especial vulnerabilidad de la mujer en el entorno de la relación de pareja, posteriormente arguye que la tipificación no obra contra la dignidad del hombre por presumirle un móvil machista, como tampoco contra la dignidad de la mujer por presumirle una especial vulnerabilidad. Asimismo, desecha el reproche de proporcionalidad, alegando, una vez más, que la motivación de la agravación "no es otra que la especial necesidad de protección en que se encuentra la mujer en el entorno de una relación de pareja". Sea como fuere, concluye negando que la tipificación sea "arbitraria en sí misma o por comparación", y manteniendo que la regulación responde a casos "legislativamente bien definidos como supuestos en que –por necesidad o al menos por la mayor frecuencia- la violencia masculina exhibe, expresa o manifiesta discriminación o afán de dominio contra la mujer".

[21] Vid. SSTC 55/1996, de 28 de marzo.

que el principio de igualdad impone desde la Constitución a la intervención legislativa"[22].

Partiendo de la duda de constitucionalidad que se planteó en relación al principio de igualdad del art. 14 CE, ya declaró en su STC 59/2008 que "no constituye el del sexo de los sujetos activo y pasivo un factor exclusivo o determinante de los tratamientos diferenciados... La diferenciación normativa la sustenta el legislador en su voluntad de sancionar más unas agresiones que entiende que son más graves y más reprochables socialmente a partir del contexto relacional en el que se producen y a partir también de que tales conductas no son otra cosa... que el trasunto de una desigualdad en el ámbito de las relaciones de pareja de gravísimas consecuencias para quien de un modo constitucionalmente intolerable ostenta una posición subordinada".

Considerando estas premisas generales, entró a valorar, una vez más, si el tratamiento diferenciado introducido por la LO 1/2004 goza de una justificación objetiva y razonable, y no depara unas consecuencias desproporcionadas en las situaciones diferenciadas en atención a la finalidad perseguida por tal diferenciación[23].

Comenzando por el juicio de razonabilidad, el Alto Tribunal examinó la legitimidad de la norma. Para ello, al igual que en la STC 58/2009, acude a los fines perseguidos por la LO 1/2004, y expresados en su propia Exposición de Motivos, por lo que concluyó que el legislador, legítimamente, ha articulado esta norma como respuesta a la falta de protección de la vida, la integridad física, la salud, la libertad y la seguridad de las mujeres en el ámbito de las relaciones de pareja, y como expresión de la lucha contra la desigualdad de la mujer en este

---

22 Vid. STC 59/2008, *cit.*

23 Vid. STC 59/2008, *cit.*

ámbito. Esto, no obstante, ha de ser criticado, pues no se han modificado todos esos tipos penales.

Analizado el primer parámetro (de legitimidad), procede entonces a realizar el segundo examen de igualdad, atendiendo a la funcionalidad de la diferenciación cuestionada para la consecución de esa finalidad legítima. En este sentido, se valoró si realmente era razonable comprender que concurre un mayor desvalor en las conductas del hombre hacia la mujer en este ámbito relacional y, de modo más genérico, en cualesquiera relaciones de las enunciadas en el art. 173.2 CP. Resuelve el TC en el pleno convencimiento que no puede ser objeto de reproche de razonabilidad que el legislador comprenda que ciertas conductas suponen un mayor daño para la víctima cuando el agresor actúa de acuerdo a parámetros culturales (la desigualdad en el ámbito de la pareja). Ello supone contemplar la posibilidad de que estas conductas presenten una mayor lesividad en dos vertientes: la de su seguridad y la de su libertad.

Tampoco considera el tribunal que sea posible apreciar que la diferencia en las consecuencias jurídicas pueda entrañar una desproporción que lleve a la inconstitucionalidad desde la óptica del principio de igualdad[24]. Asimismo, se destaca que el art. 171.4 CP prevea la pena de trabajos en beneficio de la comunidad de cinco a diez días (620.3 CP), cuando se trata de una pena que responde a una falta, aunque abre nuevas posibilidades y diferencias en el régimen de las consecuencias jurídicas[25].

---

24 Al respecto señala el TC que, si bien es cierto que en el art. 171.4 se eleva el mínimo de tres a seis meses de prisión, el hecho de que se catalogue como violencia de género comporta un régimen más severo en la suspensión y en la sustitución de la pena privativa de libertad, sin que ello haya sido cuestionado.

25 Como bien apunta el TC, en principio, no podrá ser causa de "detención (art. 495 de la Ley de enjuiciamiento criminal: LECrim) ni

Destaca la diferencia sustancial, tanto cualitativa como cuantitativa, en el régimen de punición de la amenaza leve sin armas, por las vías de los arts. 171.4 y 620.3 CP. Ciertamente, reconoce que sendos preceptos acogen una respuesta penal sustancialmente diferente, desde el punto de vista punitivo, teniendo en cuenta que en el caso del art. 171.4 CP, el sujeto se somete a un procedimiento penal que puede resultar "especialmente gravoso". Con todo, el TC considera que las diferentes respuestas son razonables. Fundamenta su postura, primeramente, en las finalidades que persigue tal distinción, condensadas en la libertad y la seguridad de las mujeres y, seguidamente, en la pena regulada en el art. 171.4 CP, que permite la elusión de la pena de prisión, así como su rebaja en grado, lo que finaliza disminuir la "diferenciación punitiva".

Tampoco se sustenta la pretensión de vulneración del principio de culpabilidad, pues considera, como en la STC 59/2008, que el legislador no presume un mayor desvalor en la conducta descrita de los hombres, sino que identifica el mayor desvalor de las conductas descritas en este apartado, respecto de las descritas en el apartado siguiente (amenazas leves con armas u otros instrumentos peligrosos), así como de las faltas del art. 620.

---

de una medida de prisión provisional (arts. 502 y ss. LECrim); el plazo de suspensión de la pena es menor (art. 80.2 CP) y tal suspensión no podrá quedar condicionada al cumplimiento de obligaciones adicionales (art. 83.1 CP); puede interpretarse que su comisión no obsta a la suspensión de otra pena privativa de libertad (art. 81.1 CP) ni quiebra la condición básica de una suspensión vigente (art. 84.1 CP); no comporta penas accesorias (arts. 56 y 57 CP); frente al delito de amenazas leves, no computa a efectos de reincidencia en un futuro delito de amenazas (art. 22.8 CP)."

En relación a la posible conculcación de la dignidad en relación a la igualdad, tampoco tiene acogida esta pretensión, por cuanto el precepto no cataloga a la mujer como persona especialmente vulnerable, sino que reserva dicha nomenclatura para otro apartado del precepto, siendo únicamente el tipo del primer párrafo del art. 171.4 CP el que tipifica la conducta dirigida contra el sujeto pasivo mujer, en cuyo caso la justificación no descansa en la especial vulnerabilidad del sujeto pasivo, sino en la especial gravedad de ciertos hechos (este argumento lo compro) "a partir del ámbito relacional en el que se producen y del significado objetivo que adquieren como manifestación de una grave y arraigada desigualdad"[26]

El otro gran bloque sobre el que descansa la argumentación de la inconstitucionalidad refiere al examen de proporcionalidad de la norma. Se recuerda al efecto que este juicio "debe partir (...) de la potestad exclusiva del legislador para configurar los bienes penalmente protegidos, los comportamientos penalmente reprensibles, el tipo y la cuantía de las sanciones penales, y la proporción entre las conductas que pretende evitar y las penas con las que intenta conseguirlo", y que, en esta configuración, que supone "un complejo juicio de oportunidad", el legislador goza de un amplio margen de libertad. El juicio que procede en esta sede jurisdiccional "debe ser por ello muy cauteloso. Se limita a verificar que la norma penal no produzca un patente derroche inútil de coacción que convierte la norma en arbitraria y que socava los principios elementales de justicia inherentes a la dignidad de la persona y al Estado de Derecho". Cabe afirmar la proporcionalidad de una reacción penal cuando la norma persiga "la preservación de bienes o intereses que no estén constitucionalmente proscritos ni sean socialmente irrelevantes", y cuando además la pena sea "instrumentalmen-

---

[26] Vid. STC 59/2008.

te apta para dicha persecución", necesaria y proporcionada en sentido estricto. "Desde la perspectiva constitucional sólo cabrá calificar la norma penal o la sanción penal como innecesarias cuando, a la luz del razonamiento lógico, de datos empíricos no controvertidos y del conjunto de sanciones que el mismo legislador ha estimado necesarias para alcanzar fines de protección análogos, resulta evidente la manifiesta suficiencia de un medio alternativo menos restrictivo de derechos para la consecución igualmente eficaz de las finalidades deseadas por el legislador ... Y sólo cabrá catalogar la norma penal o la sanción penal que incluye como estrictamente desproporcionada cuando concurra un desequilibrio patente y excesivo o irrazonable entre la sanción y la finalidad de la norma a partir de las pautas axiológicas constitucionalmente indiscutibles y de su concreción en la propia actividad legislativa"[27].

En ningún momento se expresa qué análisis concreto de proporcionalidad ha de ser acometido. Aunque se infiere una impugnación del carácter necesario de la pena, invocando el principio de intervención mínima del Derecho Penal, sin aportar mayores razonamientos.

Por otra parte, se señalan algunas notas en aras de sostener la desproporción de la pena en sentido estricto (delitos que deberían merecen la calificación de faltas). Así, la pena devendría excesiva si se compara con la inferior que merecen las amenazas hacia otros grupos de personas. No obstante, para realizar una correcta apreciación de la magnitud de la diferencia, no solo se debe tener en cuenta la diferencia cuantitativa y cualitativa, sino también el hecho de que una conducta se repute como delito o como falta. El desvalor mayor es el que justifica una pena mayor.

---

27 Vid. STC 136/1999, de 20 de julio.

Por lo expuesto, y al igual que en el caso de la STC 59/2008, el TC resuelve la cuestión de inconstitucional desestimándola íntegramente. En este caso también algunos magistrados formularon votos particulares[28].

IV. BIBLIOGRAFÍA

BOLDOVA PASAMAR, "Consideraciones político-criminales en torno a la violencia de género", en BOLDOVA PASAMAR, M. A., y RUEDA MARTÍN, M. A. (coords.), *La reforma penal en torno a la violencia doméstica y de género,* Atelier, Barcelona, 2006, pp 13-34.

BOLDOVA PASAMAR, M. A., y RUEDA MARTÍN, M. A. (coords.), *La reforma penal en torno a la violencia doméstica y de género,* Atelier, Barcelona, 2006.

GUINARTE CABADA, G., "Algunas cuestiones polémicas en la interpretación de los delitos de violencia de género", en RODRÍGUEZ CALVO, M. S.; VÁZQUEZ-PORTOMEÑE, F. (dirs.), *La violencia de género. Aspectos médico-legales y jurídico penales.* Tirant lo Blanch, Valencia, 2013, pp 215-259.

LARRAURI PIJOAN, E., "Igualdad y violencia de género. Comentario a la STC 59/2008", *InDret, Revista para el Análisis del Derecho nº 1, 2009.*

RODRÍGUEZ CALVO, M. S.; VÁZQUEZ-PORTOMEÑE, F. (Ed). GUINARTE CABADA, G; MUÑOZ BARÚS, JI (Coords); *La violencia de género. Aspectos médico-legales y jurídico penales.* Tirant lo Blanch, Valencia, 2013.

---

28 Concretamente, Conde Martín de Hijas, Rodríguez-Zapata Pérez y Rodríguez Arribas.

UN POSIBLE SUPUESTO DE VIOLENCIA DE GÉNERO: NOVIAZGO ADOLESCENTE, TECNOLOGÍA Y VULNERACIÓN DE LOS DERECHOS DE LA PERSONALIDAD

MARÍA JOSÉ CATALÁ VERDET
Profesora
Universidad Internacional de Valencia. VIU. -España-
JOAQUÍN J. MARCO MARCO
Profesor
Universidad Internacional de Valencia. VIU. -España-
Profesor
CEU Cardenal Herrera.-España-

I. INTRODUCCIÓN

Las tecnologías de la información y la comunicación han transformado el estilo de vida de la sociedad -en general- y de los adolescentes -en particular- llegando a convertirse en verdaderos agentes de penetración y alfabetización tecnológica en los hogares. Los jóvenes de hoy en día han sido testigos directos y protagonistas de la "revolución tecnológica". Son los denominados "nativos digitales". Desarrollan gran parte de su vida social a través de internet, encuentran en la tecnología un modo de ocio, entretenimiento, y de fomento de las relaciones sociales, configurando parte de su personalidad en el mundo virtual en muchos casos.

Sin embargo, junto a la vertiente positiva que nos ofrece dicho fenómeno, surge una realidad más perjudicial: la de aquellos jóvenes que pasan horas interactuando a través de su teléfono móvil o su ordenador, sin ser conscientes del paso del tiempo, obviando sus deberes escolares, pudiendo llegar -por carecer de autocontrol- a ser adictos de este tipo de recursos e, incluso, a vulnerar derechos fundamentales de las personas con las que interactúan. El fácil acceso a las nuevas tecnologías, el anonimato que facilita internet y la enorme cantidad de canales de comunicación existentes con una amplia capacidad de difusión, suponen un importante riesgo para los adolescentes.

Situaciones como las reseñadas vienen favorecidas por lo que se ha dado en llamar la *cultura de la habitación*, esto es, la situación que viven aquellos adolescentes que disponen en su cuarto de todos los recursos tecnológicos necesarios (televisión, móvil, videojuegos y ordenador con Internet y webcam) para permanecer durante horas encerrados en ella sin ningún tipo de contacto o relación con el resto de familiares con los que conviven. Dicho aislamiento propicia que sus progenitores/tutores desconozcan la utilización que sus hijos hacen de los recursos a su alcance, utilización que, puede provocar, entre otras cosas, que el menor pueda ser protagonista, activo o pasivo, de una relación de *ciberacoso* o *ciberbullying* y, en consecuencia, de una vulneración de derechos fundamentales. Cuando esa situación se produce entre los integrantes de una pareja adolescente y, más concretamente, cuando el protagonista activo es el componente masculino de la pareja y la protagonista pasiva la integrante femenina, nos encontramos ante un supuesto particular de *ciberacoso* que podría llegar a ser considerado como violencia de género.

Otras de las manifestaciones de ciberacoso con más incidencia durante estos últimos años es la denominada sextorsión, derivada de la práctica de *sexting*, esto es, la difusión o publicación de contenidos audiovisuales de tipo sexual, producidos por el propio remitente utilizando para ello el teléfono móvil u otro dispositivo tecnológico[29]. La sextorsión tiene lugar cuando el acosador amenaza a la víctima con la difusión a través de internet y/o redes sociales de las grabaciones o las fotografías de contenido sexual. Esta práctica puede conllevar numerosas consecuencias para el menor, tales como problemas psicológicos, ya que se expone a una humillación o ensañamiento de carácter público que puede derivar en la falta de autoestima, aislamiento o exclusión social y a la pérdida de intimidad y privacidad.

No debe confundirse el *sexting* con el *grooming*, a través del cual un acosador adulto engaña a la víctima menor simulando ser un amigo que ha conocido por internet y concierta una cita para llevar a cabo una agresión de tipo sexual. Ambas conductas suponen un alto riesgo para la integridad de los adolescentes.

Según un estudio elaborado por la Fundación Telefónica[30], aunque los adolescentes siguen teniendo como principal interlocutor de sus mensajes y conversaciones telefónicas a sus amigos y familiares, en estas edades surge con fuerza un nuevo interlocutor: el novio o la novia, según los casos; si ello lo combinamos con que, según el mismo informe, el 12% de los encuestados afirma haber utilizado el móvil para enviar mensajes ofensivos contra alguien y el 7% declara que alguna vez le han perjudicado con un mensaje, foto o video a través del móvil, las opciones de que esa relación envío-recepción se produzca entre una pareja y se materialice -en cualquier tipo de red social- en algún comportamiento susceptible de ser considerado como violencia de género no es únicamente posible, sino pro-

---

29 FORNÉS, M. V.: *Tratamiento jurídico del acoso entre menores: relevancia jurídico-penal y social del acoso escolar*, Oviedo, Universidad de Oviedo, 2016.

30 BRINGUÉ SALA, X. Y SÁDABA CHALEZQUER, C.: *La Generación Interactiva en España. Niños y adolescentes ante las pantallas*, Fundación Telefónica, 2009.

bable. Ampliando el foco, también nos indica Telefónica que uno de cada seis niños (16,7%) sufre ciberbullying, y según la Fundación ANAR (Ayuda a Niños y Adolescentes en Riesgo), el 75% de los jóvenes que sufre ciberacoso no se lo cuenta a nadie y el 70% de las víctimas de ciberbullying son chicas.

El ciberacoso puede constituir una forma de ejercer la violencia de género entre los adolescentes, ya que "puede ejercerse violencia sobre la pareja o expareja llevándose a cabo una dominación sobre la víctima mediante estrategias humillantes que afectan a la intimidad y la privacidad, además del daño que supone a su imagen pública[31]" , tal y como recoge el informe "El Ciberacoso como forma de ejercer la violencia de género en la juventud: un riesgo en la sociedad de la información y el conocimiento". Según este estudio, internet y las redes sociales facilitan la existencia de violencia de género entre adolescentes, ya que no es necesario el contacto acosador-víctima, y la violencia puede llevarse a cabo a nivel psicológico y emocional.

Sentadas estas premisas, vamos a llevar a cabo un acercamiento a los conceptos de dignidad e integridad moral de la persona, así como de los principales derechos fundamentales (los personalísimos) que pueden verse vulnerados mediante comportamientos de *ciberacoso* para, posteriormente, adentrarme en el estudio de este tipo de comportamiento, haciéndolo, de modo particular, en sus posibles conexiones con la violencia de género.

---

31 Ministerio de Sanidad, Asuntos Sociales e Igualdad. (2013). El Ciberacoso como forma de ejercer la violencia de género en la juventud: un riesgo en la sociedad de la información y el conocimiento.

II. LA DIGNIDAD Y LA INTEGRIDAD MORAL DE LA PERSONA

El artículo 10 CE es la pieza angular de todo el sistema de derechos y libertades reconocidos en el Título I de la Constitución, siendo considerado como el punto de partida para la existencia y reconocimiento de los demás derechos, tal y como indica el Tribunal Constitucional en el Fundamento Jurídico 3 de su Sentencia 53/85, de 11 de abril.

Si entramos a definir el término dignidad podríamos hacerlo[32], volviendo a utilizar la jurisprudencia del Tribunal Constitucional, como "un valor espiritual y moral inherente a la persona, que se manifiesta singularmente en la autodeterminación consciente y responsable de la propia vida, llevando consigo la pretensión de respeto por parte de los demás"[33]. Además, la dignidad de la persona debe permanecer inalterada cualquiera que sea la situación en que la persona se encuentre, constituyendo en consecuencia un *minimum* invulnerable que todo estatuto jurídico debe asegurar[34]. De esta forma, la Constitución está salvaguardando aquellos derechos "que pertenecen a la persona en cuanto tal y no como ciudadano o, dicho de otro modo (...) aquellos que son imprescindibles para la garantía de la dignidad humana"[35].

La última idea que querríamos destacar en relación con la dignidad de la persona es que su existencia conlleva

---

[32] Como complemento puede verse VV.AA.: *Comentario a la Constitución. La jurisprudencia del Tribunal Constitucional* JIMÉNEZ BLANCO, A. (coord.), Madrid, Editorial del Centro de Estudios Ramón Areces, 1995, p. 46.

[33] STC 53/85, de 11 de abril, FJ 8.

[34] SSTC 120/90, de 27 de junio, FJ 4 y 57/94, de 28 de febrero, FJ 3.

[35] Por todas, STC 242/94, de 20 de junio, FJ 4.

-como también indica el artículo 10-, el libre desarrollo de la personalidad, así como los derechos inviolables de la persona que le son inherentes y son el fundamento del orden político y de la paz social. Entre dichos derechos inherentes, me gustaría hacer ahora una breve referencia a la integridad moral, recogida junto al derecho a la vida y la integridad física en el artículo 15 de la Constitución.

El derecho a la vida y el derecho a la integridad física y moral son los derechos más básicos y primarios de todos los reconocidos en el texto constitucional, en la medida en que la afirmación de los demás únicamente tiene sentido a partir del reconocimiento de éstos. Si, por un lado, resulta evidente que el derecho a la vida es el antecedente o supuesto ontológico sin el cual los restantes derechos -fundamentales o no-, carecerían de existencia posible, por otro lado, nos encontramos con que el derecho a la integridad personal, en su doble dimensión física y moral, opera como su complemento ineludible en cuanto garantiza la plena inviolabilidad del ser humano y sienta las bases de su construcción individual y social.

Esta naturaleza basilar del derecho a la vida y del de integridad personal explica, tanto el reconocimiento constitucional conjunto de ambos derechos, como, sobre todo, el lugar en que se produce este reconocimiento: en el primer artículo de la Sección Primera del Capítulo II del Título I (artículos 15 a 29), sección que constituye el núcleo central de la declaración constitucional de derechos.

¿Por qué hacer en este punto una referencia a la dignidad y a la integridad moral? Simplemente porque las tecnologías a las que he venido haciendo referencia en la introducción, de uso masivo entre los adolescentes, son susceptibles de vulnerar una serie de derechos (como el honor, la intimidad personal y familiar o la propia imagen, todos ellos reconocidos en el artículo 18 constitucional y de los que voy a hablar a continuación) que, en cierta medida, no son más que una concreción o desarrollo de la dignidad o la integridad moral, ya que éstas subyacen en los mismos o son su presupuesto, por encontrarse en la base del sistema de derechos. Así, por ejemplo, un ataque al honor, no deja de ser, en un sentido más genérico, una agresión a la dignidad de la persona y, en determinados casos, a su integridad moral, por lo que la relación resulta evidente.

Además, como viene a referir la Exposición de Motivos de la Ley Orgánica 1/2004, de 28 de diciembre, de medidas de protección integral contra la violencia de género, uno de los objetivos prioritarios de la misma es "la conquista de la igualdad y el respeto a la dignidad humana y la libertad de las personas", lo que viene a cerrar el círculo en el que se incluyen dignidad, integridad moral, derechos personalísimos y violencia de género.

III. LOS DERECHOS PERSONALÍSIMOS DEL ARTÍCULO 18.1 DE LA CONSTITUCIÓN

1. El derecho al honor

La intromisión ilegítima en el derecho al honor de una persona ha de reunir tres requisitos: atribución de un hecho difamante, falsedad de las acusaciones, y divulgación pública de las mismas. Así, el ataque al honor se lleva a cabo a través de un agravio, de la imputación de actuaciones consideradas como negativas por la sociedad. Este agravio lesiona la dignidad del sujeto, menoscabando su fama o atentando contra su propia estimación. Por su parte, este menoscabo ocasiona, a los efectos que aquí nos interesan, un daño moral (al que en ocasiones se puede añadir un daño físico o material); en segundo lugar, el atentando contra el honor supone la falta de veracidad de las atribuciones, pues "ni la Constitución ni la Ley pueden garantizar al individuo contra el deshonor que nazca de sus propios actos"[36]; finalmente, la imputación ha de ser divulgada públicamente, ya que la intromisión en el honor presupone la conducta de dar a conocer a terceras personas los hechos deshonrosos.

Al hilo de lo expuesto, ¿resulta difícil de imaginar un adolescente, herido en su orgullo por el abandono de la que hasta hace poco era su novia, que a través de las redes sociales divulgue falsedades sobre el comportamiento y actitudes de la misma con la finalidad de menoscabar su dignidad e integridad moral ante el resto de sus amigos o compañeros de instituto? ¿No sería eso lo que el artículo 1 de la Ley Orgánica 1/2004, de medidas de protección integral contra la violencia de género, considera como un acto de violencia psicológica, ejercido por un hombre sobre una mujer con la que ha estado ligado por relaciones de afectividad, aun sin convivencia, como producto de la discriminación, la situación de desigualdad entre hombres y mujeres, y las relaciones de poder entre los mismos? Cuestión distinta es que lo expuesto pueda conllevar o no (seguramente no) una responsabilidad penal, terreno en el que, por diversos motivos, no debo adentrarme, pero sí resulta evidente que la vulneración civil de este tipo de derechos (el honor, ya referido, o los que vienen a continuación) tendría en este caso concreto una perspectiva particular dada su vinculación con lo que, a efectos legales, se considera violencia de género.

2. El derecho a la intimidad

Como recoge el Tribunal Constitucional en el Fundamento Jurídico 5 de su reciente Sentencia 12/2012, de 30 de enero, el

---

[36] STC 50/1983, de 14 de junio, FJ 3.

derecho a la intimidad se funda en la necesidad de garantizar la existencia de un ámbito propio y reservado frente a la acción y conocimiento de los demás, correspondiendo al titular del mismo el poder de resguardar ese ámbito reservado por el individuo para sí y su familia de una publicidad no querida y, en consecuencia, el poder jurídico de imponer a terceros el deber de abstenerse de toda intromisión en la esfera íntima y la prohibición de hacer uso de lo así conocido. Es decir, que incluso los integrantes de una pareja que hubieran tenido acceso a datos de la vida íntima de la persona con la que han compartido dicha relación, deberían respetar (salvo en aquellos supuestos en los que primara la libertad de expresión / información por motivos de interés público) deberían respetar dicha intimidad.

Podríamos distinguir cuatro círculos concéntricos que han de considerarse protegidos por el derecho a la intimidad. En el centro, encontramos el ámbito más personal de intimidad, aquellos hechos e informaciones conocidos exclusivamente por el sujeto y que no son incumbencia de nadie más. Seguidamente, aparecen sus relaciones familiares, como ámbito más estrecho y personal de relaciones sociales. Un tercer círculo lo constituyen las comunicaciones del sujeto con otros individuos, que han de quedar dentro de su relación privada, sin que dichas comunicaciones puedan ser interferidas por terceros (a ello me referiré posteriormente). Finalmente, en el círculo exterior, encontramos los datos personales de los individuos, cuyo tratamiento ha de ser acorde con el fin para el que solicitaron a su titular, y no ser instrumentalizados con otras finalidades.

En los últimos años ha cobrado una gran importancia la necesidad de protección de la intimidad frente a determinados de controles de carácter general como son los que implica la utilización de la videovigilancia, desarrollada por la Ley Orgánica 4/97, de 4 de agosto, por la que se regula la utilización de videocámaras por las Fuerzas y Cuerpos de Seguridad en lugares públicos.

De conformidad con el artículo 7 de la Ley Orgánica 1/82, De entre las intromisiones ilegítimas reseñadas en el artículo 7 de la Ley Orgánica 1/82 hay tres que pueden tener relación con el ciberacoso. Serían las siguientes:

a. La intromisión en la vida íntima de las personas mediante el emplazamiento en cualquier lugar o la utilización de aparatos de escucha, filmación, dispositivos ópticos o cualquier otro análogo dirigido a conocer la vida íntima de las personas.

b. La publicación, divulgación o revelación, dando a conocer a terceros o al público en general, datos de la vida privada de una persona

c. El quebrantamiento de la confianza y, por tanto, del secreto, por parte de un profesional o funcionario

De ellos, el más relevante a nuestros efectos, es el recogido en el apartado b), dada la posibilidad de que el novio o exnovio de una chica adolescente revele aspectos de su vida íntima a los que ha tenido acceso, precisamente, por su condición de pareja, y ello contra la voluntad de la chica.

Además, debe tenerse en cuenta que la veracidad de la información que se haya publicado (o publicitado) no exonera de responsabilidad, a diferencia de lo que suele suceder con el honor, si bien el interés público de la información difundida, o la trascendencia social o pública de la persona sobre la que se informa (no creo que, en nuestro ejemplo, ni una cosa ni la otra se produzcan) sí puede llegar a generar dicha exoneración.

3. El derecho a la propia imagen

El derecho a la propia imagen salvaguarda la proyección exterior de dicha imagen como medio de evitar injerencias no deseadas[37], de velar por una determinada imagen externa[38], o de preservar nuestra imagen pública[39]. Este derecho está íntimamente condicionado por la actividad del sujeto, no sólo en el sentido de que las personas con una actividad pública verán más expuesta su imagen, sino también en el sentido de que la imagen podrá preservarse cuando se desvincule del ámbito laboral propio[40].

Desde el punto de vista doctrinal, siempre se ha considerado que el derecho a la propia imagen es un aspecto de la intimidad[41], si bien se reconoce de forma autónoma porque a través de la imagen se viola más fácil y frecuentemente la esfera reservada de la persona. De hecho, la jurisprudencia hace años[42] que viene considerándolo un auténtico derecho subjetivo, tal vez, por sus fuertes implicaciones económicas. Dicha autonomía supone que, además de los casos en que la utilización de la imagen puede vulnerar el honor (trucaje de fotos, imágenes en situaciones violentas o ridículas, etc.) o la intimidad (aspectos de la vida privada), existen intromisiones propias del derecho a la imagen por la simple captación y/o difusión de imágenes sin consentimiento. A nuestros efectos, esas posibles fotos trucadas o ridículas, así como las fotos en aspectos de la vida privada, son las que, caso de difundirse por la pareja o expareja de la chica que aparece en ellas, nos podrían interesar más directamente.

---

37 STC 139/2001, de 18 de junio.

38 STC 156/2001, de 2 de julio.

39 STC 81/2001, de 26 de marzo.

40 STC 99/1994, de 11 de abril.

41 DIEZ PICAZO, L. Y GULLÓN BALLESTEROS, A.: *Sistema de Derecho Civil, Volumen I,* Tecnos, Madrid, 2005, p. 356.

42 STS 17 de mayo de 1977

En este sentido, no podemos olvidar que la Ley 1/82, en su artículo 8.2 considera legítimas las intromisiones cuando a) se trate de personas que ejerzan un cargo público o una profesión de notoriedad o proyección pública y la imagen se capte durante un acto público o en lugares abiertos al público (situación no habitual en el caso que nos ocupa, salvo que la adolescente pudiera ser una estrella del cine o la canción); b) se trate de la caricatura de dichas personas, de acuerdo con el uso social (ídem); y c) cuando en la información gráfica sobre un suceso o acaecimiento público la imagen de una persona determinada aparezca como meramente accesoria (caso que sí podría darse, pero que difícilmente podría vulnerar el derecho que nos ocupa en su vinculación con la violencia de género).

4. La ponderación entre la libertad de expresión y la vulneración de los derechos de la personalidad

No debemos finalizar este apartado dedicado a los derechos de la personalidad protegidos en el artículo 18 de la Constitución Española sin hacer una reflexión sobre en qué supuestos la libertad de expresión/información (en este caso, a través del uso de la tecnología) debe extenderse como preferente y en qué casos, por el contrario, se debe entender que impera el derecho al honor, a la intimidad, a la propia imagen o al secreto de las comunicaciones.

Si bien algunas cuestiones se han venido apuntado en la explicación de cada uno de los derechos en cuestión, no debemos perder de vista que la premisa de partida debe ser un adecuado el respeto al principio de proporcionalidad, lo que presupone los juicios de necesidad, razonabilidad y proporcionalidad. Algunas de las Sentencias en las que el Tribunal Constitucional desarrolla la aplicación de este principio de proporcionalidad son las SSTC 66/1995, de 8 de mayo, la 54/1996, de

26 de marzo y la 55/1996, de 28 de marzo. Resumiendo, dicha jurisprudencia, puede señalarse[43] que para que una medida restrictiva de un derecho pueda ser considerada proporcionada, debe ser necesaria (que trate de proteger otro derecho o bien jurídico protegido); razonable (que pueda efectivamente proteger dicho bien jurídico o derecho); y proporcionada (que en pro de la defensa de un bien jurídico o derecho en peligro no sacrifique otro bien o derecho mayor).

Por su parte, el Tribunal Europeo de Derechos Humanos también ha hecho hincapié en la importancia de la necesidad y proporcionalidad de las medidas restrictivas de derechos en diversas ocasiones, entre las que cabe destacar las SSTEDH *Handyside c. Reino Unido,* de 7 de diciembre de 1976, y *Castells c. España,* de 23 de abril de 1992. La primera de ellas señala que la adopción de toda medida limitativa ha de ser *necesaria,* término que no equivale a *indispensable* pero tampoco simplemente a *admisible, razonable,* o *útil*; por su parte, la STEDH del caso Castells pone el acento en la proporcionalidad, exigiendo que las medidas restrictivas de derechos sólo se utilicen cuando no haya medidas menos lesivas para los derechos fundamentales con las que se puedan conseguir esos objetivos. En el caso que nos ocupa ni se puede permitir un excesivo acento en la autonomía personal, con una ausencia casi total de interferencias en la emisión y recepción de mensajes por parte de los adolescentes, ni tampoco, en el extremo opuesto, una actitud altamente intrusiva de los poderes públicos, reduciendo el margen de autonomía de los ciudadanos y cayendo en un control excesivo de los mensajes. En resumen,

---

43 MARTÍNEZ OTERO, J. *"Libertades informativas y protección de menores en la Constitución. A propósito de la cláusula protectora del artículo 20.4",* Cuadernos Constitucionales de la Cátedra Fadrique Furió Ceriol núm. 66, Universidad de Valencia, 2009, p. 89.

las medidas que se adopten han de ser proporcionadas al bien protegido, atendiendo a la sensibilidad social imperante en cada momento, sin alcanzar actitudes paternalistas.

Por tanto, para determinar la licitud de la limitación del uso de las tecnologías de la comunicación habrá que emitir un juicio en cada caso, valorando la oportunidad y proporcionalidad de las medidas llevadas a término, en virtud de las circunstancias que rodean al acto presuntamente trasgresor.

5. El ciberacoso, el ciberbullying y su relación con la violencia de género en el noviazgo adolescente

Sin pretender establecer una definición que resulte definitiva, se puede considerar el *ciberacoso* como la amenaza, el hostigamiento, la humillación o la molestia que una persona ejerce sobre otra, haciendo uso para ello de diferentes tecnologías que, a título de ejemplo, pueden ser el correo electrónico, los *chats*, páginas web, la telefonía móvil, las cámaras digitales, etc.

El término *ciberbullying* fue acuñado por primera vez por el educador canadiense Bill Belsey, en referencia al uso de las TIC por parte de un individuo o grupo para dañar a otra persona de forma repetida, sistemática y hostil. La palabra tiene su origen en el vocablo *bull*, cuya traducción al español significa "toro" (animal que se caracteriza por su fuerza y superioridad) y la palabra *ciber* (prefijo de la palabra cibernético, en referencia al espacio virtual en el que se desarrolla la conducta).

De forma más sencilla, se puede considerar como "una agresión psicológica, sostenida y repetida en el tiempo, perpetrada por uno o varios individuos contra otros, utilizando para ello las nuevas tecnologías".

Así, por tanto, para que podamos hablar de *ciberacoso* deben existir dos elementos superpuestos: a) Que una persona humille, amenace, hostigue o moleste a otra; y b) Que dicha actitud se produzca (y ahí es donde entra el prefijo "*ciber*") a través de lo que, comúnmente, llamamos nuevas tecnologías. Además, se debe dar cierta continuidad en las acciones, por lo que un hecho aislado no es ciberacoso; no obstante, sí es cierto que una acción puntual en el entorno virtual del acosado puede suponerle un sufrimiento prolongado durante el tiempo (por ejemplo, una determinada imagen colgada en la Red).

Como puede entenderse, la actitud del *ciberacosador* está lesionando, está dañando, determinados derechos del *ciberacosado,* derechos que, desde nuestro punto de vista, tienen especial relación con la dignidad de la persona y su integridad moral, pero que también tienen especial incidencia sobre los llamados derechos personalísimos o de la personalidad (honor, intimidad y propia imagen), incluyendo ahí el secreto de las comunicaciones y la utilización ilegal de datos de carácter personal. No quiero decir con ello que no quepa la posibilidad de que el *ciberacoso* lesione otros derechos, pero, de modo habitual serán los anteriormente apuntados (y explicados en la primera parte de este artículo) los que con mayor facilidad serán dañados. Así, por ejemplo, acceder a los correos electrónicos o conversaciones de whatsapp de otras personas; difundir informaciones falsas o íntimas de una persona a través de internet; colgar en Internet fotografías o videos de personas que no han prestado su consentimiento; etc., son supuestos típicos de ciberacoso en los que entrarían en liza algunos de los derechos anteriormente apuntados.

Hemos hablado del *ciberacoso* sin hacer referencia alguna a la condición de las personas participantes en la relación de molestia, amenaza u hostigamiento; sin embargo, hay una variante del ciberacoso especialmente llamativa tanto por la habitualidad con la que se produce, como por las personas que en ella intervienen. Se trata del ***ciberbullying*, variante del *ciberacoso* en la que un niño/a, preadolescente o adolescente, es**

quien atormenta, amenaza, hostiga, humilla, molesta o actúa de alguna otra manera, contra otro niño/a, preadolescente o adolescente, haciendo uso de Internet, teléfono móvil, videoconsola o alguna otra tecnología telemática de comunicación. Por tanto, el *ciberbullying* es aquella variante del *ciberacoso* en la que tanto el acosador como el acosado son jóvenes. Se trata, por tanto, de un acoso psicológico entre iguales, siendo fundamental que ambos protagonistas sean menores.

En cuanto a la relación que pueda existir entre el *ciberbullying* y el *bullying* o acoso escolar, hay que decir que, si bien en ambos casos se está produciendo un abuso entre iguales, no se trata de dos figuras tan similares como se pueda pensar a priori. De hecho, el *ciberbullying* atiende a otras causas, manifestándose de formas muy diversas y contando con estrategias de abordamiento y consecuencias que también difieren. Las principales diferencias son las siguientes:

- El bullying es un término manejado en relación al ámbito escolar, mientras que el *ciberbullying* no ha de ceñirse necesariamente a este espacio, ya que el ciberespacio es un entorno de socialización que, además de tener identidad propia (es, en sí mismo, un lugar), es transversal al resto de espacios: familia, escuela y comunidad.

- Mientras que en el *bullying* puede haber un liderato manifiesto, en el *ciberbullying* este papel está más diluido entre los acosadores.

- Aunque cada vez menos, es más usual asociar el *bullying* con los chicos abusones porque son más proclives al maltrato físico que las chicas. Con relación al ciberacoso el género de quien *ciberabusa* se reparte más equitativamente.

- No hace falta ser fuerte o fanfarrón para acosar en el espacio virtual. Tampoco quien sea poco sociable o tenga alguna característica que lo diferencia de su grupo de iguales se convierte en víctima potencial de ciberacoso. Muy al contrario, ocurre en ocasiones que quien sufre *bullying* se transforma en *ciberabusón.* Los perfiles de quien acecha en el espacio y su objetivo son más complicados de trazar.

- Acosador y víctima no tienen siquiera que conocerse y las situaciones de *bullying* y *ciberbullying* no van siempre ligadas. No obstante, sí es bastante posible que el *bullying*, en muchos casos, sea seguido de *ciberbullying*, siendo menos usual el recorrido contrario, aunque puede suceder que un conflicto *online* entre compañeros derive en *bullying* al trasladarse al otro espacio que las partes comparten: el centro escolar.
- Por desgracia, y a pesar de que no hay por lo general maltrato físico, los efectos del *ciberbullying* pueden ser tanto o más devastadores que los del acoso escolar. El acoso alcanza a la víctima sin necesidad de coincidir, ni en el lugar ni en la hora, con el agresor, y los testigos pueden ser multitud con un simple *click.* Lo peor es que no hay lugar donde esconderse o refugiarse, porque el entorno virtual forma parte de la vida de los niños y adolescentes, y les acompaña donde quiera que estén.

Las formas que puede adoptar el *ciberbullying* son muy variadas, quedando limitadas únicamente por la pericia y la imaginación del acosador. Algunos ejemplos concretos podrían ser los siguientes:

- Colgar en Internet, difundir por whatsapp -o en cualquier otra red social- una imagen comprometida, ya sea real, ya un fotomontaje, de un adolescente.
- Colgar datos delicados que pueden perjudicar o avergonzar a la víctima y darlo a conocer en su entorno de relaciones.

- Dar de alta, con foto incluida, a la víctima en un web donde se trata de votar a la persona más fea, a la menos inteligente, etc. y votarle para que aparezca en los primeros lugares.
- Crear un perfil o espacio falso en nombre de la víctima, donde se escriban a modo de confesiones en primera persona determinados acontecimientos personales, demandas explícitas de contactos sexuales, etc.
- Dejar comentarios ofensivos en foros o participar agresivamente en chats haciéndose pasar por la víctima de manera que las reacciones vayan posteriormente dirigidas a quien ha sufrido la usurpación de personalidad.
- Dar de alta la dirección de correo electrónico del acosado en determinados sitios para que luego sea víctima de spam, de contactos con desconocidos, etc.
- Usurpar su clave de correo electrónico o la contraseña del móvil para, además de cambiarla de forma que su legítimo propietario no lo pueda consultar, leer los mensajes que a su buzón le llegan violando su intimidad.
- Provocar a la víctima en servicios *web* que cuentan con una persona responsable de vigilarla o moderarla (*chats*, juegos *online*, comunidades virtuales, etc.) para conseguir una reacción violenta que, una vez denunciada o evidenciada, le suponga la exclusión de quien realmente venía siendo la víctima.
- Hacer circular rumores (boca-oído o por las redes sociales) en los cuales a la víctima se le suponga un comportamiento reprochable, ofensivo o desleal, de forma que sean otros quienes, sin poner en duda lo que leen, ejerzan sus propias formas de represalia o acoso.
- Enviar menajes amenazantes por correo electrónico, whatsapp u otros formatos; perseguir y acechar a la víctima en

los lugares de Internet en los que se relaciona de manera habitual provocándole una sensación de completo agobio.

Evidentemente, el ejercicio del *ciberbullying* no resulta gratuito, y entre sus efectos/perjuicios más visibles para las víctimas cabe destacar problemas de adaptación escolar y social; autoestima dañada; escasa autoconfianza; problemas de rendimiento escolar; miedo, angustia, ataques de ansiedad y, en los casos más graves, incluso intentos de suicido. Como puede observarse el asunto no es baladí y debe buscarse una solución, pero si aceptamos el diagnóstico apuntado por González Esteban[44] según el cual es el sistema de valores el que hace aguas, las soluciones resultan realmente complejas, aunque sí parece indudable que deba darse un paso al frente en materia de prevención, debiendo solicitarse a los centros que, al igual que lo hacen con otras materias (consumo de alcohol o tabaco, por ejemplo), informen a los jóvenes sobre el uso adecuado de las nuevas tecnologías y los graves problemas que genera su uso indebido. En todo caso, la prevención no debe quedar ceñida únicamente al ámbito escolar, sino que también en el entorno familiar debe hacerse un esfuerzo al respecto. Así, los progenitores deberían hablar con sus hijos sobre los valores y el comportamiento en sus relaciones con sus compañeros de colegio; informarles sobre lo perjudicial que resulta -para víctima y acosado- el ciberacoso; escuchar activamente a sus hijos para conocer sus problemas y preocupaciones; prevenirles de los riesgos de divulgar información personal online; informarles de los aspectos negativos que puede generar una relación con extraños a través de la *web*; etc.

---

44 GONZÁLEZ ESTEBAN, J. L., *"La pesadilla familiar del ciberacoso escolar"*, Diario Información de Alicante, 31 de mayo de 2007.

Todo lo anteriormente expuesto tiene una variable particular para el supuesto de que esa modalidad del *ciberacoso* que es el *ciberbullying* se produzca entre una pareja de novios o exnovios, siendo el hombre de la relación quien acose a la mujer de la misma. En ese caso, como ya he expuesto anteriormente, el comportamiento del ofensor, además de poder ser considerado como ciberbullying podría llegar a calificarse como violencia de género, sin que ello nos lleve, automáticamente, a suponer que nos encontramos ante un ilícito penal.

Respecto al ciberbullying, actualmente tiene lugar un desamparo legal respecto a esta modalidad de acoso. Así, el vacío jurídico creado por internet fomenta la brecha entre la ley y el mundo virtual. Esta situación desde el punto de vista legal genera un vacío jurídico que propicia la indefensión hacia los menores. Al llevarse a cabo en el plano virtual, disminuye la probabilidad de existencia de testigos del acoso, lo que dificulta la detección de la conducta. Además, los adolescentes pueden enmascarar el suceso y no denunciarlo por vergüenza o miedo.

Sin embargo, que no nos encontremos ante un delito no puede impedir que debamos buscar soluciones alternativas a las normalmente existentes para las intromisiones ilegítimas en el honor, la intimidad o la propia imagen, debiendo propiciarse que en el caso de que dichas intromisiones se produzcan a través de la tecnología y vengan desarrolladas por varones respecto de mujeres con las que comparten o han compartido una relación de afectividad, se entienda que la intromisión resulta especialmente cualificada.

Es decir, que de cara a la necesaria actualización que debería sufrir la Ley Orgánica 1/82, de 5 de mayo, cuanto menos para su adaptación a las nueva vías de comunicación que han surgido, debería estudiarse la posibilidad de incluir un apartado en el que se indicara que si las intromisiones ilegítimas que se recogen en la misma fueran producidas por un hombre respecto de su pareja o expareja, el juez que valore dicha intromisión debe valorar (negativamente) dicha circunstancia, al igual que sucede con circunstancias como la difusión de la información o el lucro cesante ocasionado. Y ello, obviamente también, para el caso de los adolescentes.

El Defensor del Menor ha realizado diversas propuestas para adaptar el Código Penal a esta realidad, con la finalidad de que deje de darse un "vacío jurídico" respecto a esta lacra social. Así, el *grooming* ya fue incorporado al Código Penal (artículo 183) como delito específico mediante la Ley Orgánica 5/2010, de 22 de junio.

Los organismos internacionales son conscientes de este problema, por ello la Comisión Europea publicó en el año 2012 el informe "Nueva estrategia para mejorar la seguridad en internet y crear contenidos más adecuados para niños y adolescentes", cuyo objetivo es la sensibilización de niños y adolescentes respecto al uso adecuado de las TIC y "crear un entorno virtual seguro a través de la aplicación de medidas que eviten el contacto con comportamientos o contenidos nocivos". Además, la Resolución del Parlamento Europeo, del 20 de noviembre de 2012, sobre la protección de los niños en el mundo digital (2012/2068(INI)), establece una hoja de ruta para actuar contra el acoso cibernético, la manipulación, la intimidación y la violencia a través de internet, y propone una serie de "medidas de prevención e intervención en la lucha contra los contenidos ilícitos e inadecuados contra los menores".

Por su parte, en 2016, con el fin de afrontar la violencia de género en entornos escolares, la UNESCO (Organización de las Naciones Unidas para la Educación, la Ciencia y la Cultura, por sus siglas en inglés) publicó una Guía Global cuyos destinatarios principales son los ministerios de educación y las instituciones educativas. Se propone ayudarles a comprender mejor este tipo de violencia y encontrar maneras para prevenirla y responder eficazmente ante ella. Con anterioridad, en 2014, se organizó un "Grupo de Trabajo Global para acabar con la violencia de género radicada en la escuela" bajo el liderazgo de la UNESCO y de la UNGEI (Iniciativa de las Naciones Unidas para la Educación de las Niñas, por sus siglas en inglés), que reunió a un gran número de colaboradores comprometidos en erradicar la violencia de género en la escuela y en sus contextos próximos. Entre otros, participaron UNAIDS (Programa Conjunto de las Naciones Unidas sobre el VIH/SIDA), IATT (Inter Agency Task Team, Grupo de Trabajo sobre Educación y salud en la escuela) y la UNWomen (ONU Mujeres).

En España, el Defensor del Pueblo elaboró entre los años 2000-2006 un informe denominado "Violencia escolar: el maltrato entre iguales en la Educación Secundaria Obligatoria", donde recogía las causas y consecuencias de la violencia en el entorno escolar. En 2015, ante la gravedad del ciberbullying y sus consecuencias, el Defensor del Pueblo comenzó una revisión de dicho documento en la que trabaja actualmente para incluir el ciberacoso y establecer las actuaciones necesarias para su erradicación. Dicha revisión cuenta con la colaboración de los Cuerpos y Fuerzas de Seguridad del Estado, la Fiscalía de Menores, la Administración General del Estado y las Administraciones Autonómicas.

Las administraciones públicas, tanto estatales como autonómicas consideran oportuno la difusión de información respecto a la prevención y detección del ciberacoso. Muestra de ello es que, en el año 2013, el Ministerio de Industria, Energía y Turismo publicó la Guía de Actuación contra el ciberacoso, cuyo objetivo es proporcionar información, instrumentos y medidas para que padres y educadores puedan actuar ante situaciones de ciberacoso.

En este sentido, en la Comunidad Valenciana, a través de la orden 62/2014, de 28 de julio, la Consellería de Educación,

Cultura y Deporte actualizó la normativa que regula la elaboración de los planes de convivencia en los centros educativos de la Comunitat Valenciana, tipificando el ciberacoso como modalidad del acoso escolar y estableciendo los protocolos de actuación e intervención ante supuestos de violencia escolar a través del Plan PREVI. En el Informe sobre la situación del sistema educativo en la Comunitat Valenciana 2016/2017 se indica que durante el curso académico 2015-2016 se detectaron, en el Registro Central de Incidencias un total de 106 casos de presunta violencia de género, un 3% del total de incidencias registradas; en el curso 2016-2017 el número se incrementó levemente (hasta 109) pero su porcentaje disminuyó (hasta el 2,60%) al haber más casos totales. En ambos casos, la provincia de Alicante era la que registraba más casos de este tipo.

IV. CONCLUSIONES

Si bien cuando se hace referencia a la violencia género existe una tendencia generalizada a relacionarla con el ámbito penal, considero que a lo largo del texto se ha evidenciado que nada impide considerar que determinados comportamientos que vulneran civilmente algunos derechos fundamentales como el honor, la intimidad o la propia imagen y, con ello, lesionan la dignidad y la integridad moral de las personas pueden ser considerados como violencia (psíquica) de género, de acuerdo con la definición que de la misma hace la Ley Orgánica 1/2004.

Es decir, nos enfrentamos a una serie de comportamientos que, sin llegar a ser ilícitos penales sí suponen una vulneración de los derechos protegidos por la Ley Orgánica 1/82, de 5 de mayo, norma que, desde mi punto de vista está obsoleta y precisa una inminente actualización que, cuanto menos, amplíe la protección que dispensa a los derechos personalísimos del artículo 18 constitucional hasta el punto de incorporar su posible violación mediante tecnologías que resultaban desconocidas en 1982.

Es en ese punto (violencia de género + vulneración de personalísimos + tecnología + adolescencia) donde he querido centrarme, pues esa violencia de género de tipo civil, que no me consta que hasta la fecha haya sido considerada por los tribunales, puede jugar un papel peculiar en el caso de las parejas adolescentes, dado que el uso que dicho sector poblacional hace, por ejemplo, de las redes sociales resulta propicio para que dichas vulneraciones se produzcan.

¿Cuál es nuestra propuesta a este respecto?

Que se lleve a cabo una actualización de la Ley Orgánica 1/82, de 5 de mayo, en la que, entre otros aspectos, se valoren los siguientes:

1.- Debe actualizarse el artículo 7, relativo a las intromisiones ilegítimas, al punto de incorporar posibles supuestos de vulneración provocados por mecanismos tecnológicos que se desconocían hace 30 años cuando se aprobó la Ley y que pueden dotar de una difusión incalculable la información o las imágenes emitidas;

2.- Incorporar en el artículo 9 de la Ley, como elemento a tener en cuenta para evaluar el daño moral y para efectuar el cálculo de la indemnización, la posibilidad de que el mismo pueda responder a supuestos de abuso de posición de los hombres respecto de sus parejas o exparejas, es decir, de violencia de género psíquica; y

3.- Que lo anterior sea valorado de forma particular para evaluar el daño moral en el caso de que combinen los dos elementos anteriores (violencia de género + vulneración mediante la tecnología) con el hecho de que la agresión psíquica la sufra una joven adolescente. Y ello porque para una joven en edad de formación que su pareja o expareja pueda difundir datos de su intimidad, reproducir imágenes privadas o ridículas o atentar contra su honor, puede suponer un daño moral de difícil reparación, especialmente si lo hace a través del uso de tecnologías que permiten que, en pocos minutos, todos sus amigos y/o compañeros de clase tengan conocimiento de ello e, incluso, puedan almacenar y guardar dichas imágenes.

Sin la adecuación de la Ley a la realidad en la que vivimos, esto es, sin la adopción de medidas como las que acabo de proponer, nuestros derechos -y particularmente los de los jóvenes- son cada día más vulnerables.

V. BIBLIOGRAFÍA

Bringué Sala, X., y Sádaba Chalezquer, C. (2009). *La Generación Interactiva en España. Niños y adolescentes ante las pantallas,* Fundación Telefónica.

Como complemento puede verse VV.AA. (1995). *Comentario a la Constitución. La jurisprudencia del Tribunal Constitucional* Jiménez Blanco, A. (coord.), Madrid, Editorial del Centro de Estudios Ramón Areces, p. 46.

Díez Picazo, L., y Gullón Ballesteros, A. (2005). *Sistema de Derecho Civil, Volumen I,* Tecnos, Madrid, p. 356.

Fornés, M. V. (2016). *Tratamiento jurídico del acoso entre menores: relevancia jurídico-penal y social del acoso escolar,* Oviedo, Universidad de Oviedo.

González Esteban, J. L. (2007). La pesadilla familiar del ciberacoso escolar. *Diario Información de Alicante,* 31 de mayo.

Martínez Otero, J. (2009). Libertades informativas y protección de menores en la Constitución. A propósito de la cláusula protectora del artículo 20.4, *Cuadernos Constitucionales de la Cátedra Fadrique Furió Ceriol núm. 66,* Universidad de Valencia, p. 89.

Ministerio de Sanidad, Asuntos Sociales e Igualdad. (2013). El Ciberacoso como forma de ejercer la violencia de género en la juventud: un riesgo en la sociedad de la información y el conocimiento.

SENTENCIAS CONSULTADAS

Por todas, STC 242/94, de 20 de junio, FJ 4.

STS 17 de mayo de 1977.

STC 50/1983, de 14 de junio, FJ 3.

STC 53/85, de 11 de abril, FJ 8.

STC 81/2001, de 26 de marzo.

STC 99/1994, de 11 de abril.

SSTC 120/90, de 27 de junio, FJ 4 y 57/94, de 28 de febrero, FJ 3.

STC 139/2001, de 18 de junio.

STC 156/2001, de 2 de julio.

LEGISLACIÓN UNIVERSITARIA Y LEALTAD DE LOS ESTUDIANTES SEGÚN EL SEXO COMO CLAVES PARA CONSTRUIR MARCA EDUCATIVA DE ÁMBITO PÚBLICO EN MÉXICO

DR. JAVIER CASANOVES BOIX
Vicedecano Área de Empresa
Facultad de Ciencias Sociales y Jurídicas
Universidad Internacional de Valencia. VIU. -España-
jcasanoves@universidadviu.com

DRA.CRISTINA LÓPEZ LÓPEZ
Vicedecana Área de lo Jurídico
Facultad de Ciencias Sociales y Jurídicas
Universidad Internacional de Valencia. VIU. -España-
clopezl@universidadviu.com

DRA. MÓNICA PÉREZ SÁNCHEZ
Profesora e Investigadora de Marketing
División de Ciencias Económico Administrativas
Universidad de Guanajuato. UGTO. -México-
moniperez@ugto.mx

RESUMEN: Mediante este trabajo se busca analizar la normativa universitaria y su evidencia a través del rol que juega el capital de marca en el ámbito universitario mexicano público y, más concretamente, entre los estudiantes según el sexo. Para ello, se ha analizado la normativa referida a la Legislación Universitaria de México y se han resumido las contribuciones más importantes de la literatura en términos de capital de marca universitario y los elementos que lo componen. Una vez diseñado el constructo para la presente investigación, se ha realizado un estudio empírico a través del cual se han obtenido un total de 401 repuestas válidas pertenecientes a estudiantes de universidad pública mexicana. Se han utilizado como herramientas de trabajo el SPSS v.27 y el SmartPLS 2.0. Los resultados indican la significatividad, en especial, de la lealtad de marca, así como las diferencias de percepción entre hombres y mujeres. Se observa como los estudiantes a través de la lealtad de marca hacen tangible los fundamentos que protegen las diversas legislaciones universitarias. Con todo ello, se sientan las bases para que los gerentes universitarios y profesionales de marketing puedan desarrollar estrategias de marketing adaptadas a maximizar la construcción de marca educativa.

Palabras clave: marketing, educación superior, capital de marca, legislación universitaria, estudiantes, México.

I. INTRODUCCIÓN

Tras la evidencia de cambios sociales y económicos en la última década, junto a la presencia creciente del marketing se hace necesario revisar y analizar el compendio normativo relacionado con el ámbito universitario vinculado a la lealtad de marca de los estudiantes hacia su universidad. El Anteproyecto de Ley Orgánica del sistema universitario español en su exposición de motivo informa que "el sistema universitario debe abordar reformas esenciales relacionadas con los desajustes entre el sistema universitario y las necesidades de la sociedad y de la economía; con la igualdad de oportunidades en el acceso y la continuación de los estudios; con la garantía de la calidad en la creación y reconocimiento de las universidades y en sus actividades; con los aumentos de los recursos humanos y financieros de los que disponen las universidades; con la rigidez de las estructuras y la gobernanza universitarias; con la internacionalización de su personal docente e investigador, o con la recualificación de su personal técnico, de gestión y de administración y servicios".

Cada vez es mayor el número de organizaciones con afinidad a generar esfuerzos hacia la creación de marca, la cual se considera uno de los activos más importantes[45]. Así, se hace indispensable estudiar aquellas actitudes de los consumidores que pueden favorecer (o desfavorecer) su relación con la marca[46]. En los últimos años, y debido a la gran exigencia que han adquirido los consumidores en su toma de decisión de compra, la experiencia de uso y consumo es pieza clave para detectar las percepciones de los clientes con las marcas y, al mismo tiempo, maximizar su lealtad a la misma[47].

A nivel universitario, a partir del siglo XX se ha enfatizado la presión por conformar la enseñanza e investigación a las demandas económicas, técnicas y administrativas del momento, buscando diseñar recetas adecuadas para satisfacer a un mercado cada vez más exigente[48]. El artículo tercero de la Constitución Política de los Estados Unidos Mexicanos, dispone en su artículo 3° que "Todo individuo tiene derecho a recibir edu-

---

45 KAYNAK, E., SALMAN, G. G., y TATOGLU, E. "An integrative framework linking brand associations and brand loyalty in professional sports", *Journal of Brand Management, 15*(5), 336-357, 2008.

46 BATRA, R., AHUVIA, A., y BAGOZZI, R. P., "Brand love", *Journal of marketing, 76*(2), 1-16, 2012.

47 HENAO, L., y COLORADO, L. "Calidad de servicio, satisfacción y antecedentes de la lealtad hacia las empresas de telecomunicaciones en Colombia", *XXII Congreso Internacional de Contaduría, Administración e Informática. Ciudad Universidad.* Ciudad Méjico, 2017.

48 MORÍN, E., "De la reforma universitaria", 2018.

cación (...)", lo que refuerza la necesidad de responder a las demandas de los estudiantes y su capital de marca relacionadas con el ámbito universitario. Así, las universidades de hoy desarrollan su actividad en un ambiente sumamente competitivo y complejo, buscando incrementar la oferta de estudios de la región en la que operan, e incluso superarla, mediante la oferta internacional gracias a la modalidad virtual[49]. Es importante aclarar que en este modelo de organización académica subyace la misión de la Universidad: propiciar un ambiente abierto a la libre discusión de las ideas, en el que se procurará la formación integral de las personas con miras a la construcción de una sociedad más democrática, justa y libre. Se refrendan los principios de libertad de cátedra, libre investigación y compromiso social, prevaleciendo el espíritu crítico, plural, creativo y participativo.

Por ello, la interdisciplinariedad y la flexibilidad de sus programas, así como la movilidad de profesores y alumnos, son algunas de sus características esencia[50]. En dicho sentido, Manes[51] considera que es necesario que toda universidad incorpore en su proceso un área de marketing, buscando maximizar las oportunidades de negocio. Así, y según Durán y Parra[52],

---

49 GARCÍA, J., y PELEKAIS, C., "La Dirección estratégica como factor potenciador de la Gestión del Conocimiento en Universidades Privadas: una perspectiva desde los Centros de Investigación", Material mimeografiado Jornadas del Centro de Investigación de Ciencias Administrativas y Gerenciales. CICAG. Universidad Dr. Rafael Belloso Chacín, 2012.

50 Estatuto Orgánico de la Universidad de Guanajuato.

51 MANES, J. M., "Marketing para Instituciones Educativas", *Buenos Aires: Ediciones Granica* S.A, 2005.

52 DURÁN, S., y PARRA, M., "Diversidad Cultural para promover el desarrollo de habilidades sociales en educación superior", *Revista Cultura, Educación y Sociedad*, 5(1), 55-67, 2014.

la estrategia de marketing universitario, ya sea en el ámbito público o privado, es considerada clave para mejorar la oferta del servicio en un cliente cada vez más exigente, a la vez que ayuda a crear diversidad y competir en mercados cada vez más heterogéneos. Educar con calidad es un imperativo que la Universidad debe seguir manteniendo como objetivo fundamental, por ello se sostiene que la ampliación de la cobertura debe generarse en un marco de sustentabilidad garantizando la calidad de los programas académicos, lo que corresponde a ésta el generar el ambiente adecuado para el aprendizaje, desarrollo cognitivo y humano de ellos[53].

Centrando nuestra atención en el papel que juega la educación superior pública en México, el portal Execum de la Universidad Nacional Autónoma de México (UNAM) indica que existen 177 universidades públicas en la actualidad, considerándose que el sistema ha tenido un alto crecimiento en los últimos años. Así, según Anzaldo[54], la primera universidad pública en México (la Universidad Nacional) fue apadrinada por otras tres universidades del mundo: la de Paris, la de Salamanca y la de California. Con ello, y según Malásquez[55], la universidad pública mexicana se ha convertido en un actor clave del desarrollo local, tanto a nivel de mejora de las capacidades humanas de la población como en la formación y cualificación de los recursos humanos locales.

---

53 Ley Orgánica De La Universidad De Guanajuato.

54 ANZALDO, A. A., "La universidad pública mexicana: el mito retórico frente a la realidad concreta. *CIENCIA ergo-sum", Revista Científica Multidisciplinaria de Prospectiva, 11*(2), xvi-xxv, 2004.

55 MALÁSQUEZ, P. M. C., "Papel de la universidad pública mexicana en el desarrollo local: la importancia de las actividades de investigación", *Revista Pueblos y Fronteras Digital,* (6), 1-32, 2008.

En paralelo, el desarrollo de marca consigue crear estructuras mentales en los consumidores, ayudándolos a organizar todo aquello que saben sobre los productos/ servicios asociados a la misma y facilitándoles su toma de decisión final. Algo que, sin duda, es muy valioso para cualquier empresa[56]. Todo construye o destruye marca, y dicho proceso continuo e indefinido en el tiempo debe alimentarse de todas las acciones que la empresa (o institución educativa) dirige a sus públicos, así como las interacciones y experiencias del público con la misma[57]. Así, y teniendo en cuenta que el mercado es cada vez más complejo y competitivo, todo centro educativo debe apostar por generar estrategia de marketing y marca adaptados a la nueva realidad consumista[58]. Y, en este proceso, el estudiante se convierte en pieza clave dentro del sistema, pues en muchas ocasiones se consideran clientes[59].

Con todo ello, se han considerado como objetivos principales de este trabajo (1) el análisis empírico de las variables del capital de marca, de cara a descifrar cuales son más determinantes en el ámbito universitario público mexicano, (2) el desciframiento de aquellas variables más determinantes por parte de los estudiantes y (3) el análisis de la normativa universitaria en México y su aplicación a través de la marca. Así, se considera que el aporte de este trabajo ayuda a la comunidad científica a garantizar y velar por la correcta aplicación de la legislación y a avanzar en la disciplina del marketing, puesto que, aunque

---

56 KELLER, K. L., APÉRIA, T., y Georgson, M., "Strategic brand management: A European perspective", *Pearson Education*, 2008.

57 OLINS, W., *The brand handbook*, Thames y Hudson, 2008.

58 LLORENTE, C., "Marketing educativo: Captación y fidelización de alumnos ", *ESIC Editorial*, 2019.

59 SARRIAS., "School marketing: como vender más siendo un centro de enseñanza", *Profit Ed.*, 2018.

se han desarrollado trabajos previos sobre capital de marca, se considera que no existen investigaciones que vinculen dicha legislación desde el prisma de la percepción del capital de marca a través de opiniones de estudiantes universitarios de ámbito público en México. Asimismo, puede servir de ayuda a los directivos universitarios puesto que, en base a los resultados obtenidos sobre la significatividad de cada una de las variables del capital de marca educativo y, en especial, de la lealtad de marca, pueden generar estrategias adecuadas para mantenerla o mejorarla y desarrollar un correcto reglamento interno.

II. EL ESTUDIANTE UNIVERSITARIO MEXICANO

En aras de contextualizar al estudiante universitario, se ha dividido la información en dos apartados, siendo: (1) cuán importante son los estudiantes universitarios en México y (2) qué percepción de capital de marca tienen los mismos; ambos puntos analizados desde el ámbito legislativo. Véanse más detalles en las líneas posteriores.

1. La importancia del estudiante universitario mexicano

A nivel mundial, y según la *Asociación Nacional de Universidades e Instituciones de Educación Superior*[60], la demanda de estudios que va a tener que atender el sistema educativo en las próximas décadas va ser de gran magnitud. Más aún, la *Organización de las*

---

60 ANUIES. *HACIA UNA TRANSFORMACIÓN DEL SISTEMA DE EDUCACIÓN SUPERIOR*. Disponible en: http://www.anuies.mx/servicios/d_estrategicos/documentos_estrategicos/21/4/26.html., 2011.

Naciones Unidas para la Educación, la Ciencia y la Cultura[61] reporta que la educación también está incidiendo en la migración y el desplazamiento del ser humano por todo el mundo, siendo considerada uno de los pilares básicos de dichos movimientos continuos. En esta dirección, el artículo 4 del Estatuto Orgánico de la Universidad de Guanajuato[62] establece que: "Los mecanismos y procedimientos que se diseñen para el funcionamiento de los Campus, deberán atender a criterios de calidad e identidad institucional, vigilando que se garantice la integración de la comunidad académica y su vinculación con la sociedad."

Y, junto a ello, Michavila y Calvo[63] consideran que los estudiantes tienen un papel importante basado en cuatro aspectos clave, siendo: (1) como alumno, (2) como cliente, (3) como paciente y (4) como persona. En este sentido, La Ley General de Educación Superior de los Estados Unidos Mexicanos[64] tiene por objeto: (1) "Establecer las bases para dar cumplimiento a la obligación del Estado de garantizar el ejercicio del derecho a la educación superior; (2) Contribuir al desarrollo social, cultural, científico, tecnológico, humanístico, productivo y económico del país, a través de la formación de personas con capacidad creativa, innovadora y emprendedora con un alto compromiso social que pongan al servicio de la Nación y de la sociedad sus conocimientos; (3) Distribuir la función social educativa del tipo de educación superior entre la Federación, las entidades federativas y los municipios; (4) Establecer la coordinación, promoción, vinculación, participación social,

---

61 UNESCO. "Informe de seguimiento de la educación en el mundo: migración, desplazamiento y educación", *Ediciones UNESCO,* 2019.

62 Estatuto Orgánico de la Universidad de Guanajuato.

63 MICHAVILA, F., y Calvo, B., "La universidad española hoy: propuestas para una política universitaria", Madrid: Síntesis, 1998.

64 La Ley General de Educación Superior de los Estados Unidos Mexicanos.

evaluación y mejora continua de la educación superior en el país; (5) Orientar los criterios para el desarrollo de las políticas públicas en materia de educación superior con visión de Estado; (6) Establecer criterios para el financiamiento correspondiente al servicio público de educación superior, y (7) Regular la participación de los sectores público, social y privado en la educación superior." Del articulado se desprende la presencia de los legisladores en la búsqueda de velar por ofrecer a los estudiantes una formación superior de calidad[65].

En América Latina, en los últimos años ha crecido el número de estudiantes que están realizando su formación educativa de carácter superior, pasando del 21% en el año 2000 al 40% en 2010[66]. Sin embargo, en México todavía existen amplias diferencias de cobertura en cuanto a áreas rurales y urbanas[67], haciéndose más énfasis, según Brunet[68], en la brecha existente entre hombres que terminan sus estudios universitarios (25%) y mujeres (18%). Así, el acceso a la educación superior en México todavía es hoy un privilegio para muchos jóvenes y, los que consiguen comenzar unos estudios superiores, deben hacer frente también a otros factores que afectan su paso por

65 Nueva Ley DOF 20-04-2021.

66 BANCO MUNDIAL., "La educación superior se expande en América Latina y el Caribe, pero aún no desarrolla todo su potencial". *México: BM.* Recuperado de https://goo.gl/h39Tpd, 2017.

67 GIORGULI, S., y ANGOA, M., "Trayectorias migrato- rias y su interacción con los procesos educativos". En M. COUBÉS, P. SOLÍS, y M. ZAVALA (Coords.), *Generaciones, cursos de vida y desigualdad social en México* (369-402), México: COLMEX, 2016.

68 BRUNET, N., "Dejar la escuela en perspectiva longitudinal micro-macro: marcas biográficas y contextuales", en M. COUBÉS, P. SOLÍS, Y M. ZAVALA (Coords.), *Generaciones, cursos de vida y desigualdad social en México* (339- 367). México: COLMEX, 2016.

este nivel educativo[69]. Además, y de acuerdo con González[70], los estudiantes mexicanos se han visto inducidos al consumo exacerbado de productos y servicios, considerando necesaria la actuación del medio sociocultural y el institucional educativo para educar a un consumo más responsable y sostenible a nivel medioambiental.

Paralelo a ello, y gracias a la apertura económica y diplomática de los países, la movilidad internacional se ha convertido en otro pilar fundamental de las instituciones educativas superiores[71]. Con ello, México hace sus correspondientes aportaciones de flujos internacionales gracias a la inclusión de cerca de 26.000 estudiantes en programas de movilidad, lo que ha llevado a las universidades a tener que redefinir su planes y acciones para satisfacer dicha nueva necesidad. Más aún, Bugdud, Mendoza y Aguilar[72] consideran que, en la formación integral del alumno mexicano, además de las propias relaciones externas de aprendizaje, se deben tener en cuenta los aspectos internos, los cuales ayudarán a los mismos a conseguir la auto-transformación. Es por ello que estos aspectos de desarrollo integral se ven promovidos por la Ley Orgánica de

---

69 TUIRÁN, R., "La educación superior en México: avances, rezagos y retos", *Suplemento Campus Milenio,* 27 de febrero, 2011.

70 GONZÁLEZ, J. D. L., "Consumo y consumismo. Algunos elementos trazan sobre estudiantes universitarios en México", *Nómadas, 21*(1), 439-456, 2009.

71 TREJO, P. A., y RODRIGUES, S. J., "Movilidad estudiantil y un acceso a la nacionalidad española diferenciado: el caso de los mexicanos, colombianos y brasileños en Galicia", *Foro de Educación,* 15 (22), p.p. 1-21, 2017.

72 BUGDUD, A. T., MENDOZA, J. C. R., y AGUILAR, N. Á., "La autotransformación del estudiante universitario: más allá de la formación integral", *Revista Iberoamericana de Educación, 43*(4), 1-9, 2007.

la Universidad de Guanajuato[73], entre otros, haciendo mención al ámbito cultural y deportivo.

En suma, el estudiante universitario mexicano tiene un papel fundamental dentro del sector educativo superior del propio país, colaborando en su desarrollo económico y social, así como en el de la institución universitaria. Por tanto, y según Casanoves, Küster y Vila[74], las marcas educativas deben tratar de rentabilizar la vida útil de sus agentes universitarios implicados (siendo los estudiantes pieza fundamental), ya no sólo en términos monetarios sino en cuanto a prescripción de marca y consumo de nuevas ofertas educativas a corto y medio plazo. Además, conviene desarrollar normativas que tengan en cuenta el capital de marca y los cambios que han surgido.

2. La percepción del capital de marca entre los estudiantes universitarios mexicanos

El capital de marca puede ser definido como la relación individual y la experiencia de cada consumidor con la marca, aunque se pueden llegar a generalizar pautas y comportamientos universales en todos los consumidores[75]. Con ello, y después de revisar las propuestas principales sobre modelos de capital

---

[73] Ley Orgánica de la Universidad de Guanajuato.

[74] CASANOVES, J., KÜSTER, I., y VILA, N., "Educational branding in private spanish universities: Building brands that the public fall in love with", *Journal of Management and Business Education, 3*(2), 145-163, 2020.

[75] FARQUHAR, P. H., "Managing brand equity", *Marketing research, 1*(3), 1989.

marca efectuadas por la literatura[76][77][78][79][80][81][82] se han considerado cuatro elementos que, compartidos por los autores y en base a la importancia otorgada en estudios previos, entendemos que su aportación al capital de marca es clave. Estos son: (1) notoriedad de marca, (2) imagen de marca, (3) calidad percibida de marca y (4) lealtad de marca. A continuación, se detalla cada uno de ellos en su aplicación al mundo universitario.

A) Notoriedad de marca

En el ámbito concreto de la educación superior, Rausch[83] considera que la notoriedad de marca debe significar para el estudiante más que una simple preferencia por las marca. Así, realizó un estudio para observar el papel que juega la marca en

---

76 FARQUHAR, P. H., "Managing brand equity", *Marketing research, 1*(3), 1989.

77 AAKER, D. A., "The Value Of Brand Equity", *Journal Of Business Strategy. 13*(4), 27-32, 1992.

78 KELLER, K. L., "Conceptualizing, measuring, and managing customer-based brand equity", *Journal of marketing, 57*(1), 1-22, 1993.

79 FAIRCLOTH, J. B., CAPELLA, L. M., y ALFORD, B. L., "The effect of brand attitude and brand image on brand equity", *Journal of Marketing Theory and Practice, 9*(3), 61-75, 2001.

80 YOO, B., y DONTHU, N. "Developing and validating a multidimensional consumer-based brand equity scale", *Journal of business research, 52*(1), 1-14, 2001.

81 DELGADO, E., y MUNUERA, J. L. M., "Medición del capital de marca con indicadores formativos", *Investigación y marketing,* (75), 16-20, 2002.

82 BUIL, I., MARTÍNEZ, E., y DE CHERNATONY, L., "Medición del valor de marca desde un enfoque formativo", *Cuadernos de gestión, 10,* 167-196, 2010.

83 RAUSCH, L., "Cross-cultural analysis of brand consciousness", *Journal of Undergraduate Research, 5,* 55-61, 2002.

la toma de decisiones dependiendo de la cultura, en este caso, entre estudiantes de México y USA. Brunzel[84] argumenta que la nueva tendencia universitaria pasa por diseñar programas de marketing y branding basados en generar influencia positiva en los *rankings* universitarios y, con ello, mejorar la notoriedad de marca. Por su parte, Brewer y Zhao[85] detallan que la notoriedad de marca de varias universidades de Sydney mejora cuando existe un gran conocimiento de marca, reputación, opiniones favorables de marca y calidad de la enseñanza. En la Ley Orgánica de la Universidad de Guanajuato se especifica que para poder ser redactada se tuvo en cuenta la opinión tanto de alumnado universitario como profesionales y expertos universitarios, y en la Ley General de Educación Superior[86] se establece en su artículo 8 que la educación superior se orientará conforme a, entre otros supuestos, la opinión del alumnado[87]. Furey, Springer y Parsons[88] explican que la notoriedad de marca de las universidades del Reino Unido se maximiza cuando la marca educativa ofrece un claro posicionamiento, experiencia, aspiración de estudio y colaboración con el medio ambiente. En este sentido la Universidad de Guanajuato aboga en el artículo 62 de su Estatuto Orgánico[89] por la orientación y el desarrollo de estrategias para la difusión de la cultura y la extensión de los mismos, y en su artículo 8 busca "fomentar

---

84 BRUNZEL, D. L., "Universities sell their brands", *Journal of Product y Brand Management,* Vol. 16 No. 2, pp. 152-3, 2007.

85 BREWER, A., y ZHAO, J., "The impact of a pathway college on reputation and brand awareness for its affiliated university in Sydney", *International Journal of Educational Management, 24*(1), 34-47, 2010.

86 Ley General de Educación Superior.

87 Ley Orgánica De La Universidad De Guanajuato.

88 FUREY, S., SPRINGER, P., y PARSONS, C., "University Brand Promises", In *Presentation at Academy of Marketing 2009 Conference,* 2009.

89 Estatuto Orgánico de la Universidad de Guanajuato.

en los alumnos una conciencia social, solidaria y participativa". También, en la Ley Orgánica de la Universidad de Guanajuato[90], se detalla que la experiencia de sus miembros es un requisito clave. Por otro lado, la Ley General de Educación Superior[91] busca en su artículo 1: "Establecer la coordinación, promoción, vinculación, participación social, evaluación y mejora continua de la educación superior en el país".

Y en su artículo 9: "Promover la actualización y el aprendizaje a lo largo de la vida con el fin de mejorar el ejercicio profesional y el desarrollo personal y social". Finalmente, Foroudi, Dinnie, Kitchen, Melewar y Foroudi[92] argumentan que la notoriedad de marca universitaria aumentará a medida que se maximicen elementos de marca tales como la identidad, los atributos del servicio, las relaciones públicas y el efecto *made in.*

A la vista de lo expuesto, es posible plantear la primera hipótesis de investigación: *H1.* La percepción sobre notoriedad de marca influye en la percepción del capital de marca entre los estudiantes universitarios mexicanos de ámbito público.

B) Imagen de marca

En el ámbito concreto de la educación superior, Gómez y Medina[93] explican que las universidades españolas deben ge-

---

90 Ley Orgánica de la Universidad De Guanajuato.

91 Ley General de Educación Superior.

92 FOROUDI, P., DINNIE, K., KITCHEN, P. J., MELEWAR, T. C., y FOROUDI, M. M., "IMC antecedents and the consequences of planned brand identity in higher education", *European Journal of Marketing, 51*(3), 528-550, 2017.

93 GÓMEZ, D. F. H., y Medina, R. Z., "Diagnóstico de la imagen de marca de las instituciones universitarias en España", In *Actas II Congreso Internacional Latina de Comunicación Social: La Comunicación*

nerar políticas de marketing y estrategias de comunicación eficaces para mejorar la imagen de marca de la institución. Por su parte, Carmelo y Calvo[94] creen que las universidades españolas tienen el reto de romper posiciones perezosas que se resisten a creer que el estudiante puede ser considerado como un cliente, aplicando técnicas de gestión de imagen que van más allá de estrategias y tácticas de marketing de producto o servicio concreto. Romero y De la Paz[95] realizaron un estudio aplicado a estudiantes universitarios mexicanos sobre la personalidad de marca y sus diferencias de percepción, dividiendo entre hombres y mujeres. Por su parte, Sánchez, López, Reyes y Gama[96] exponen la importancia de desarrollar imagen de marca por parte de las universidades mexicanas y de la oferta educativa con la que se cuenta, ya que es una variable que predice fuertemente tanto la satisfacción como la lealtad de los estudiantes y probablemente de los egresados. Esta cuestión es contemplada en el Título Octavo de la Ley Orgánica de la Universidad de Guanajuato[97] donde se determinan los reconocimientos y estímulos para los integrantes de la comunidad universitaria, destacando: "Artículo 53. La Universidad establecerá reconocimientos y estímulos a los integrantes de su comunidad, con el fin de incrementar la calidad de la enseñanza, la

---

Social, en estado crítico: entre el mercado y la comunicación para la libertad (p. 20). Sociedad Latina de Comunicación Social, 2010.

94 CARMELO, M., y CALVO, S., "Branding universitario", *Marcando la diferencia. Delta Publicaciones, Madrid,* 2010.

95 ROMERO, T., y DE LA PAZ, M., "Dimensions of brand personality in Mexico", *Global Journal of Business Research, 6*(5), 35-47, 2012.

96 SÁNCHEZ, D. G., LÓPEZ, E. I. M., REYES, R. G. R., y GAMA, H. L., "Lealtad, satisfacción y rendimiento académico en los estudiantes de la UASLP-UAMZM", *Sophia,* (9), 11-25, 2013.

97 Ley Orgánica de la Universidad De Guanajuato.

excelencia académica y la productividad en el cumplimiento de sus objetivos."

Y, Rauschnabel, Krey, Babin y Ivens[98] exponen que, ante el aumento agresivo de la competencia, las universidades deben apostar por generar una posición de marca sólida basada, sobretodo, en la personalidad e imagen de la misma. En la Ley General de Educación Superior de México[99] se informa de lo necesario para un buen funcionamiento de las universidades, permitiendo que cada universidad y facultad desarrolle su imagen de marca, por lo que realizar una correcta difusión y evaluar el impacto de esta se encuentra amparado a nivel legislativo.

Con todo ello, es posible plantear la segunda hipótesis de investigación: *H2*. La percepción sobre imagen de marca influye en la percepción del capital de marca entre los estudiantes universitarios mexicanos de ámbito público. Cuestión que ha sido contemplada por los legisladores.

C) Calidad percibida de marca

En el ámbito concreto de la educación superior, Binsardi y Ekwulugo[100] explican que las universidades del Reino Unido, en aras de seguir incrementando el número de matrículas año a año, deben mejorar la calidad percibida que tienen los clientes potenciales sobre la institución, diseñando estrategias de

---

98 AUSCHNABEL, P. A., KREY, N., BABIN, B. J., y IVENS, B. S., "Brand management in higher education: the university brand personality scale", *Journal of Business Research, 69*(8), 3077-3086, 2016.

99 Ley General de Educación Superior de México.

100 BINSARDI, A., y EKWULUGO, F., "International marketing of British education: research on the students" perception and the UK market penetration", *Marketing Intelligence y Planning, 21*(5), 318-327. 2003.

fijación de precios, promociones y comercialización de su tipo de educación en el extranjero. Por su parte, Bugdud, Mendoza y Aguilar[101] consideran que, como parte de la formación integral del estudiante mexicano, es importante que éstos perciban, entre otras cosas, calidad docente adecuada, fomentada y respaldada por los artículos 7 del Estatuto Orgánico de la Universidad de Guanajuato[102]. Chen[103] argumenta que la calidad percibida hacia las universidades canadienses genera percepción positiva a nivel internacional y, con ello, deseo de adquisición de servicio educativo. Por su parte, Pinar, Trapp, Girard y Boyt[104] demuestran que la calidad percibida es la variable más importante a tener en cuenta en la construcción de marcas universitarias poderosas, seguida de la reputación de marca y el ambiente emocional. Tanto es así que lo resaltan en distintos artículos del Estatuto Orgánico de la Universidad de Guanajuato[105]: "Artículo 4. (...) Los mecanismos y procedimientos que se diseñen para el funcionamiento de los Campus, deberán atender a criterios de calidad e identidad institucional, vigilando que se garantice la integración de la comunidad académica y su vinculación con la sociedad."

---

101 BUGDUD, A. T., MENDOZA, J. C. R., y AGUILAR, N. Á., "La autotransformación del estudiante universitario: más allá de la formación integral", *Revista Iberoamericana de Educación, 43*(4), 1-9, 2007.

102 Estatuto Orgánico de la Universidad de Guanajuato.

103 CHEN, L. H., "Internationalization or international marketing? Two frameworks for understanding international students "choice of Canadian universities", *Journal of Marketing for Higher Education, 18*(1), 1-33, 2008.

104 PINAR, M., TRAPP, P., GIRARD, T., y E. BOYT, T., "University brand equity: an empirical investigation of its dimensions". *International Journal of Educational Management, 28*(6), 616-634, 2014.

105 Estatuto Orgánico de la Universidad de Guanajuato.

Mientras que en la Ley Orgánica de la Universidad de Guanajuato[106] se especifica los siguientes puntos: «La educación de calidad al más alto nivel es el mejor patrimonio que el Estado puede otorgar a los ciudadanos. La Universidad es la mejor institución para cumplir este compromiso.» "Educar con calidad es un imperativo que la Universidad debe seguir manteniendo como objetivo fundamental" "Artículo 53. La Universidad establecerá reconocimientos y estímulos a los integrantes de su comunidad, con el fin de incrementar la calidad de la enseñanza, la excelencia académica y la productividad en el cumplimiento de sus objetivos."

Con ello, el servicio de biblioteca es el servicio más determinante, seguido de la residencia del estudiante (el *hall* de la entrada y la cafetería), el desarrollo profesional y las instalaciones (ej. gimnasio, clase, laboratorios, etc.), idea reforzada en la Ley Orgánica de la Universidad de Guanajuato[107], que promueve las instalaciones deportivas y las manifestaciones artísticas, y en la Ley General de Educación Superior[108], que en su artículo 46 fomenta la instalación de laboratorios y equipamiento para el desarrollo académico. Y, Ali, Zhou, Hussain, Nair y Ragavan[109] exponen cinco dimensiones relacionadas con la calidad percibida del servicio educativo, las cuales influencian a la imagen institucional y, al mismo tiempo, maximizan la lealtad universitaria en Malasia.

---

106 Ley Orgánica de la Universidad de Guanajuato.

107 Ley Orgánica de la Universidad de Guanajuato.

108 Ley General de Educación Superior.

109 ALI, F., ZHOU, Y., HUSSAIN, K., NAIR, P. K., y RAGAVAN, N. A., "Does Higher Education Service Quality Effect Student Satisfaction, Image And Loyalty? A Study Of International Students In Malaysian Public Universities", *Quality Assurance in Education, 24*(1), 70-94, 2016.

A la vista de lo expuesto, es posible plantear la tercera hipótesis de investigación: *H3*. La percepción sobre calidad percibida de marca influye en la percepción del capital de marca entre los estudiantes universitarios mexicanos de ámbito público.

D) Lealtad de marca

En el ámbito concreto de la educación superior, Nguyen y LeBlanc[110] exponen que el grado de fidelidad aumenta cuando las percepciones sobre la reputación e imagen de marca institucional son favorables. Además, la interacción con el estudiante ayuda a explicar con mayor fidelidad de los clientes. Por su parte, Bok[111] considera que las universidades han incluido en su plan anual de enseñanza una estrategia de comercialización de los servicios ofrecidos, siendo la lealtad de marca la variable más importante a la hora de generar venta cruzada entre productos educativos. Brown y Mazzarol[112] explican que la lealtad estudiantil se convierte en una variable a tener muy en cuenta, sobre todo, por universidades de menor prestigio que buscan competir en un mercado cada vez más desregulado y basado en un ambiente de mercado empresarial.

---

110 NGUYEN, N., y LEBLANC, G., "Corporate image and corporate reputation in customers' retention decisions in services", *Journal of retailing and Consumer Services*, *8*(4), 227-236, 2001.

111 BOK, D., "Universities in the marketplace: The commercialization of higher education" (Vol. 49), *Princeton University Press*, 2009.

112 BROWN, R. M., y MAZZAROL, T. W., "The importance of institutional image to student satisfaction and loyalty within higher education", *Higher education*, *58*(1), 81-95, 2009.

Por su parte, Sánchez, López, Reyes y Gama[113] añaden que es importante medir el grado de lealtad del estudiante mexicano hacia su universidad, debido a su estrecha relación con la satisfacción del mismo y su rendimiento académico, de tal forma que se puedan mejorar las actividades académicas realizadas por el estudiante y aumentar su grado de compromiso hacia la institución. Promoviendo estas variables se encuentra el servicio de Mediación y Conciliación de la Universidad de Guanajuato, respaldado por la Ley General de Educación Superior[114], que en su artículo 7 establece que la universidad deberá velar por el desarrollo humano integral del estudiante basado en: "La consolidación de la identidad, el sentido de pertenencia y el respeto desde la interculturalidad que promueva la convivencia armónica entre personas y comunidades para el reconocimiento de sus diferencias y derechos, en un marco de inclusión social".

Por ello la Universidad de Guanajuato cuenta con un proyecto de Mediación y Conciliación integrado en la universidad, respaldado por su propio "Reglamento de Mediación y Conciliación de la Universidad de Guanajuato"[115]. En este documento se establece que el servicio fomenta la "*la consolidación de la cultura de paz, en beneficio del bienestar de todos los componentes de nuestra comunidad*", busca "*cambiar el paradigma de la justicia dictada por órganos judiciales y propiciar una participación más activa de la ciudadanía en las formas de relacionarse entre sí, en las que se privilegie la responsabilidad personal, el respeto al otro y la utilización de la negociación y la comunicación para el desarrollo colectivo*". De esta manera, aparte de ofrecer experiencias positivas, se evita que el

113 SÁNCHEZ, D. G., LÓPEZ, E. I. M., REYES, R. G. R., y GAMA, H. L., "Lealtad, satisfacción y rendimiento académico en los estudiantes de la UASLP-UAMZM", *Sophia*, (9), 11-25, 2013.

114 Ley General de Educación Superior.

115 Reglamento de Mediación y Conciliación de la Universidad de Guanajuato.

alumnado viva procedimientos "*onerosos, de difícil acceso y larga duración*", promoviendo también mediante la responsabilización del alumnado en el proceso, un compromiso hacia la institución. Este sistema de resolución de conflictos busca mejorar las relaciones interuniversitarias e intrauniversitarias, trabajando por el posicionamiento de la entidad, ofreciendo un servicio necesario y vanguardista.

Y, Schlesinger, Cervera y Calderón[116] argumentan que la confianza afecta al valor percibido y a los niveles de lealtad de los estudiantes y ello, a su vez, mejora el valor capital de una universidad. En este apartado, no podemos dejar de observar la delicada misión de los cuerpos académicos de profesores e investigadores que son el motor que impulsa la formación de los estudiantes, es en ellos quien recae, en el ámbito universitario, la responsabilidad de formar a mejores personas, mejores ciudadanos y mejores profesionistas[117].

Con todo ello, es posible plantear la cuarta hipótesis de investigación: *H4.* La percepción sobre lealtad de marca influye en la percepción del capital de marca entre los estudiantes universitarios mexicanos de ámbito público. Las diferentes normativas establecen la necesidad de generar lealtad de marca como mecanismo de desarrollo del sentimiento de pertenencia y apego institucional.

Para finalizar este apartado, se representa la Figura 1 con nuestro planteamiento de constructo para defender esta investigación.

---

116 SCHLESINGER, W., CERVERA, A., Y CALDERÓN, H., "El papel de la confianza, la imagen y los valores compartidos en la creación de valor y lealtad: aplicación a la relación egresado-universidad", *Revista Española de Investigación en Marketing ESIC*, Vol. 18(2), pp. 126-139, 2014.

117 Ley Orgánica de la Universidad De Guanajuato.

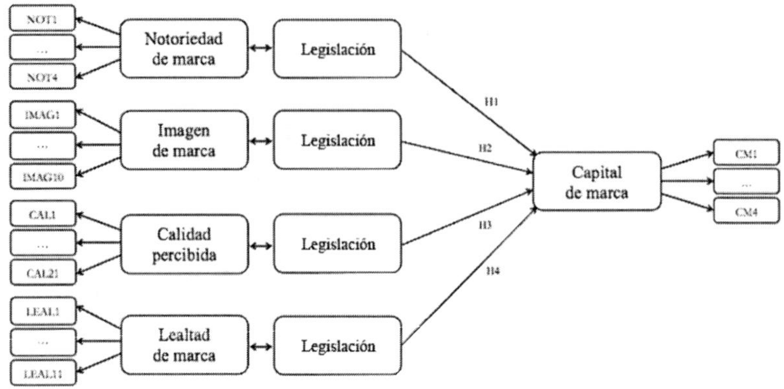

Figura 1. Modelo teórico propuesto para la presente investigación

III. METODOLOGÍA DE LA INVESTIGACIÓN

En una primera fase se llevó a cabo una revisión sistemática en aras de desarrollar una base teórica para la investigación. En un primer lugar, se describieron los conceptos de "capital de marca", "notoriedad de marca", "imagen de marca", "calidad percibida de marca" y "lealtad de marca". En segundo lugar, se realizó un análisis de la normativa universitaria en México y su aplicación a través de la marca.

Para llevar a cabo el contraste de las hipótesis y cumplir los objetivos propuestos, también se llevó a cabo un estudio cuantitativo en Guanajuato (México). Se ha escogido dicha ciudad porque es una de las que mayor historia tienen (fundada en 1732) y cuenta con más de 80 licenciaturas, 26 especialidades, 45 maestrías y 19 doctorados. Todo ello, para ofrecer a los consumidores de educación una amplia oferta y reconocimiento, que se transmite tanto a nivel nacional como internacional. Para cuantificar la población objetivo se empleó un muestreo no probabilístico por conveniencia, utilizando datos oficiales de Facultades relacionadas con el ámbito de la Economía de la universidad pública en cuestión. Así, se pudo comprobar que se albergaba un total de 42.064 estudiantes universitarios, todos ellos matriculados en la universidad estudiada en el momento de la realización de la investigación. La recogida de información se realizó a través de un cuestionario en formato digital distribuido a través del programa SurveyMonkey a un total de 463 estudiantes universitarios. Tras la recogida y depuración de la información, se obtuvieron 401 encuestas válidas.

Como datos destacables del perfil de la muestra, se trata de un grupo mixto de hombres (44%) y mujeres (56%) de 21 años de edad media pertenecientes al cuerpo de estudiantes de la universidad. Con ello, se han obtenido respuestas procedentes de 3 nacionalidades distintas (siendo México el país que mayor número representa, seguido de Brasil y Cuba) y en la que se encuentran representadas 7 titulaciones universitarias distintas pertenecientes a licenciaturas. Además, cabe destacar que el 26% de la muestra alberga entre 2 y 3 años de antigüedad, el 23% tienen entre 3 y 4 años y cerca del 30% tienen 4 o más años de antigüedad. Más aún, cerca del 30% está matriculado de 31 a 40 créditos, el 23,3% de 41 a 50 créditos y cerca del 16% se ha matriculado en más de 50 créditos. Finalmente, destacar que más del 62% de la muestra tienen un gasto universitario de entre 3.001 y 5.000 pesos al mes, además de que el 47,2% son estudiantes a tiempo completo, cerca del 15% está en búsqueda activa de empleo y cerca del 36% compagina sus estudios con un trabajo, ya sea por cuenta ajena (16,3%) o cuenta propia (19,6%).

Las escalas empleadas en el estudio fueron Likert de grado 5 (1= Totalmente en desacuerdo y 5= Totalmente de acuerdo) para medir los conceptos de (1) notoriedad de marca, (2) imagen de marca, (3) calidad percibida de marca, (4) lealtad de marca y (5) capital de marca. Todas ellas basadas en la escala de medición propuesta por Casanoves, Pinazo y Flores[118], la cual tiene referencia a los estudios de Aaker[119] y Keller[120] y se seleccionó por tener un enfoque actitudinal similar al de este trabajo. Siguiendo esta línea, se han adaptado los correspondientes ítems a nuestro ámbito de estudio, los estudiantes universitarios.

Por último, destacar la utilización de SPSS v.27 para Windows y SmartPLS 2.0 como herramientas estadísticas. El proceso de análisis de los datos se ha dividido en tres partes, siendo: (1) descripción y clasificación de los mismos, (2) contraste de hipótesis y (3) análisis de la varianza. En el siguiente apartado se detalla cada uno de ellos.

IV. RESULTADOS

Primeramente, se analizaron las características psicométricas del instrumento de medida, dividiendo la información en un análisis de la calidad de los ítems y en validar la escala de medida, tal y como se muestra en la Tabla 1. Aunque, como paso inicial, se calculó el error muestral para 42.064 estudiantes de la Universidad de Guanajuato (México) en el momento de la realización de la investigación, obteniendo un nivel de confianza del 95%.

---

118 CASANOVES, J., PINAZO, P., y FLORES, J. R., "The perception of educational brand capital in the Spanish context: a proposal for measurement with internal stakeholders", *Harvard Deusto Business Research*, *9*(1), 40-52, 2020.

119 AAKER, D. A., "The Value Of Brand Equity", *Journal Of Business Strategy*. *13*(4), 27-32, 1992.

120 KELLER, K. L., "Conceptualizing, measuring, and managing customer-based brand equity", *Journal of marketing*, *57*(1), 1-22, 1993.

Tabla 1. Fiabilidad y validez convergente

Factor	Indicador	Carga	t de Student	CR	CA	AVE
Notoriedad de marca	NOT1	0,7	19,5	0,8	0,9	0,6
	NOT2	0,7	24,9			
	NOT3	0,8	49,3			
	NOT4	0,8	45,2			
	NOT5	0,8	31,9			
Imagen de marca	IMAG1	0,6	15,7	0,9	0,9	0,4
	IMAG2	0,7	21,0			
	IMAG3	0,7	24,1			
	IMAG4	0,6	18,2			
	IMAG5	0,7	25,2			
	IMAG6	0,8	32,6			
	IMAG7	0,6	17,7			
	IMAG8	0,6	12,0			
	IMAG9	0,7	26,7			
	IMAG10	0,6	15,1			
	IMAG11	0,7	20,3			

	CAL1	0,7	23,8			
	CAL2	0,7	23,3			
	CAL3	0,7	25,9			
	CAL4	0,7	23,8			
	CAL5	0,6	19,7			
	CAL6	0,6	20,6			
	CAL7	0,7	25,8			
	CAL8	0,7	23,0			
	CAL9	0,6	19,3			
	CAL10	0,6	15,9			
Calidad percibida de marca	CAL11	0,6	16,6	0,9	0,9	0,5
	CAL12	0,7	25,4			
	CAL13	0,8	40,4			
	CAL14	0,7	28,3			
	CAL15	0,7	21,9			
	CAL16	0,7	24,5			
	CAL17	0,7	31,2			
	CAL18	0,7	28,5			
	CAL19	0,7	28,9			
	CAL20	0,7	34,4			
	CAL21	0,7	24,2			

	LEAL1	0,8	31,3			
	LEAL2	0,8	44,5			
	LEAL3	0,8	31,7			
	LEAL4	0,8	43,7			
	LEAL5	0,8	34,0			
Lealtad de marca	LEAL6	0,7	21,2	0,9	0,9	0,5
	LEAL7	0,7	25,2			
	LEAL8	0,6	11,7			
	LEAL9	0,8	32,0			
	LEAL10	0,7	23,6			
	LEAL11	0,6	18,0			
	CM1	0,6	12,2			
Capital de marca	CM2	0,8	35,5	0,8	0,9	0,6
	CM3	0,9	54,8			
	CM4	0,8	58,2			

t de Student: Nivel de significatividad; CA: Alfa de Cronbach; CR: Fiabilidad compuesta; AVE: Varianza Extraída promedio

La fiabilidad se comprobó mediante tres métodos de análisis, siendo: (1) α de Cronbach (CA) obteniendo, en todos los casos, valores superiores a 0,7[121] e incluso llegando a la excelencia con valores de 0,9; (2) análisis de fiabilidad compuesta (CR) obteniendo también valores superiores 0,7[122] e incluso superando el umbral más estricto (0,8) en todos los casos; y

121 CRONBACH, L. J., "Coefficient alpha and the internal structure of tests", *Psychometrika*, Vol. 16(3), pp. 297-334, 1951.

122 CARMINES, E. G., y ZELLER, R. A., *Reliability and validity assessment*, Vol. 17, Sage publications. 1979.

(3) análisis de la varianza extraída promedio (AVE), donde prácticamente todos los resultados fueron iguales o superiores a 0,5[123]. Y, destacar que prácticamente todos los valores de las cargas factoriales por separado son superiores a 0,6[124] constatándose así la validez convergente del modelo propuesto.

En segundo lugar, y mediante un análisis de mínimos cuadrados parciales (PLS) y utilizando la técnica de *bootstrapping*[125], se llevó a cabo el contraste de hipótesis, tal y como se muestra en la Tabla 2.

Tabla 2. Contraste de hipótesis

	β Estandarizado	Valor t
H1: Percepción notoriedad de marca —> Percepción capital de marca	0,10	1,40
H2: Percepción imagen de marca —> Percepción capital de marca	0,12	1,68
H3: Percepción calidad percibida —> Percepción capital de marca	0,21*	2,51
H4: Percepción lealtad de marca —> Percepción capital de marca	0,34**	4,60
R2 (F5:CM) = 0,50		** t > 2,56
Q2 (F5:CM) = 0,28		* t > 1,96

123 FORNELL, C., y LARCKER, D.F., "Structural equation models with unobservable variables and measurement error: Algebra and statistics", *Journal of marketing research*, pp. 382-388, 1981.

124 BAGOZZI, R. P., y YI, Y., "On the evaluation of structural equation models", *Journal of the academy of marketing science*, Vol. 16(1), pp. 74-94, 1988.

125 ALDÁS, J. (2013). Partial least squares path modelling in marketing and management research: An annotated application. In *Quantitative modelling in marketing and management* (pp. 43-78).

Tal y como se muestra en la Tabla 2, los resultados son satisfactorios en 2 de las 4 hipótesis planteadas. Es decir, se acepta la hipótesis tercera (H3: *b*: 0,21; t= 2,51; t>1,96) correspondiente a la calidad percibida de marca, y la hipótesis cuarta (H4: *b*: 0,34; t= 4,60; t>2,56) correspondiente a la lealtad de marca. Y, concretamente se advierte que la variable más significativa en la construcción de capital de marca educativo público en México es la lealtad de marca. Con ello, se sustentan las aportaciones generadas por Nguyen y LeBlanc[126], Bok[127], Brown y Mazzarol[128], Sánchez, López, Reyes y Gama[129] así como Schlesinger, Cervera y Calderón[130], los cuales exponen que dicha variable es clave para maximizar la marca educativa por parte de los estudiantes y se deben generar acciones de marketing que ayuden a mantenerla o mejorarla. Sin embargo, y en lo relativo a las hipótesis primeras (notoriedad de marca) y segunda (imagen de marca) cabe destacar que no se demostró una relación positiva con el capital de marca por parte de los 401 estudiantes universitarios mexicanos encuestados. Así pues, se rechazarían dichas hipótesis.

---

126 NGUYEN, N., y LEBLANC, G., "Corporate image and corporate reputation in customers' retention decisions in services", *Journal of retailing and Consumer Services, 8*(4), 227-236, 2001.

127 BOK, D., "Universities in the marketplace: The commercialization of higher education" (Vol. 49), *Princeton University Press,* 2009.

128 BROWN, R. M., y MAZZAROL, T. W., "The importance of institutional image to student satisfaction and loyalty within higher education", *Higher education, 58*(1), 81-95, 2009.

129 SÁNCHEZ, D. G., LÓPEZ, E. I. M., REYES, R. G. R., y GAMA, H. L., "Lealtad, satisfacción y rendimiento académico en los estudiantes de la UASLP-UAMZM", *Sophia,* (9), 11-25, 2013.

130 SCHLESINGER, W., CERVERA, A., Y CALDERÓN, H., "El papel de la confianza, la imagen y los valores compartidos en la creación de valor y lealtad: aplicación a la relación egresado-universidad", *Revista Española de Investigación en Marketing ESIC,* Vol. 18(2), pp. 126-139, 2014.

En tercer y último lugar, se realizó un análisis de la varianza para aquellas variables significativas del modelo propuesto, con el objetivo de extraer la media aritmética por respuesta y sexo (hombre y mujer), de cara a comparar percepciones sobre el capital de marca, tal y como se muestra en la Tabla 3.

Tabla 3. Análisis de la varianza con respecto al sexo del encuestado

	Sexo	N	Media	F	Valor P
Calidad percibida	Hombre	176	3,48	0,54	0,04**
	Mujer	224	3,61		0,04**
Lealtad de marca	Hombre	176	3,56	1,18	0,02**
	Mujer	224	3,72		0,02**

***p<0,01; **p<0,05; *p<0,1

Tal y como muestran los resultados de la Tabla 3, se observa que efectivamente existen diferencias de percepción en las dos variables analizadas dependiendo del tipo de sexo (hombre o mujer). Y, junto a ello, destacar que, basándonos en la escala Likert de 5 puntos, los resultados muestran que, de los 21 ítems que componen la calidad percibida de marca, el promedio del conjunto de variables por parte de las mujeres es de 3,61 puntos, superior al de hombres (3,48). Y, en cuanto a lealtad de marca, también se observan diferencias entre unos y otros (3,72 puntos las mujeres con respecto a los 3,56 obtenidos por los hombres). Ello indica que se perciben diferencias significativas de percepción dependiendo del tipo de estudiante analizado, sea mujer u hombre.

V. CONCLUSIONES

A nivel general, se ha observado una relación directa entre lo que las diversas normativas establecen para la regulación de las universidades y el capital de marca. Dicha normativa establece una base legal que mediante una correcta aplicación conseguiría aumentar los niveles del capital de marca. Destacar que el constructo planteado para la presente investigación demostró tener significatividad en dos de las cuatro variables del capital de marca a nivel de percepciones del alumnado universitario mexicano, apoyando así otras investigaciones en torno a la calidad percibida de marca[131][132][133][134][135] y la lealtad de

---

131 BINSARDI, A., y EKWULUGO, F., "International marketing of British education: research on the students" perception and the UK market penetration", *Marketing Intelligence y Planning, 21*(5), 318-327. 2003.

132 BUGDUD, A. T., MENDOZA, J. C. R., y AGUILAR, N. Á., "La autotransformación del estudiante universitario: más allá de la formación integral", *Revista Iberoamericana de Educación, 43*(4), 1-9, 2007.

133 CHEN, L. H., "Internationalization or international marketing? Two frameworks for understanding international students "choice of Canadian universities", *Journal of Marketing for Higher Education, 18*(1), 1-33, 2008.

134 PINAR, M., TRAPP, P., GIRARD, T., y E. BOYT, T., "University brand equity: an empirical investigation of its dimensions". *International Journal of Educational Management, 28*(6), 616-634, 2014.

135 ALI, F., ZHOU, Y., HUSSAIN, K., NAIR, P. K., y RAGAVAN, N. A., "Does Higher Education Service Quality Effect Student Satisfaction, Image And Loyalty? A Study Of International Students In Malaysian Public Universities", *Quality Assurance in Education, 24*(1), 70-94, 2016.

marca[136][137][138][139][140]. Sin embargo, no se demostró una relación positiva en cuanto a notoriedad de marca e imagen de marca con respecto al capital de marca.

Como implicaciones gerenciales, y en términos de calidad percibida de marca, se observa a nivel general y en base al sexo de la muestra, existen diferencias de percepción entre mujeres (3,61 puntos de media sobre 5 posibles) y hombres (3,48 puntos). Con ello, y más específicamente, se destaca que las mujeres (3,71 puntos) están más satisfechas que los hombres (3,52 puntos) en cuanto a la relación calidad-precio que ofrece la universidad. Además, la valoración de ambos es buena en cuanto a horas de estudio y calificaciones (mujeres: 3,71 puntos; hombres: 3,50 puntos). Con ello, consideran que el profesorado se interesa bastante en las opiniones de sus compañeros de trabajo (mujeres: 3,57 puntos; hombres: 3,29 puntos), además de admirar bastante el propio centro educativo (mujeres: 3,66 puntos; hombres: 3,31 puntos). Y, por último, ambos grupos se emocionan por estudiar en su universidad

---

136 NGUYEN, N., y LEBLANC, G., "Corporate image and corporate reputation in customers' retention decisions in services", *Journal of retailing and Consumer Services*, *8*(4), 227-236, 2001.

137 BOK, D., "Universities in the marketplace: The commercialization of higher education" (Vol. 49), *Princeton University Press*, 2009.

138 BROWN, R. M., y MAZZAROL, T. W., "The importance of institutional image to student satisfaction and loyalty within higher education", *Higher education*, *58*(1), 81-95, 2009.

139 SÁNCHEZ, D. G., LÓPEZ, E. I. M., REYES, R. G. R., y GAMA, H. L., "Lealtad, satisfacción y rendimiento académico en los estudiantes de la UASLP-UAMZM", *Sophia*, (9), 11-25, 2013.

140 SCHLESINGER, W., CERVERA, A., Y CALDERÓN, H., "El papel de la confianza, la imagen y los valores compartidos en la creación de valor y lealtad: aplicación a la relación egresado-universidad", *Revista Española de Investigación en Marketing ESIC*, Vol. 18(2), pp. 126-139, 2014.

(mujeres: 3,75 puntos; hombres: 3,54 puntos) y les produce sensación de diversión (mujeres: 3,74 puntos; hombres: 3,55 puntos). De esta manera se demuestra que la normativa de la Universidad de Guanajuato va acorde con las necesidades de calidad de la misma, pues las fomenta y respalda tanto en su Ley Orgánica[141] como en su Estatuto Orgánico[142], dando lugar a resultados positivos en la práctica. Se hace relevante trabajar también la notoriedad de marca y la imagen de marca siguiendo los parámetros normativos.

Por su parte, focalizándonos en la lealtad de marca, el análisis estructural nos ha permitido concluir que es la variable más significativa en la construcción de capital de marca educativo público en México. Así, diferenciando en base al sexo de la muestra, se observan diferencias a nivel general que entre mujeres (3,72 puntos de media sobre 5 posibles) y hombres (3,56 puntos). Con ello, y más específicamente, se destaca que tanto las mujeres (3,77 puntos) como los hombres (3,53 puntos) están bastante orgullosos de que los demás sepan que estudian en su universidad, además de ser el tipo de centro que quieren estudiar (mujeres: 3,72 puntos; hombres: 3,41 puntos). Junto a ello, consideran que les gusta lo que transmite su marca universitaria por encima de cualquier otra (mujeres: 3,70 puntos; hombres: 3,49 puntos), además de tener una especial conexión con su universidad (mujeres: 3,76 puntos; hombres: 3,44 puntos). Y, por último, ambos grupos se identifican completamente con los valores de sus compañeros de estudio (mujeres: 3,63 puntos; hombres: 3,43 puntos). El sistema de Mediación y Conciliación de la Universidad de Guanajuato, respaldado por la normativa, sirve como protector del bienestar de las personas pertenecientes a la institución y como promotor de la cultura de paz,

141 Ley Orgánica de la Universidad De Guanajuato.

142 Estatuto Orgánico de la Universidad de Guanajuato.

ayudando a que el alumnado participe en actividades más allá del ámbito académico, donde se puedan sentir acogidos y escuchados, y donde han de asumir responsabilidades respecto al proceso. Todo ello fomenta una mayor satisfacción respecto a la experiencia universitaria, un mayor compromiso con la entidad, y por ende un mayor el arraigo y lealtad a la misma.

Como limitaciones de la investigación, destacar que, aunque se ha estudiado una de las universidades más importantes y antiguas de México, si se hubiera ampliado la misma a más universidades públicas mexicanas probablemente habría mejorado la calidad del estudio. Además, se ha utilizado una técnica íntegramente cualitativa, considerándose interesante añadir al trabajo un estudio cualitativo a futuro. Y, como líneas de investigación de futuro, se considera que las personas externas a la universidad (ej. los futuros estudiantes) también podrían participar en el estudio, de cara a comparar percepciones entre los estudiantes actuales y potenciales. Y también sería interesante incluir la percepción sobre capital de marca del profesorado, el personal administrativo o los propios gerentes universitarios, de cara a poder realizar comparativas entre empleadores y empleados (a nivel interno), así como directivos y estudiantes a nivel externo. Todo ello, incluso realizando estudios longitudinales sobre las percepciones de los estudiantes en distintos momentos del tiempo, de tal forma que se pueda dar luz a la comunidad científica sobre si existen diferencias o no.

VI. BIBLIOGRAFÍA

AAKER, D. A., "The Value Of Brand Equity", *Journal Of Business Strategy. 13*(4), 27-32, 1992.

ALDÁS, J., "Partial Least Squares Path Modelling In Marketing And Management Research: An Annotated Application", *In Quantitative Modelling In Marketing And Management* (pp. 43-78), 2013.

ANUIES. *HACIA UNA TRANSFORMACIÓN DEL SISTEMA DE EDUCACIÓN SUPERIOR*. Disponible en: http://www.anuies. mx/servicios/d_estrategicos/documentos_estrategicos/21/4/26. html., 2011.

ALI, F., ZHOU, Y., HUSSAIN, K., NAIR, P. K., y RAGAVAN, N. A., "Does Higher Education Service Quality Effect Student Satisfaction, Image And Loyalty? A Study Of International Students In Malaysian Public Universities", *Quality Assurance in Education, 24*(1), 70-94, 2016.

ANZALDO, A. A., "La universidad pública mexicana: el mito retórico frente a la realidad concreta. *CIENCIA ergo-sum", Revista Científica Multidisciplinaria de Prospectiva, 11*(2), xvi-xxv, 2004.

BAGOZZI, R. P., y YI, Y., "On the evaluation of structural equation models", *Journal of the academy of marketing science*, Vol. 16(1), pp. 74-94, 1988.

BANCO MUNDIAL., "La educación superior se expande en América Latina y el Caribe, pero aún no desarrolla todo su potencial". *México: BM*. Recuperado de https://goo.gl/h39Tpd, 2017.

BATRA, R., AHUVIA, A., y BAGOZZI, R. P., "Brand love", *Journal of marketing, 76*(2), 1-16, 2012.

BINSARDI, A., y EKWULUGO, F., "International marketing of British education: research on the students" perception and the UK market penetration", *Marketing Intelligence y Planning, 21*(5), 318-327. 2003.

BOK, D., "Universities in the marketplace: The commercialization of higher education" (Vol. 49), *Princeton University Press*, 2009.

BREWER, A., y ZHAO, J., "The impact of a pathway college on reputation and brand awareness for its affiliated university in Sydney", *International Journal of Educational Management, 24*(1), 34-47, 2010.

BROWN, R. M., y MAZZAROL, T. W., "The importance of institutional image to student satisfaction and loyalty within higher education", *Higher education, 58*(1), 81-95, 2009.

BUNZEL, D. L., "Universities sell their brands", *Journal of Product y Brand Management, 16*(2), 152-153, 2007.

BRUNET, N., "Dejar la escuela en perspectiva longitudinal micro-macro: marcas biográficas y contextuales", en M. COUBÉS, P. SOLÍS, Y M. ZAVALA (Coords.), *Generaciones, cursos de vida y desigualdad social en México* (339- 367). México: COLMEX, 2016.

BRUNZEL, D. L., "Universities sell their brands", *Journal of Product y Brand Management*, Vol. 16 No. 2, pp. 152-3, 2007.

BUGDUD, A. T., MENDOZA, J. C. R., y AGUILAR, N. Á., "La autotransformación del estudiante universitario: más allá de la formación integral", *Revista Iberoamericana de Educación, 43*(4), 1-9, 2007.

BUIL, I., MARTÍNEZ, E., y DE CHERNATONY, L., "Medición del valor de marca desde un enfoque formativo", *Cuadernos de gestión, 10,* 167-196, 2010.

CARMELO, M., y CALVO, S., "Branding universitario", *Marcando la diferencia. Delta Publicaciones, Madrid,* 2010.

CARMINES, E. G., y ZELLER, R. A., *Reliability and validity assessment,* Vol. 17, Sage publications. 1979.

CASANOVES, J., KÜSTER, I., y VILA, N., "Educational branding in private spanish universities: Building brands that the public fall in love with", *Journal of Management and Business Education, 3*(2), 145-163, 2020.

CASANOVES, J., PINAZO, P., y FLORES, J. R., "The perception of educational brand capital in the Spanish context: a proposal for measurement with internal stakeholders", *Harvard Deusto Business Research, 9*(1), 40-52, 2020.

CHEN, L. H., "Internationalization or international marketing? Two frameworks for understanding international students "choice of Canadian universities", *Journal of Marketing for Higher Education, 18*(1), 1-33, 2008.

CRONBACH, L. J., "Coefficient alpha and the internal structure of tests", *Psychometrika,* Vol. 16(3), pp. 297-334, 1951.

DELGADO, E., y MUNUERA, J. L. M., "Medición del capital de marca con indicadores formativos", *Investigación y marketing,* (75), 16-20, 2002.

DURÁN, S., y PARRA, M., "Diversidad Cultural para promover el desarrollo de habilidades sociales en educación superior", *Revista Cultura, Educación y Sociedad,* 5(1), 55-67, 2014.

Estatuto Orgánico de la Universidad de Guanajuato.

FAIRCLOTH, J. B., CAPELLA, L. M., y ALFORD, B. L., "The effect of brand attitude and brand image on brand equity", *Journal of Marketing Theory and Practice, 9*(3), 61-75, 2001.

FARQUHAR, P. H., "Managing brand equity", *Marketing research, 1*(3), 1989.

FORNELL, C., y LARCKER, D.F., "Structural equation models with unobservable variables and measurement error: Algebra and statistics", *Journal of marketing research,* pp. 382-388, 1981.

FOROUDI, P., DINNIE, K., KITCHEN, P. J., MELEWAR, T. C., y FOROUDI, M. M., "IMC antecedents and the consequences of planned brand identity in higher education", *European Journal of Marketing, 51*(3), 528-550, 2017.

FUREY, S., SPRINGER, P., y PARSONS, C., "University Brand Promises", In *Presentation at Academy of Marketing 2009 Conference*, 2009.

GARCÍA, J., y PELEKAIS, C., "La Dirección estratégica como factor potenciador de la Gestión del Conocimiento en Universidades Privadas: una perspectiva desde los Centros de Investigación", Material mimeografiado Jornadas del Centro de Investigación de Ciencias Administrativas y Gerenciales. CICAG. Universidad Dr. Rafael Belloso Chacín, 2012.

GIORGULI, S., y ANGOA, M., "Trayectorias migrato- rias y su interacción con los procesos educativos". En M. COUBÉS, P. SOLÍS, y M. ZAVALA (Coords.), *Generaciones, cursos de vida y desigualdad social en México* (369-402), México: COLMEX, 2016.

GÓMEZ, D. F. H., y Medina, R. Z., "Diagnóstico de la imagen de marca de las instituciones universitarias en España", In *Actas II Congreso Internacional Latina de Comunicación Social: La Comunicación Social, en estado crítico: entre el mercado y la comunicación para la libertad* (p. 20). Sociedad Latina de Comunicación Social, 2010.

GONZÁLEZ, J. D. L., "Consumo y consumismo. Algunos elementos trazan sobre estudiantes universitarios en México", *Nómadas, 21*(1), 439-456, 2009.

HENAO, L., y COLORADO, L., "Calidad de servicio, satisfacción y antecedentes de la lealtad hacia las empresas de telecomunicaciones en Colombia", *XXII Congreso Internacional de Contaduría, Administración e Informática. Ciudad Universidad*, Ciudad Méjico, 2017.

KAYNAK, E., SALMAN, G. G., y TATOGLU, E., "An integrative framework linking brand associations and brand loyalty in professional sports", *Journal of Brand Management, 15*(5), 336-357, 2008.

KELLER, K. L., "Conceptualizing, measuring, and managing customer-based brand equity", *Journal of marketing, 57*(1), 1-22, 1993.

KELLER, K. L., APÉRIA, T., y Georgson, M., "Strategic brand management: A European perspective", *Pearson Education*, 2008.

Ley General de Educación Superior.

Ley General de Educación Superior de los Estados Unidos Mexicanos.

Ley General de Educación Superior de México.

Ley Orgánica de la Universidad de Guanajuato.

LLORENTE, C., "Marketing educativo: Captación y fidelización de alumnos", *ESIC Editorial,* 2019.

MALÁSQUEZ, P. M. C., "Papel de la universidad pública mexicana en el desarrollo local: la importancia de las actividades de investigación", *Revista Pueblos y Fronteras Digital,* (6), 1-32, 2008.

MANES, J. M., "Marketing para Instituciones Educativas", *Buenos Aires: Ediciones Granica* S.A, 2005.

MICHAVILA, F., y Calvo, B., "La universidad española hoy: propuestas para una política universitaria", Madrid: Síntesis, 1998.

MORÍN, E., "De la reforma universitaria", 2018

NGUYEN, N., y LEBLANC, G., "Corporate image and corporate reputation in customers' retention decisions in services", *Journal of retailing and Consumer Services, 8*(4), 227-236, 2001.

OLINS, W., *The brand handbook,* Thames y Hudson, 2008.

PINAR, M., TRAPP, P., GIRARD, T., y E. BOYT, T., "University brand equity: an empirical investigation of its dimensions". *International Journal of Educational Management, 28*(6), 616-634, 2014.

RAUSCH, L., "Cross-cultural analysis of brand consciousness", *Journal of Undergraduate Research, 5,* 55-61, 2002.

RAUSCHNABEL, P. A., KREY, N., BABIN, B. J., y IVENS, B. S., "Brand management in higher education: the university brand personality scale", *Journal of Business Research, 69*(8), 3077-3086, 2016.

Reglamento de Mediación y Conciliación de la Universidad de Guanajuato.

ROMERO, T., y DE LA PAZ, M., "Dimensions of brand personality in Mexico", *Global Journal of Business Research, 6*(5), 35-47, 2012.

SÁNCHEZ, D. G., LÓPEZ, E. I. M., REYES, R. G. R., y GAMA, H. L., "Lealtad, satisfacción y rendimiento académico en los estudiantes de la UASLP-UAMZM", *Sophia,* (9), 11-25, 2013.

SARRIAS., "School marketing: como vender más siendo un centro de enseñanza", *Profit Editorial,* 2018.

SCHLESINGER, W., CERVERA, A., Y CALDERÓN, H., "El papel de la confianza, la imagen y los valores compartidos en la creación de valor y lealtad: aplicación a la relación egresado-universidad", *Revista Española de Investigación en Marketing ESIC,* Vol. 18(2), pp. 126-139, 2014.

TREJO, P. A., y RODRIGUES, S. J., "Movilidad estudiantil y un acceso a la nacionalidad española diferenciado: el caso de los mexicanos, colombianos y brasileños en Galicia", *Foro de Educación*, 15 (22), p.p. 1-21, 2017.

TUIRÁN, R., "La educación superior en México: avances, rezagos y retos", *Suplemento Campus Milenio*, 27 de febrero, 2011.

UNESCO. "Informe de seguimiento de la educación en el mundo: migración, desplazamiento y educación", *Ediciones UNESCO*, 2019.

YOO, B., y DONTHU, N. "Developing and validating a multidimensional consumer-based brand equity scale", *Journal of business research*, *52*(1), 1-14, 2001.

LA CONCILIACIÓN LABORAL Y EL REAL DECRETO-LEY 6/2019 DE 1 DE MARZO, DE MEDIDAS URGENTES PARA GARANTÍA DE LA IGUALDAD DE TRATO Y DE OPORTUNIDADES ENTRE MUJERES Y HOMBRES EN EL EMPLEO Y LA OCUPACIÓN

DRA. ANA NIEVES ESCRIBÁ PÉREZ
Directora del Grado en Derecho
Profesora de Derecho del Trabajo y de la Seguridad Social
Universidad Internacional de Valencia. VIU. -España-
aescriba@universidadviu.com

SUMARIO: I. Introducción; II. Trabajadores por cuenta ajena; 1. Denominaciones; 2. Permisos por nacimiento y cuidado del menor; 3. Permisos por adopción y guarda con fines de adopción y acogimiento; 4. Lactancia; 5. Despido; 6. Conciliación familiar/ Jornada Laboral; III. Trabajadoras autónomas; 1. Bonificación de Cuotas a la seguridad social con carácter general; 2. Bonificación de cuotas en la reincorporación al trabajo; IV. Empleados públicos; 1. Permisos por nacimiento; 2. Permisos por adopción y guarda con fines de adopción y acogimiento; 3. Lactancia; V. Obligaciones de los empresarios; 1. Plan de igualdad; 2. Clasificación Profesional; 3. Igualdad de remuneración y registro salarial; 4. Contratos; 5. Sanciones; VI. Bibliografía

RESUMEN: El Real Decreto-Ley 6/2019, de 1 de marzo, de medidas urgentes para la garantía de la igualdad de trato y de oportunidades entre mujeres y hombres en el empleo y la ocupación1, ha marcado un antes y un después en nuestro sistema jurídico en materia de igualdad y de conciliación de la vida laboral y familiar.

El citado Real Decreto Ley ha introducido importantes cambios en nuestro sistema normativo que pretenden mejorar la situación de las mujeres de forma general tanto en el ámbito de las trabajadoras autónomas como asalariados pasando por los empleados públicos. Entre las mejoras más destacables podemos encontrar, por ejemplo, el cambio en las denominaciones de algunas prestaciones o incluso situaciones como es el caso de la tradicional *"Prestación por Maternidad"* que pasa a llamarse *"Prestación por nacimiento y cuidado del menor"* o la sustitución del término *"Paternidad"* por *"Corresponsabilidad en el cuidado del lactante"*. Uno de los avances más esperados –y más aplaudidos- que se han llevado a cabo a través de esta norma es la ampliación del permiso por nacimiento y cuidado de un menor para el progenitor que sea diferente a la madre biológica de forma progresiva con un aumento del tiempo desde la aprobación del Real Decreto Ley 6/2019, de 1 de marzo, y hasta 2021; en este sentido, además, se ha introducido la posibilidad de que ambos progenitores ejerzan el derecho al cuidado del hijo lactante simultáneamente con las características que más adelante detallaré.

Otra novedad introducida por la propia norma, además, se establece la posibilidad de que cualquier trabajador pueda solicitar la adaptación de su jornada de trabajo para poder conciliar de forma efectiva su vida familiar y laboral.

En el plano empresarial y para fomentar la correcta y real aplicación de estas y otras medidas en materia de igualdad real tanto de trato como de oportunidades, el RD Ley 6/2019, de 1 de marzo, ha establecido una serie de obligaciones para los empleadores entre las que destacan: la creación de planes de igualdad, la definición de grupos profesionales, el registro salarial en la empresa, los contratos de los trabajadores cuando hay víctimas de violencia de género y las sanciones por incumplimiento de la obligación de crear Planes de Igualdad efectivos.

I. INTRODUCCIÓN

El RD Ley 6/2019, de 1 de marzo, de medidas urgentes para la garantía de la igualdad de trato y de oportunidades entre mujeres y hombres en el empleo y la ocupación[143], ha marcado un antes y un después en nuestro sistema jurídico en materia de igualdad y de conciliación de la vida laboral y familiar.

El citado Real Decreto Ley ha introducido importantes cambios en nuestro sistema normativo que pretenden mejorar la situación de las mujeres de forma general tanto en el ámbito de las trabajadoras autónomas como asalariados pasando por los empleados públicos. Entre las mejoras más destacables podemos encontrar, por ejemplo, el cambio en las denominaciones de algunas prestaciones o incluso situaciones como es el caso de la tradicional *"Prestación por Maternidad"* que pasa a llamarse *"Prestación por nacimiento y cuidado del menor"* o la sustitución del término *"Paternidad"* por *"Corresponsabilidad en el cuidado del lactante"*.

Uno de los avances más esperados –y más aplaudidos- que se han llevado a cabo a través de esta norma es la ampliación del permiso por nacimiento y cuidado de un menor para el progenitor que sea diferente a la madre biológica de forma progresiva con un aumento del tiempo desde la aprobación del Real Decreto Ley 6/2019, de 1 de marzo, y hasta 2021; en este sentido, además, se ha introducido la posibilidad de que ambos progenitores ejerzan el derecho al cuidado del hijo lactante simultáneamente con las características que más adelante detallaré.

Otra novedad introducida por la propia norma, además, se establece la posibilidad de que cualquier trabajador pueda

---

143 La entrada en vigor el día 8 de marzo de 2019, a excepción de los artículos 2.12, 3.3, 7 (apartados 7 y 8) que lo hicieron el 1 de abril de 2019.

solicitar la adaptación de su jornada de trabajo para poder conciliar de forma efectiva su vida familiar y laboral.

En el plano empresarial y para fomentar la correcta y real aplicación de estas y otras medidas en materia de igualdad real tanto de trato como de oportunidades, el RD Ley 6/2019, de 1 de marzo, ha establecido una serie de obligaciones para los empleadores entre las que destacan: la creación de planes de igualdad, la definición de grupos profesionales, el registro salarial en la empresa, los contratos de los trabajadores cuando hay víctimas de violencia de género y las sanciones por incumplimiento de la obligación de crear Planes de Igualdad efectivos.

Hay que recordar que el antecedente del RD Ley 6/2019, de 1 de marzo, es la Ley Orgánica 3/2007, de 22 de marzo, para la igualdad efectiva de mujeres y hombre y que, esta, trataba de conseguir que el principio de igualdad de trato y oportunidades operara de forma efectiva; su misión principal era eliminar de forma cierta toda posible discriminación –tanto directa como indirecta- de las mujeres[144], si bien es cierto que los resultados fueron inferiores a los esperados[145] por lo que, sin lugar a dudas, se hacía necesaria una reforma a la misma que vino operada por el RD Ley 6/2019, de 1 de marzo.

---

144 Tal y como indica el RD Ley 6/2019, de 1 de marzo, en su preámbulo se trataba de *una Ley pionera en el desarrollo legislativo de los derechos de igualdad de género en España.*

145 Así lo establece el propio preámbulo del RD Ley 16/2019, de 1 de marzo, cuando dice que *se ha producido un claro retraso en el cumplimiento de los objetivos de igualdad y el hecho de que esta situación persista por largo tiempo no es óbice para que se haga frente a la misma por vía de la legislación de urgencia (STC 11/2002, FJ 7). El carácter estructural de una situación no impide que, en el momento actual, pueda convertirse en un supuesto de extraordinaria y urgente necesidad atendiendo a las circunstancias concurrentes (SSTC 137/2011, FJ 6; 183/2014, FJ 5; 47/2015, FJ 5; 139/2016, FJ 3; y 33/2017, FJ 3).*

En un Estado Social y Democrático de Derecho -tal y como es el nuestro- se hace imprescindible garantizar que el principio de igualdad opere de forma totalmente efectiva.

Los mandatos de los artículos 9.2 y 14 de la Constitución exhortan a los poderes públicos a promover la igualdad entre los ciudadanos[146] y a que esta sea real y efectiva debiendo, además, facilitar la participación de todos ellos en la vida social –entre otras-, por un lado, y consagran la igualdad de los mismos no pudiendo existir discriminación por razón de sexo –entre otras-, por otro[147].

Las razones dadas en el preámbulo del RD Ley 6/2019 son claras al respecto: se entiende que *concurren los requisitos constitucionales de extraordinaria y urgente necesidad que habilitan al Gobierno para aprobar el presente real decreto-ley dentro del margen de apreciación que, en cuanto órgano de dirección política del Estado, le reconoce el artículo 86.1 de la Constitución*[148].

En lo que al ámbito del Derecho del Trabajo se refiere hay que resaltar que los trabajadores y las trabajadoras deben tener los mismos derechos y estos deben ser objetivos, es decir, deben poder ejercer su derecho a la corresponsabilidad de la

---

146 En este sentido, los Poderes Públicos, deben adoptar todas las medidas necesarias cuando existan situaciones de desigualdad latentes y objetivas.

147 En su preámbulo, la norma establece que "*...son contrarias al derecho a la igualdad de trato y de oportunidades entre mujeres y hombres las discriminaciones directas e indirectas; el acoso sexual y el acoso por razón de sexo; la discriminación por el embarazo, la maternidad, la asunción de obligaciones familiares o el ejercicio de los derechos de corresponsabilidad de la vida personal, familiar y laboral; las represalias como consecuencia de las denuncias contra actos discriminatorios; y los actos y cláusulas de los negocios jurídicos que constituyan o causen discriminación por razón de sexo*".

148 Reforzado, además, por las SSTC 142/2014 en su Fundamento Jurídico 3 y 11/2002 en su Fundamento Jurídico 7.

vida personal, familiar y laboral lo que fundamenta los cambios operados por el RD Ley 6/2019, de 1 de marzo lo que permite, sin lugar a dudas, un acercamiento mayor a la total operatividad del Principio de Igualdad a través de su articulado –se trata únicamente de siete artículos[149]-. Las modificaciones se realizan sobre normas tan relevantes como la Ley Orgánica 3/2007 de 22 de marzo para la igualdad efectiva de hombres y mujeres o RD Legislativo 2/2015, de 23 de octubre por el que se aprueba el Texto Refundido del Estatuto de los Trabajadores[150].

Un cambio producido en la redacción del Texto Refundido del Estatuto de los Trabajadores y que es reflejo de la implicación de los poderes públicos en esta importante modificación es la sustitución del término *trabajadores* por el término *personas trabajadoras* en toda la redacción de su articulado fomentando así, ya desde los propios poderes públicos, esa igualdad que la norma pretende hacer efectiva.

Es de resaltar la importancia de los artículos 2 y 3 del RD Ley 6/2019, de 1 de marzo, ya que en ambos se trata de conseguir

---

149 Son únicamente siete artículos los que componen el RD Ley 6/2019 pero es de destacar que modifican siete normas con rango de Ley con la intención de la operatividad total del principio de igualdad dentro de nuestro ordenamiento jurídico que benefician directamente en la consecución de la igualdad efectiva entre hombres y mujeres.

150 Además del RD Legislativo 5/2015, de 30 de octubre, por el que se aprueba el Texto Refundido de la Ley del Estatuto Básico del Empleado Público, el RD Legislativo 8/2015, de 30 de octubre, por el que se aprueba el Texto Refundido de la Ley General de Seguridad Social, la Ley 20/2007, de 11 de julio del Estatuto del Trabajo Autónomo, el RD Legislativo 5/2000, de 4 de agosto por el que se aprueba el Texto Refundido de la Ley de Infracciones y Sanciones en el Orden Social y la Ley 2/2008, de 23 de diciembre, de Presupuestos Generales del Estado de 2009.

la equiparación de la duración de los permisos por nacimiento de hijo o hija de ambos progenitores como derecho derivado de los artículos 9.2 y 14 de la Constitución directamente[151] tratando de conseguir la aplicación y operatividad del principio de igualdad en todos los aspectos y, por tanto, tratando de llegar a la igualdad efectiva y real entre hombre y mujeres de manera bidireccional y promocionando la conciliación de la vida familiar y personal y, por supuesto, favoreciendo la corresponsabilidad de los progenitores[152].

1. TRABAJADORES POR CUENTA AJENA

En materia de trabajadores por cuenta ajena, el RD Ley 6//2019, de 1 de marzo, realizó cambios que afectaban de forma clara al Título IV del RD 8/2015, de 30 de octubre, que modifica el Régimen Especial de Seguridad Social de los Trabajadores por cuenta propia para realizar cambios en las denominaciones y cambios normativos, sobre todo, en el artículo 318 del TRLGSS del mismo.

2. Denominaciones

Un cambio importante introducido por el RD Ley 6/2019, de 1 de marzo, es que establece el cambio de determinadas

---

151 Así como de los artículos 2 y 3.2 del Tratado de la Unión Europea y de los artículos 21 y 23 de la Carta de Derechos Fundamentales de la Unión Europea.

152 Es cierto que esta equiparación se realizará de forma progresiva hasta llegar a la total equiparación en el año 2021 y así lo establecen las disposiciones transitorias del Texto Refundido del Estatuto de los Trabajadores y el Estatuto Básico del Empleado Público tras las modificaciones correspondientes.

denominaciones para adecuarlas a la época actual y, por ende, a las nuevas características y fundamentaciones de determinadas prestaciones; así pues, la antigua prestación por maternidad pasa a denominarse *prestación por nacimiento y cuidado del* menor y la prestación por paternidad pasa a denominarse *prestación de corresponsabilidad por el cuidado del* lactante.

3. Permisos por nacimiento y cuidado del menor

Es de destacar que se produce una ampliación del permiso por nacimiento y cuidado del menor para el progenitor distinto de la madre biológica de forma progresiva desde 2019 hasta 2021 y esta se convierte, sin lugar a duda, con una de las modificaciones más importantes ya que reconoce y establece la corresponsabilidad en el cuidado de los hijos menores.

La *suspensión del contrato por nacimiento o permiso de nacimiento y cuidado del menor* ya no distingue entre progenitores o sexos. Esta es una de las modificaciones más importantes en materia de corresponsabilidad, según mi criterio, llevada a cabo por el RD Ley 6/2019, de 1 de marzo. Se modifica el artículo 177 del Texto Refundido de la Ley General de Seguridad Social haciendo desaparecer el antiguo término utilizado para referirse a esta prestación *–prestación de maternidad y paternidad-* englobándola en la *prestación por nacimiento y cuidado del menor* sin hacer distinción alguna entre sexos y, por tanto, dotando a nuestra norma de un lenguaje mucho más inclusivo[153]. En este sentido, como ya he adelantado, desaparecen las prestaciones *permiso por maternidad* y *permiso por paternidad* para englobarse ambas en la *prestación por nacimiento y cuidado del menor*; con anterioridad la madre tenía 16 semanas

---

[153] En este sentido las modificaciones comenzaron a operar con fecha 1 de abril de 2019.

de disfrute de las cuales 6[154] debían disfrutarse inmediatamente después del parto y de forma ininterrumpida mientras que el padre, hasta el 1de abril de 2019, disfrutaba, únicamente de 5 semanas ininterrumpidas a disfrutar desde el momento de finalización del permiso por nacimiento y hasta la finalización del permiso de maternidad[155]. La nueva prestación va a ir implantándose gradualmente hasta el año 2021, pero las mejoras introducidas en materia de corresponsabilidad y muy importante, así pues, el concepto de 16[156] semanas de permiso tras el nacimiento del menor será igual para ambos progenitores con el requisito de disfrute de un mínimo de 6 inmediatamente después del parto –esta prerrogativa, tradicionalmente, era de la madre mientras que en la actualidad se le ofrece a ambos progenitores por igual-; una vez finalizado dicho periodo de disfrute obligatorio de 6 semanas disfrutarán del resto del permiso en periodos semanales –de forma acumulada o interrumpida[157]- hasta que el menor cumpla los 12 meses hasta llegar a 2021 el disfrute progresivo será para el progenitor distinto a la madre de 8 semanas[158] -2 ininterrumpidas inmediatamente

---

154 Una vez transcurridas las seis semanas iniciales la suspensión del contrato de trabajo podrá disfrutarse en régimen de jornada completa o parcial (previo acuerdo entre la persona trabajadora y el empleador), a tenor de lo establecido en el artículo 48 del Estatuto de los Trabajadores.

155 Si bien es cierto que la última semana podía disfrutarse hasta que el hijo cumpliese los nueve meses -siempre de común acuerdo con la empresa-

156 En caso de fallecimiento de la madre biológica el otro progenitor t

157 Además, podrán hacer en jornada completa o parcial y siempre de común acuerdo con la empresa y comunicándolo, como mínimo, con una antelación de 15 días.

158 La madre podrá ceder 4 de sus 16 semanas.

después del parto- en 2018 y 12 semanas -4 ininterrumpidas inmediatamente después del parto- en 2019[159].

En los *supuestos de discapacidad del menor o nacimiento, adopción o guarda legal múltiple por cada hijo distinto del primero* la legislación anterior establecía la suspensión del contrato de trabajo de la madre durante un periodo adicional de dos semanas mientras que, en la actualidad, se hace extensible a ambos progenitores.

En el supuesto de *parto prematuro u hospitalización del neonato tras el* parto, la legislación anterior el periodo de suspensión computaba a instancia de la madre[160] a partir de la fecha de alta hospitalaria del prematuro o neonato mientras que, con la nueva norma desaparece la prioridad de la madre biológica frente al otro progenitor.

4. Permisos por adopción y guarda con fines de adopción y acogimiento

En los supuestos de *adopción, guarda con fines de adopción y acogimiento*, se ha pasado del disfrute de 16 semanas ininterrumpidas a partir de la resolución judicial de adopción o decisión administrativa de guarda legal a 16 semanas ininterrumpidas para cada adoptante, guardador o acogedor, cuyas 6 primeras semanas deberán disfrutarse tras resolución judicial o decisión administrativa[161]. Las 10 semanas restantes pueden disfrutarse en periodos semanales de forma acumulada o ininterrumpida en el periodo de los doce meses siguientes[162].

---

159 La madre podrá ceder 2 de sus 16 semanas.

160 O, en su defecto, del otro progenitor.

161 Se establece la misma regulación en cuanto a distribución e implantación gradual que el permiso por nacimiento

162 Así lo establece el artículo 45.1.d) del Estatuto de los Trabajadores.

5. Lactancia

Según lo establecido en el Texto Refundido del Estatuto de los Trabajadores antes de la modificación operada por el RD Ley 6/2019, de 1 de marzo, en referencia al derecho permiso por lactancia únicamente se establecía dicho derecho hasta que el menor cumpliese los nueve meses y solo para uno de los progenitores pero, a partir de la reforma, se reconoce dicho derecho a ambos permitiendo así un mayor acercamiento a la corresponsabilidad en materia de cuidado de hijos, además, se crea una nueva prestación de seguridad social por *corresponsabilidad en el cuidado del lactante*[163] –regulada en el artículo 183 del Texto Refundido de la Ley General de Seguridad Social- consistente en la reducción de la jornada de trabajo de los progenitores en media hora siempre que la lleven a cabo con la misma duración y régimen ambos progenitores, adoptantes, guardadores con fines de adopción o acogedores de carácter permanente, siempre y cuando ambos trabajen para el cuidado del menor lactante y entre los 9 y los 12 meses de edad[164]. La prestación por *corresponsabilidad en el cuidado del lactante consistirá* en la percepción del 100% de la base reguladora establecida para la prestación de incapacidad temporal en proporción a la reducción que experimente la jornada de trabajo de los beneficiarios[165].

---

163 Los progenitores, adoptantes, guardadores con fines de adopción o acogedores de carácter permanente deberán acreditar el ejercicio de la corresponsabilidad del lactante a través de un certificado de reducción de jornada que deberá expedir la empresa para la que presten servicios.

164 Si bien es cierto que, en este caso, el salario de los progenitores ser verá disminuido proporcionalmente desde los 9 hasta los 12 meses de edad del menor.

165 Según lo establecido en el artículo 192 bis del Texto Refundido de la Ley General de la Seguridad Social.

La diferencia fundamental viene establecida en que ambos progenitores pueden ejercer el derecho al cuidado del lactante de forma simultánea y que, además, el periodo se establece en doce meses[166].

6. Despido

En materia de despidos se considerarán nulos los despidos de las personas trabajadoras tras su incorporación después de finalizar el permiso de suspensión por nacimiento, adopción, guarda o acogimiento sin haber trascurrido, como mínimo doce meses desde la misma[167] ampliándose, así, frente a los nueve que había establecidos en la anterior regulación.

Otra de las novedades introducidas por el RD Ley 6/2019, de 1 de marzo, es la percepción de la retribución al trabajo de igual valor realizado en caso de que se declare la nulidad de un contrato de trabajo por discriminación salarial por razón de sexo.

Del mismo modo se considerará nula cualquier resolución contractual a instancia del empleador siempre durante el periodo de prueba siempre que la trabajadora se encuentre embarazada y desde el inicio del embarazo hasta la finalización del mismo y durante la duración de la percepción de la prestación por nacimiento y cuidado del menor siempre y cuando no concurran causas que motiven el mismo.

---

166 Con la pertinente reducción del salario a partir de los nueve meses desde el momento del nacimiento.

167 Obviamente siempre y cuando no concurra causa justificativa del mismo.

Solo se considerará procedente el despido por causas objetivas[168] en los casos anteriores siempre y cuando se pueda acreditar de forma clara dicha causa.

7. Conciliación familiar / Jornada Laboral

Varias son las mejoras aportadas por el RD Ley 6/2019, de 1 de marzo, en materia de conciliación laboral y jornada laboral.

En referencia a la jornada de trabajo se modifica el artículo 34.8 del Texto Refundido del Estatuto de los Trabajadores; uno de los avances en materia de conciliación familiar se basa en la jornada de trabajo. Consiste en la posibilidad del trabajador de solicitar la repartición y ajuste de la jornada de trabajo, la organización del tiempo de trabajo y en la forma de prestación para que, efectivamente, puedan disfrutar del derecho a la conciliación de la vida familiar y laboral incluyendo, en este apartado, la posibilidad de prestar los servicios de trabajo a distancia, si bien es cierto que se debe tener también en cuenta las necesidades organizativas o productivas[169] de la empresa. Se ha establecido la obligación de tratar estos temas mediante la negociación colectiva en la empresa para intentar eliminar las posibles discriminaciones que puedan existir; a colación de esto, si no existe regulación, empresa y trabajador dispondrán de un plazo de 30 días para negociar la adaptación de la jornada y si, en ese periodo de tiempo, no llegaran a un acuerdo será la

---

[168] Artículo 53.4 del Estatuto de los Trabajadores.

[169] Es cierto que no aparece la definición de "razonabilidad" y "proporcionalidad", por lo que pueden llegar a existir discrepancias al respecto y el tratamiento jurídico de esta figura que nace con la idea de fomentar la conciliación de la vida laboral y familiar puede llegar a ser compleja y a generar conflictos de intereses entre las personas trabajadoras y los empleadores.

jurisdicción social la encargada de solucionar el conflicto. Se ha establecido, además, el derecho a la solicitud del retorno a la jornada laboral anterior una vez finalizado el periodo pactado o siempre que exista una causa justificada que modifique la situación de la persona trabajadora[170].

La novedad más importante se introduce a través de la modificación del artículo 37 del Texto Refundido del Estatuto de los Trabajadores que regula *el descanso semanal, fiestas y permisos.* En este sentido se modifican los tiempos relativos al permiso por nacimiento de hijo del artículo 37.2 -que desaparece-, el permiso por lactancia del artículo 37.4 que sufre mejoras importantes, el permiso por nacimiento de hijos prematuros o hospitalización después del parto del artículo 37.5 y la concreción horaria y determinación del momento del disfrute del artículo 37.7.

En materia de *permiso por nacimiento de hijos prematuros u hospitalización después del parto* viene regulada en el artículo 37.5. Con la anterior redacción uno de los progenitores podía disfrutar de una hora diaria o de dos con la consiguiente disminución del salario. Con la modificación se establece que este derecho puede ser disfrutado no por uno sino por ambos progenitores.

En cuanto a la *concreción horaria y determinación del momento del disfrute* del artículo 37.7 es de destacar que antes de la reforma únicamente hacía referencia al permiso de lactancia y a la reducción de la jornada mientras que, en la actualidad, se amplía al nacimiento de hijos prematuros u hospitalización después del parto.

---

170 En el caso de que las personas trabajadoras tengan hijos conservarán el derecho hasta que estos cumplan 12 años (artículo 48.2 del Texto Refundido del Estatuto de los Trabajadores).

Dos modificaciones importantes se producen en materia de excedencias y suspensión de la reserva de puesto de trabajo modificando el RD Ley 6/2019, de 1 de marzo, los artículos 46.3 y 48 del Texto Refundido del Estatuto de los Trabajadores. La primera de las modificaciones indicadas –la relativa a excedencias-, incluye la extensión del periodo de disfrute de las excedencias cuando estén dedicadas al cuidado de hijos ampliando el periodo de reserva de puesto de trabajo de los quince a los dieciocho meses siempre y cuando se acredite la condición de familia numerosa;

II. TRABAJADORAS AUTÓNOMAS

Se procede a modificar la Ley 20/2007, de 11 de julio, del Estatuto del Trabajo Autónomo para adecuarse a lo establecido en el RD Ley 6/2019, de 1 de marzo, y, así, modificar los derechos profesionales de las personas trabajadoras por cuenta propia[171] y, además, aquellos que hacen referencia a las prestaciones[172] y bonificaciones[173] de cuotas a la Seguridad Social a las que tendrán derecho a partir de la entrada en vigor.

En referencia a la bonificación de las cuotas a la Seguridad Social se establecen dos tipos de bonificación distintas: una con carácter general y otra en la reincorporación al trabajo.

---

171 Artículos 4, 11 y 16 de la Ley 20/2007, de 11 de julio, del Estatuto del Trabajo Autónomo.

172 Artículo 26 de la Ley 20/2007, de 11 de julio, del Estatuto del Trabajo Autónomo.

173 Artículos 38 y 38 bis de la Ley 20/2007, de 11 de julio, del Estatuto del Trabajo Autónomo.

1. Bonificación de Cuotas a la Seguridad Social con carácter general

En lo que se refiere a la bonificación de cuotas de Seguridad Social para personas trabajadoras autónomas durante el descanso por *nacimiento, adopción, guarda con fines de adopción, acogimiento, riesgo durante el embarazo o riesgo durante la lactancia natural* se les otorgará siempre y cuando el descanso tenga, como mínimo, la duración de un mes y les será de aplicación una bonificación del 100% de la cuota de autónomos[174].

2. Bonificación de Cuotas en la reincorporación al trabajo

En referencia a la bonificación de Cuotas en la reincorporación al trabajo se modifica el artículo 38 bis de la Ley 20/2007, de 11 de julio, del Estatuto del Trabajo Autónomo en aquellos casos en los que se haya procedido a la incorporación tras un cese de actividad por *nacimiento de hijo o hija, adopción, guarda con fines de adopción, acogimiento y tutela* estableciendo una bonificación de cuotas a la Seguridad Social consistente en el pago de una cuantía de 60€ mensuales durante los doce meses inmediatamente posteriores a la reincorporación al trabajo siempre y cuando su opción sea el cotizar por la base mínima establecida con carácter general o una bonificación del 80% sobre la cotización de contingencias comunes si se cotizara por una base superior a la mínima.

---

[174] Será la que resulte de la base media de los doce meses anteriores a la fecha en la que se acoja a la bonificación; en caso de que lleve de alta un periodo inferior a doce meses se aplicará la base media de cotización desde la fecha de alta.

III. EMPLEADOS PÚBLICOS

En el caso de los empleados públicos se modifica el RD Legislativo 5/2015, de 30 de octubre, por el que se aprueba el Texto Refundido de la Ley del Estatuto Básico del Empleado Público.

Se establece una nueva redacción del artículo 7 del EBEP[175] para, así, reproducir de forma idéntica la modificación establecida en el Estatuto de los Trabajadores en su nueva disposición adicional vigésima segunda; se equipara la duración de los permisos por nacimiento de hijo o hija en el caso de ambos progenitores a lo establecido en el Estatuto de los Trabajadores.

En materia de permisos se producen diversas modificaciones; por un lado, el artículo 48 f- y, por otro, el artículo 49 a-, b-, c- y d-.

Uno de los problemas fundamentales es, sin duda, la brecha salarial, pero, sin lugar a dudas, la diferencia en el disfrute de permisos y licencias unidas a las prestaciones derivadas de la conciliación de la vida laboral y familiar -ante todo vinculada al cuidado de menores- y, igual que en casos anteriores, el RD Ley 6/2019, de 1 de marzo, se encarga -en el campo de funcionariado- de salvaguardar la igualdad en este ámbito tan importante -permisos por nacimiento y cuidado del menor y lactancia-.

Una de las novedades más importantes es la introducida con el reconocimiento de permisos por violencia de género sobre la mujer funcionaria otorgándole la importancia que se merece dentro del estudio en los planes de igualdad -hay que resaltar que el RD Ley 6/2019, de 1 de marzo, permite que reciban el salario íntegro si por razón de violencia de género deciden reducir su jornada laboral en hasta un tercio de la misma-.

---

175 Estatuto Básico del Empleado Público.

1. Permisos por nacimiento

En el caso de los permisos por nacimiento, se amplían para el progenitor diferente a la madre biológica[176] del mismo modo que ocurre para los trabajadores por cuenta ajena; así pues, quedan establecido en ocho semanas desde el 1 de abril de 2019[177], en doce semanas a partir del 1 de enero de 2020[178] y en dieciséis semanas a partir del 1 de enero de 2021[179].

2. Permisos por adopción y guarda con fines de adopción y acogimiento

En el caso de los permisos por *adopción, guarda con fines de adopción o acogimiento* se establecen periodos de descanso y distribución de los mismos idénticos que para el caso de nacimiento si bien es cierto que el comienzo del cómputo del plazo y, por tanto, de las seis semanas de disfrute del permiso obligatorio e ininterrumpido comenzará en el momento de la resolución judicial de la adopción o la decisión administrativa que autorice la guarda con fines de adopción o acogimiento[180].

---

176 En caso de que se produzca el fallecimiento de la madre biológica, el progenitor supérstite tendrá derecho a el disfrute de la totalidad o parte del permiso de la causahabiente.

177 Las dos primeras semanas tras el nacimiento del menor serán de disfrute obligatorio en ese periodo.

178 Las cuatro primeras semanas tras el nacimiento del menor serán de disfrute obligatorio en ese periodo.

179 Las seis primeras semanas tras el nacimiento del menor serán de disfrute obligatorio en ese periodo.

180 En el caso de que la adopción o el acogimiento tenga carácter internacional el permiso contará con un periodo adicional de hasta dos meses siempre y cuando sea necesario el desplazamiento previo de los progenitores al país de origen del menor periodo durante el cual, el funcionario público, únicamente percibirá las retribuciones

3. Lactancia

El permiso por lactancia en el caso de los empleados públicos está pensado como un derecho individual de los funcionarios de forma que, este, no puede transferirse a un progenitor diferente, adoptante, guardador o acogedor en el caso de hijos o hijas menores de doce meses.

Se establece una limitación temporal al disfrute del permiso de lactancia siempre que se solicite la sustitución de dicho permiso por un permiso retribuido que acumule jornadas completas de modo que solo se podrá proceder así a partir de la finalización del disfrute del permiso por nacimiento, adopción, guarda, acogimiento o del progenitor diferente a la madre biológica o una vez que haya transcurrido un tiempo equivalente al que comprenden los citados permisos.

Con carácter opcional se puede optar por permiso retribuido en jornada completa o por una hora de ausencia, que podrá dividir en dos fracciones.

IV. OBLIGACIONES DE LOS EMPRESARIOS

1. Plan de Igualdad

Un *Plan de Igualdad* se puede definir como el conjunto de medidas que se lleven a cabo por las empresas tras realizar el perceptivo diagnóstico de su situación real en materia de igualdad y cuya finalidad sea alcanzar la operatividad real y efectiva

---

básica; además, podrá iniciarse hasta con cuatro semanas de antelación a la resolución judicial por la que se constituya la adopción o la decisión administrativa o judicial de acogimiento.

del principio de igualdad de trato y oportunidades entre mujeres y hombres y, por tanto, fomentar la eliminación de aquellas cuestiones discriminatorias por razón de sexo existentes, todavía, a día de hoy en el ámbito de la empresa[181]; sin lugar a dudas, su función principal, es promover la igualdad proclamada en la Constitución Española en relaciones a la igualdad de oportunidades entre personas del mismo sexo.

El primer artículo de la Ley Orgánica 3/2007, de 22 de marzo, para la igualdad efectiva de mujeres y hombres sufre modificación a través del RD Ley 6/2019. El objeto de dicha modificación no es otro que hacer extensiva la necesidad de la existencia de Planes de Igualdad en empresas de cincuenta o más trabajadores y establece la obligación de inscribir dichos Planes de Igualdad en el Registro de Planes de Igualdad de empresas de la Dirección General de Trabajo del Ministerio de Trabajo, Migraciones y de la Seguridad Social y de las autoridades laborales de las Comunidades Autónomas[182]. Para que la modificación fuese completa, además, el RD Ley 6/2019 modifica el RD Legislativo 5/2000, de 4 de agosto por el que se aprueba el Texto Refundido de la Ley de Infracciones y Sanciones del Orden Social incluyendo un tipo para sancionar al

---

181 No obstante, estos vienen definidos en el artículo 46.1 de la Ley 3/207, de 22 de marzo, de forma explícita de tal forma que establece que *"Los planes de igualdad de las empresas son un conjunto ordenado de medidas, adoptadas después de realizar un diagnóstico de situación, tendentes a alcanzar en la empresa la igualdad de trato y de oportunidades entre mujeres y hombres y a eliminar la discriminación por razón de sexo y … fijarán los concretos objetivos de igualdad a alcanzar, las estrategias y prácticas a adoptar para su consecución, así como el establecimiento de sistemas eficaces de seguimiento y evaluación de los objetivos fijados"*.

182 Nueva redacción del artículo 46.5 de la Ley Orgánica 3/2007, de 22 de marzo. Con la antigua redacción no existía dicho Registro y, lógicamente, no era perceptiva su inscripción.

empleador infractor que incumpla con las obligaciones empresariales relativas a los planes y medidas de igualdad; es cierto que el contenido esencial sigue regulado en el artículo 46.2 de la Ley Orgánica 3/2007 si bien es cierto que, después de la modificación operada por el RD Ley 6/2019.

Con la nueva redacción se establece que las empresas con más de 250 trabajadores ya deben haber realizado y tener registrado su *Plan de Igualdad*; las empresas de entre 151 a 250 trabajadores tienen una moratoria de un año para proceder a aprobar sus *Planes de Igualdad* y, después de la reforma operada por el RD Ley 6/2009, las empresas de entre 50 y 150 trabajadores disponen de un plazo de 3 años para aprobar los suyos[183].

El contenido de los *Planes de Igualdad*[184] establecido en el artículo 46.2 de la Ley 3/2007, de 22 de marzo, establecía el contenido que debían recoger los *Planes de Igualdad*[185] y que también han sido actualizados estableciendo al presente el siguiente -a añadir al anterior-: Obligatoriedad de la realización de un diagnóstico con la representación legal de los trabajadores de los obstáculos que impidan o dificulten la igualdad efectiva de mujeres y hombres en materia de proceso de selección y contratación, clasificación profesional, formación, formación

---

183 En la anterior redacción del artículo 46.5 de la Ley Orgánica 3/2007, de 22 de marzo, únicamente se exigía para empresas de más de 250 trabajadores razón por la cual estas ya deben contar con el Plan de Igualdad.

184 Así pues, tras la reforma operada por el RD Ley 6/2019, que otorga nueva redacción al artículo 46 añadiendo el apartado 6 establece que *"Reglamentariamente se desarrollará el diagnóstico, los contenidos, las materias, las auditorías salariales, los sistemas de seguimiento y evaluación de los planes de igualdad; así como el Registro de Planes de Igualdad, en lo relativo a su constitución, características y condiciones para la inscripción y acceso"*.

185 Acceso al empleo, clasificación profesional, promoción y formación, retribuciones, ordenación del tiempo, conciliación laboral, personal y familiar y prevención del acoso sexual y por razón de sexo.

profesional, condiciones de trabajo, conciliación laboral, personal y familia, infrarrepresentación femenina, retribuciones y prevención del acoso sexual por razón de sexo.

2. Clasificación Profesional

En materia de Clasificación Profesional, el RD Ley 6/2019, de 1 de marzo, introduce importantes modificaciones en el artículo 22.3 del Texto Refundido del Estatuto de los Trabajadores de tal forma que garantiza la no discriminación en materia de clasificación profesional entre trabajadores y trabajadoras evitando, así, los sesgos de género a la hora de determinar puestos de trabajo y, por ende, criterios de encuadramiento y retribuciones. Refuerza pues, esta modificación, el objetivo de la desaparición de discriminación desde la propia definición de los grupos profesionales con el fin de la desaparición de discriminación tanto directa como indirecta entre hombres y mujeres.

3. Igualdad de remuneración y registro salarial

El RD Ley 6/2019, de 1 de marzo, operó la modificación del artículo 28 del Texto Refundido de los Trabajadores; así pues la primera nota importante a tenor de la nueva redacción fue, sin lugar a dudas, la definición de *trabajo con igual valor*[186] estableciendo que la remuneración de trabajadores y trabajadoras deberá ser idéntica siempre y cuando la naturaleza de las funciones o tareas llevadas a cabo sean idénticas así como el grado de formación o cualquier otro factor relacionado con el desempeño del puesto de trabajo y cuando las

---

[186] Nueva redacción del artículo 28.1 de Texto Refundido del Estatuto de los Trabajadores.

condiciones en las que se prestan los servicios sean, efectivamente, equivalentes o idénticas.

Otra de las novedades establecida a través del RD Ley 6/2019, de 1 de marzo, es la obligatoriedad incluida en el artículo 28.2 del Texto Refundido del Estatuto de los Trabajadores de establecer un registro salarial en el que aparezcan los valores medios de los salarios en función de los grupos profesionales, categorías profesionales o puestos de trabajo iguales –o de igual valor- y en el que quede clara la lectura de las percepciones en función del sexo de la persona trabajadora; además, dicho registro deberá tener acceso cualquier trabajador o trabajadora a través de sus representantes legales en aplicación de la igualdad de trato y de oportunidades en el ámbito laboral. Esta media se ha llevado a cabo, sin lugar a dudas, para comprobar la existencia de brechas salariales[187] entre hombres y mujeres en las que estas últimas son las más afectadas. En caso de que exista diferencia retributiva entre trabajadores y trabajadoras, el empresario deberá incluir en el *Registro Salarial* la justificación de dicha diferencia y exponer que la misma no se debe a motivos relacionados con el sexo de las personas trabajadoras.

4. Contratos

El artículo 2 del RD Ley 6/2019 es el encargado de reformar todos los aspectos relativos al Texto Refundido del Estatuto de los Trabajadores, aprobado por RD Legislativo 2/2015, de 23 de octubre. Dicho artículo remarca la importancia de la equiparación de derechos en materia de conciliación de la

---

187 Se considera que, efectivamente, existe brecha salarial cuando en empresas con al menos 50 trabajadores la media de las retribuciones de un sexo sea superior a los del otro en un 25% o más.

vida personal, familiar y laboral o la igualdad en materia retributiva[188] sin discriminación alguna[189] incluyendo el término *trabajo de igual valor* –entre otros aspectos relevantes que se verán a continuación-.

En materia de contratos, el RD Ley 6/2019, de 1 de marzo, establece importantes modificaciones; así pues, se modifican varios artículos del Texto Refundido del Estatuto de los Trabajadores entre ellos el artículo 9 al que se le añade un apartado 3, el artículo 11 que sufre modificaciones en sus apartados 1.b- y 2.b-, el artículo 12 que sufre modificaciones en el apartado 4.b- y en el artículo 14 apartados 2 y 3 –además de la ya mencionada variación del término *trabajadores* al término *personas trabajadoras*-.

La modificación en materia de contratos de trabajo afecta a todos y cada uno de los artículos mencionados en el párrafo anterior.

En cuanto a la validez del contrato de trabajo, el artículo 9 del Texto Refundido del Estatuto de los Trabajadores se añade el apartado 3 con la intención de establecer el derecho de las personas trabajadoras a una retribución equitativa e igualitaria y, por ende, a su compensación en el caso de que un contrato de trabajo se declarase nulo por *discriminación salarial por razón de sexo.*

---

188 En este sentido hay que apuntar lo que establece el RD Ley 6/2019, de 1 de marzo, en su propio preámbulo recordando que la exigencia en materia retributiva ya venía legislada y exigida en la Directiva 2006/54/CEE del Parlamento Europeo y del Consejo, de 5 de julio de 2006, relativa a la aplicación del principio de igualdad de oportunidades e igualdad de trato entre hombres y mujeres en asuntos de empleo y ocupación.

189 Dada la continuidad en la desigualdad en materia retributiva, la Comisión Europea adoptó la Recomendación de 7 de marzo de 2014, sobre el refuerzo del principio de igualdad de retribución entre hombres y mujeres que trataba de orientar a los Estados en la aplicación real y eficaz del principio de igualdad en materia retributiva.

El cambio originado en materia de contratos formativos se ha producido a través de la modificación de los apartados 1.b- y 2.b- del artículo 11 del Texto Refundido del Estatuto de los Trabajadores; en este sentido, la reforma operada por el RD Ley 6/2019 ha establecido que tanto los contratos en prácticas como los contratos para la formación incluirán la violencia de género como una causa justificada para la interrupción del cómputo de los mismos incluyendo las causas que así lo propiciarán[190].

En materia de contratos a tiempo parcial, el RD Ley 6/2019, de 1 de marzo, en su artículo 3 –que modifica el artículo 12.4.d— establece que los trabajadores a tiempo parcial dispondrán de los mismos derechos que los trabajadores a tiempo completo y que, por ende, el empresario deberá garantizar la inexistencia de discriminación directa e indirecta entre mujeres y hombres y que el disfrute de los derechos se establecerán de manera proporcional en función del tiempo trabajado.

En materia de establecimiento de periodo de prueba el artículo 2 del RD Ley 6/2019, de 1 de marzo, opera modificación en el artículo 14 apartados 2 y 3 del Texto Refundido del Estatuto de los Trabajadores; en este sentido, a partir de la reforma se refuerza la protección de las trabajadoras embarazadas en el periodo de prueba y establece una serie de protecciones en los casos de embarazo y maternidad como la declaración de nula de la resolución del contrato por parte del empresario desde la fecha de inicio del embarazo hasta el comienzo del periodo de suspensión del artículo 48.4 del Texto Refundido del Estatuto de los Trabajadores salvo

---

190 Serán causas de interrupción de la duración de este tipo de contratos según el artículo 2 del RD Ley 6/2019, de 1 de marzo *"Las situaciones de incapacidad temporal, nacimiento, adopción, guarda con fines de adopción, acogimiento, riesgo durante el embarazo, riesgo durante la lactancia y violencia de género interrumpirán el cómputo de la duración del contrato"*.

que dicha resolución tenga como justificación aspectos no concernientes con el embarazo o la maternidad. Otra de las cuestiones importantes que incluye dicha modificación es la inclusión de la violencia de género como causa justificada de interrupción del contrato de trabajo.

5. Sanciones

Uno de los puntos más importante en materia de sanciones es que se reconoce como *sanción* grave no cumplir con las obligaciones legales en materia de planes de igualdad recogidas tanto en el Estatuto de los Trabajadores como en los correspondientes Convenios Colectivos.

En este sentido hay que resaltar que pasa a tipificarse como infracción *muy grave,* el no cumplir los planes o medidas de igualdad según la modificación operada por dicho Real Decreto Ley en el artículo 7.13 del Real Decreto Legislativo 5/2000, de 4 de agosto, por el que se aprueba el texto refundido de la Ley sobre Infracciones y Sanciones en el Orden Social, lo que supondría -a tenor del artículo 40 del citado Real Decreto Legislativo- una multa cuantificada del siguiente modo: en su grado mínimo, de 6.251 a 25.000 euros; en su grado medio de 25.001 a 100.005 euros; y en su grado máximo de 100.006 euros a 187.515 euros.

V. BIBLIOGRAFÍA

ARAGÓN GÓMEZ, C. La prestación por nacimiento y cuidado de menor, fruto de la reforma introducida por el real decreto-ley 6/2019, de 1 de marzo, de medidas urgentes para garantía de la igualdad de trato de oportunidades entre mujeres y hombres en el empleo y la ocupación. *Nueva revista española de derecho del trabajo* (219), 2019, pp. 229-239

BALLESTER PASTOR, M. A. El RDL 6/2019 para la garantía de la igualdad de trato y de oportunidades entre mujeres y hombres en el empleo y la ocupación: Dios y el diablo en la tierra del sol. Femeris. *Revista Multidisciplinar de Estudios de Género*, 4(2), 2019, pp 14-38.

BALLESTER PASTOR, M. A. El RDL 6/2019 para la garantía de la igualdad de trato y de oportunidades entre mujeres y hombres en el empleo y la ocupación: Dios y el diablo en la tierra del sol. *Temas Laborales: Revista Andaluza de Trabajo y Bienestar Social* (146), 2019, pp 13-40.

BERMEJO MANIEGA, S. Principales modificaciones real decreto-ley 6/2019 de 1 de marzo, de medidas urgentes para la garantía de la igualdad de trato y de oportunidades entre mujeres y hombres en el empleo y la ocupación. *Observatorio De Recursos Humanos y Relaciones Laborales* (144), 2019, pp 54-61.

BOZZAO, P. Derecho a la igualdad de oportunidades y de trato en materia de empleo y de profesión, sin discriminación por razón de sexo (artículo 20). La garantía multinivel de los derechos fundamentales en el consejo de Europa: El convenio europeo de derechos humanos y la carta social europea. *Comares*, 2017, pp759-772.

CEF-Social. Una primera aproximación al real decreto-ley de medidas urgentes para la igualdad de mujeres y hombres en el empleo y la ocupación (07/11/2019).

Constitución Española, 1978.

GONZÁLEZ BUSTOS, M. Á. ¿Medidas urgentes para la igualdad?. *Diario La Ley (9407), 2019*

Ley Orgánica 3/2007, de 22 de marzo, para la igualdad efectiva de mujeres y hombres

PASTOR MARTÍNEZ, A.: Las medidas laborales del real decreto-ley 6/2019, de 1° de marzo de medidas urgentes para garantía de la igualdad de trato y de oportunidades entre mujeres y hombres en el empleo y la ocupación. *Iuslabor* (1), 2019

Plan de Igualdad en la Empresa. Iberley. https://www.iberley.es/temas/plan-igualdad-empresa-10191 (07/11/2019).

Real Decreto-ley 6/2019, de 1 de marzo, de medidas urgentes para garantía de la igualdad de trato y de oportunidades entre mujeres y hombres en el empleo y la ocupación.

ROJAS RIVERO, G. P. Derecho de los trabajadores con responsabilidades familiares a la igualdad de oportunidades y de trato (artículo 27). La garantía multinivel de los derechos fundamentales en el consejo de Europa: El convenio europeo de derechos humanos y la carta social europea. *Comares*, 2017, pp 877-890.

Real Decreto Legislativo 5/2000, de 4 de agosto, por el que se aprueba el texto refundido de la Ley sobre Infracciones y Sanciones en el Orden Social.

VIVAS SANZ, L. Y VILLAVERDE PEREIRAS, M. Real decreto-ley 6/2019, de 1 de marzo, de medidas urgentes para la garantía de la igualdad de trato y de oportunidades entre mujeres y hombres en el empleo y la ocupación. Economist y *Jurist*, 27 (229), 2019, pp 36-41.

LA INCORPORACIÓN EN NUESTRO ORDENAMIENTO DE LAS PREVISIONES CONTENIDAS EN LOS INSTRUMENTOS INTERNACIONALES SOBRE VIOLENCIA DE GÉNERO Y LOS REQUISITOS PARA SU APRECIACIÓN

DRA. TÀLIA GONZÁLEZ COLLANTES
Profesora de Derecho Penal
Miembro del Instituto Universitario de Investigación en Criminología y Ciencias Penales.
Universitat de Valencia

I. INTRODUCCIÓN

El objetivo de este trabajo consiste, por una parte, en mostrar las principales diferencias existentes entre el concepto de violencia de género que se desprende de los principales instrumentos internacionales sobre la materia y la Ley Orgánica 1/2004 de Medidas de Protección Integral contra la misma, y poner de relieve el esfuerzo realizado por parte del legislador español a través de la reforma operada en el Código Penal mediante la Ley Orgánica 1/2015, de 30 de marzo, para trasladar los instrumentos internacionales a nuestro ordenamiento. Con la incorporación del género como motivo de discriminación en la agravante genérica del artículo 22.4 se deja claro que la violencia de género no se limita a los casos en los que se prevé un tipo específico y, además, permite pasar por alto que el sujeto activo hombre y el sujeto pasivo mujer no estén ni hayan estado casados o que entre ellos no exista ni haya existido una relación sentimental análoga y acoger, en consecuencia, un concepto más amplio, que atiende no sólo a la violencia que contra la mujer se produce en el contexto privado sino también en el público. Ahora bien, al mismo tiempo se pretende subrayar que no sólo la doctrina mayoritaria sino también la jurisprudencia exige la concurrencia de ciertos requisitos para poder concluir que, efectivamente, nos encontramos ante una manifestación de la violencia de género, entendida como violencia machista. La doctrina sigue discutiendo que así sea, pero parece ser que el Tribunal Supremo ya ha puesto punto y final a este debate, al menos a nivel nacional. Veremos en qué sentido. Y veremos, por último, que lo exigido para aplicar los tipos específicos se exige, igualmente, para la aplicación del artículo 22.4[191].

---

191 Este trabajo ha sido elaborado en el marco del Proyecto "Valoración de las recientes reformas adoptadas en los delitos de violencia de género" (AICO/2017/109), concedido por la Conselleria d´Educació, Investigació, Cultura i Esport, de la Generalitat Valenciana.

II. INSTRUMENTOS INTERNACIONALES

Tras el análisis de los principales instrumentos internacionales se comprueba, en primer lugar, que pueden diferenciarse hasta cuatro tipos distintos de violencia ejercida contra las mujeres. En el artículo 1 de la Declaración sobre la Eliminación de la Violencia contra la Mujer, aprobada por Resolución de la Asamblea General de Naciones Unidas 48/104 de 20 de diciembre de 1993, y en los puntos 113 a 115 de la Declaración y Plataforma de Acción de Beijing, adoptadas en el marco de la Cuarta Conferencia Mundial sobre la Mujer celebrada en Beijing en 1995, se hace referencia expresa a la violencia física, a la psicológica y a la sexual. Y a estas tres formas de violencia se añade otra en el artículo 3 del Convenio del Consejo de Europa sobre la Prevención y Lucha contra la Violencia Contra las Mujeres y la Violencia Doméstica, hecho en Estambul en fecha de 11 de mayo de 2011: la violencia económica. Además, se explicita que quedan incluidas en esas formas de violencia basados en el género las amenazas de realizar dichos actos, la coacción o la privación arbitraria de libertad.

Otra conclusión que se extrae de la lectura de los instrumentos internacionales citados es que la violencia de género debe abarcar tanto el ámbito privado como el público, en tanto que no se produce únicamente, ni tampoco mayoritariamente, en el ámbito de las relaciones afectivas. De hecho, antes incluso de la aprobación de los hasta ahora indicados, ya se dejaba claro que así debe ser. Fijémonos si no en el artículo 1 de la Convención sobre la Eliminación de todas las Formas de Discriminación contra la Mujer, adoptada en Nueva York en fecha de 18 de diciembre de 1979. Y se insiste en ello en el artículo 1 de la Declaración sobre la Eliminación de la Violencia contra la Mujer de 1993; en el punto 113 de la Declaración y Plataforma de Acción de Beijing de 1995; y en los artículos 3 y 43 del Convenio del Consejo de Europa sobre la Prevención y Lucha contra la Violencia Contra las Mujeres y la Violencia Doméstica, más conocido como Convenio de Estambul.

Y, en tercer lugar, en ninguno de los textos referidos se exige de manera expresa la concurrencia de requisitos objetivos y/o subjetivos específicos o adicionales para poder hablar de violencia de género. Cabe preguntarse, pues, si bastaría que un hombre ejerza cualquier forma de violencia contra una mujer, con independencia de que entre ellos exista o haya existido alguna relación afectiva o que sean totales desconocidos, en todos y cada uno de los casos, sin excepción. Se asume que la desigualdad de género es la raíz última o causa de la violencia de género y que ésta, aparte de ser una manifestación o efecto de tal desigualdad, también sería un instrumento de poder y dominación a través de la cual se pretende perpetuar tal desigualdad. Y personalmente también yo asumo que es así. Sin embargo, no queda claro, y debemos preguntárnoslo, si para afirmar que efectivamente estamos ante este fenómeno, ante una agresión de género, se exige prueba específica de que en el caso concreto detrás de esa violencia se esconde una situación real de desigualdad, e incluso si sería menester demostrar la voluntad del hombre sujeto activo de someter o perpetuar la subordinación de la mujer sujeto pasivo ni de la mujer como colectivo, de discriminarla por el hecho de serlo.

III. LA LEY ORGÁNICA 1/2004, DE 28 DE DICIEMBRE, DE MEDIDAS DE PROTECCIÓN INTEGRAL CONTRA LA VIOLENCIA DE GÉNERO

En nuestro ordenamiento jurídico nacional, fue la Ley Orgánica 1/2004, de 28 de diciembre, de Medidas de Protección Integral contra la Violencia de Género, la primera en dar un abordaje integral a este grave problema y, en consecuencia, en contemplar una serie de medidas integrales, multidisciplinares y con carácter transversal para prevenir, atender, sancionar e intentar erradicar esa clase de violencia. También aquí se identifican diferentes clases de violencia, aunque sin llegar a hacer mención alguna a la violencia económica a la cual también son sometidas las mujeres. En concreto, el artículo 1.3 se limita a indicar lo siguiente: "La violencia de género a que se refiere la presente Ley comprende todo acto de violencia física y psicológica, incluidas las agresiones a la libertad sexual, las amenazas, las coacciones o la privación arbitraria de libertad". Sin embargo, cuando el mencionado artículo resultó trasladado al Código Penal, se pasó por alto incluir tipos específicos, agravados por tratarse de una manifestación de la violencia de género, en los delitos contra la libertad e indemnidad sexuales y en los delitos contra la libertad ambulatoria. Tampoco se incluyeron ni el homicidio ni el asesinato con la agravante de género. En el Código Penal reformado en 2004 sólo se introdujeron tipos específicos respecto a las lesiones del artículo 147.1 del Código penal, en el artículo 148.4; respecto a las lesiones menos graves y los actos de violencia física sin resultado lesivo de los artículos 147.2 y 3, en el artículo 153.1; respecto a las amenazas leves, en el artículo 171.4; respecto a las coacciones, en el artículo 172.2; y respecto a los maltratos habituales, en el artículo 173.2. Ello daba a pensar que la violencia de genero se limita sólo a estos pocos casos, lo cual fue señalado por parte de la doctrina como el gran inconveniente de la creación de las agravantes específicas y el rechazo a la introducción de una agravante genérica.

En segundo lugar, en el artículo 1.1 de la mencionada Ley Integral se deja claro que se restringe el ámbito de la violencia de genero a aquella que se produce en el marco de una relación sentimental. No cabe la menor duda de que es así si leemos el artículo 1.1 de la dicha Ley. En concreto dicho precepto define la violencia de género como "la violencia que, como manifestación de la discriminación, la situación de desigualdad y las relaciones de poder de los hombres sobre las mujeres, se ejerce sobre éstas por parte de quienes sean o hayan sido sus cónyuges o de quienes estén o hayan estado ligados a ellas por relaciones similares de afectividad, aun sin convivencia". Que así debe ser también se exigió en el Código Penal tras la reforma operada en 2004. Basta leer los tipos específicos de violencia de genero para comprobar que efectivamente es así. Por poner unos ejemplos, en el artículo 153.1 se prevé una determinada pena, superior a la prevista en los artículos 147.2 y .3, por tratarse de una manifestación de la violencia de género, cuando la ofendida, mujer, sea o haya sido esposa del agresor, hombre, o esté o haya estado ligada a él por una análoga relación de afectividad, aun sin convivencia; lo mismo sucede en el artículo 173.2, en relación al maltrato habitual; en el artículo 171.4, para condenar las amenazas leves; y en el artículo 172.2, donde están tipificadas las coacciones leves.

Y, por otra parte, a pesar de no exigirse ni en el texto de la Ley Orgánica 1/2004 de Medidas de Protección Integral ni tampoco en los tipos específicos de violencia de genero recogidos en el Código Penal la exigencia de ningún requisito adicional a los acabados de indicar, entre la doctrina, y también en la jurisprudencia, se ha debatido, y se debate todavía, sobre la exigencia o conveniencia de exigir otros requisitos añadidos. Efectivamente, entre las diversas interpretaciones posibles, hay una favorable a la aplicación automática de los tipos específicos de violencia de género con sólo demostrar que el sujeto activo es un hombre, que el sujeto pasivo es una mujer y que entre ambos existe o ha existido una relación conyugal o de afectividad análoga; y frente a ésta encontramos otra contraria a este automatismo formal y partidaria de la exigencia para ello de otros requisitos objetivos y/o subjetivos añadidos. De hecho, la mayoría de los penalistas se expresan a favor de esta otra interpretación. Lo veremos a continuación.

IV. VIOLENCIA CONTRA LA MUJER VERSUS VIOLENCIA DE GÉNERO

Tal y como se ha avanzado, la mayoría de los penalistas de este país no consideran que la constatación de la existencia de una relación sentimental presente o pasada entre el sujeto activo hombre y el pasivo mujer dé pie siempre y sin excepción a hablar de violencia de género y a aplicar por ello los tipos específicos. Entre otros, así lo creen los siguientes autores: Corcoy Bidasolo[192], Carbonell Mateu[193], Ruiz Miguel[194], Olaizola Nogales[195], Larrauri Pijoan[196], Boldova Pasamar y Rueda Martín[197], Comas

---

192 CORCOY BIDASOLO, M., "Artículo 153 del Código penal", en CORCOY BIDASOLO, M. – MIR PUIG, S. (Dirs.), *Comentarios al Código penal. Reforma LO 1/2015 y LO 2/2015*, Tirant lo Blanch, Valencia, 2015, pp. 550, 551 y 552.

193 CARBONELL MATEU, J. C., "Lesiones", en GONZÁLEZ CUSSAC, J.L. (Coord.), *Derecho Penal. Parte Especial*, sexta edición, Tirant lo Blanch, Valencia, 2019, p. 117.

194 RUIZ MIGUEL, A., "La ley contra la violencia de género y discriminación positiva", *Jueces para la Democracia*, núm. 55, 2006, pp. 35 – 47.

195 OLAIZOLA NOGALES, I., "Violencia de género: elementos de los tipos penales con mayor dificultad probatoria", *Estudios Penales y Criminológicos*, núm. 30, 2010, p. 297 y ss.

196 LARRAURI PIJOAN, E., "Igualdad y violencia de genero. Comentario a la STC 59/2008", *InDret*, 1/2009, pp. 10-15; Criminología Crítica y Violencia de Género, Trotta, Madrid, 2007, pp. 121 y ss.

197 BOLDOVA PASAMAR, M. Á. – RUEDA MARTÍN, M. A., "La discriminación positiva de la mujer en el ámbito penal: reflexiones de urgencia sobre la tramitación del Proyecto de Ley Orgánica de medidas de protección integral contra la violencia de género", *Aequalitas: Revista jurídica de igualdad de oportunidades entre mujeres y hombres*, núm. 15, 2004, pp. 71 y ss.

d'Argemir i Cendra y Queralt Jiménez[198], Gimbernat Ordeig[199], Fuentes Osorio[200], y González Cussac[201]. Sin embargo, hay no pocos matices entre la interpretación realizada por estos autores partidarios de romper con el automatismo formal.

En primer lugar, conviene saber que la mayoría de la doctrina acepta que la violencia del hombre hacia la mujer que es o que fue su pareja afectiva puede tener una gravedad mayor, y es esta mayor gravedad la que ha llevado al Tribunal Constitucional a descartar que los preceptos del Código Penal en que se tipifican delitos concretos de violencia de género sean inconstitucionales por atentar contra el derecho a la igualdad. Así lo ha afirmado en la Sentencia 59/2008, de 14 de mayo. Ahora bien, reacios al automatismo, la mayoría de esos autores rechaza la existencia de una presunción *iure et de iure* y defienden una presunción *iuris tantum*. En palabras de González Cussac, si se tratara de una presunción *iuris et de iure* estaríamos ante un "delito de sospecha", contrario a la presunción de inocencia[202]. Sin embargo, hay quien, como Larrauri Pijoan, niega que deba ser así, porque "ello funcionaría como una presunción 'contra

---

198 COMAS D'ARGEMIR I CENDRA, M.–QUERALT JIMÉNEZ, J. J., "La violencia de género: política criminal y ley penal", en *Homenaje al profesor Dr. Gonzalo Rodríguez Mourullo*, Cívitas, Cizur Mayor, 2005, pp. 1185 y ss.

199 GIMBERNAT ORDEIG, E., "Prólogo a la 14ª edición", *Código Penal*, Tecnos, Madrid, 2008, pp. 19 y ss.

200 FUENTES OSORIO, J. L., "Lesiones producidas en un contexto de violencia doméstica o de género. Una regulación laberíntica", núm. 15, 2013, p. 26.

201 GONZÁLEZ CUSSAC, J. L., "La intervención penal contra la violencia de género desde la perspectiva del principio de proporcionalidad", en GÓMEZ COLOMER, J. L. (Coord.), *Tutela procesal frente a hechos de violencia de género*, Universidad Jaume I, Castellón, 2007, pp. 407 y ss.

202 Ibídem.

reo' en el sentido de que es el agresor quien debería probar su menor culpabilidad. Ello implicaría una inversión de la carga de la prueba contra la persona juzgada que deberá mostrar que no concurre en su caso el fundamento de agravación"[203]. A su parecer, lo correcto sería entender que en los casos en los que no se pueda probar la concurrencia del mismo "el juez está autorizado a 'desviarse' de la norma precisamente en la fase de individualización de la pena"[204]

Por otra parte, tampoco hay unanimidad a la hora de explicar qué hace que esa clase de violencia, la ejercida por el hombre contra la mujer que es o ha sido su pareja afectiva, sea más grave, esto es, a la hora de determinar cuáles son los factores objetivos que presenta la violencia de género que incrementan su injusto. Hay quien habla de vulnerabilidad, hay quien toma en consideración la existencia de una situación de dominación, subordinación o sometimiento, y hay quien tiene en cuenta tanto una cosa como la otra.

Por lo que respecta a la apreciación de una mayor vulnerabilidad de la mujer, habrá, y hay, pues acabamos de verlo, quien la explica partiendo de la constatación de que vivimos en una sociedad patriarcal, por la situación de inferioridad estructural de la mujer como colectivo. Sin embargo, este entendimiento si no impide al menos sí dificulta romper con el automatismo, con lo cual no suele ser ésta la vulnerabilidad a la que se refieren los contrarios al mismo. No puede obviarse que, como apuntan Boldova Pasamar y Rueda Martín, la vulnerabilidad "siendo cierta en el plano social y en relación con la condición de mujer, puede no serlo en la situación concreta y real, atribuyéndole al autor

---

203 LARRAURI PIJOAN, E., "Igualdad y violencia de genero. Comentario a la STC 59/2008", cit., p. 14.

204 Ibídem, p. 14.

lo que sería obra de otro"[205], lo cual es propio de un Derecho penal de autor y no del Derecho penal por el hecho concreto cometido. Siendo así, encontramos a autores que, como Comas d'Argemir i Cendra y Queralt Jiménez, hablan de una vulnerabilidad por sometimiento y justifican el desvalor material de los tipos específicos de violencia de género en base a la posición de dominio que ejerce el hombre concreto sobre la mujer determinada, el cual, abusando de su poder, la coloca a ella en una posición de inferioridad[206]. Sin este prevalimiento, que tendría que ser probado, no deberían aplicarse los artículos específicos, sino que lo correcto sería recurrir al modelo ordinario: tipo básico más agravantes genéricas.

Y de la situación de dominación habla, por ejemplo, Olaizola Nogales. Esta autora cita diversas sentencias de la Audiencia de Barcelona (428/2006 de 3 de abril y 568/2006 de 3 de julio) en las que se alude al artículo 1.1 de la Ley Integral, por decirse aquí que la misma tiene por objeto actuar contra la violencia que, como manifestación de la discriminación, la situación de la desigualdad y las relaciones de poder de los hombres sobre las mujeres se ejerce sobre éstas. Y partiendo de ello, Olaizola Nogales afirma que sólo se podría justificar la tipificación agravada cuando la acción suponga una exhibición de dominación o subyugación. A continuación, esta autora deja sentada su opinión: "esta tesis supone una interpretación restrictiva de

---

205 BOLDOVA PASAMAR, M. A. – RUEDA MARTÍN, M. A., "La discriminación positiva de la mujer en el ámbito penal: reflexiones de urgencia sobre la tramitación del Proyecto de Ley Orgánica de medidas de protección integral contra la violencia de género", cit., p. 71.

206 COMAS D'ARGEMIR I CENDRA, M.–QUERALT JIMÉNEZ, J. J., "La violencia de género: política criminal y ley penal", cit., p. 1207 y ss.

los tipos que aporta un poco de cordura a lo que considero un despropósito legislativo"[207].

Y tanto de vulnerabilidad como de situación de dominación habla Larrauri Pijoan. Esta autora parte de entender que en general el acto de violencia ejercido por el hombre hacia la mujer que es o ha sido su pareja sentimental es más grave, y ello se debe, según ella, a diferentes motivos. Dos de ellos nos llevan a hablar de vulnerabilidad física: el primero sería el mayor temor que la agresión de un hombre ocasiona y el segundo la mayor posibilidad de que se produzca un resultado lesivo. Y a ello esta autora añadiría la situación de vulnerabilidad económica y social en la que se encuentra la mujer en la pareja[208], y en relación con ésta última, con la vulnerabilidad social, dice que "es la que quizás puede expresarse de forma más grafica exigiendo que concurra un 'contexto de dominación', aun cuando no haya existido violencia previa ni exista una vulnerabilidad física o económica en el caso concreto"[209]. En síntesis, según ella: "el maltrato ocasional es agravado cuando: 1) ocasionó un ma-

---

207 OLAIZOLA NOGALES, I., "Violencia de género: elementos de los tipos penales con mayor dificultad probatoria", cit., p. 297.

208 LARRAURI PIJOAN, E., "Igualdad y violencia de genero. Comentario a la STC 59/2008", cit., pp. 11-13; Criminología crítica y Violencia de género, cit., pp. 123, 124, 127 y 128. Respecto a la vulnerabilidad social, en la primera de las dos obras citadas (p.13), y partiendo del razonamiento de Moller Okin en *Justice, Gender and the Family*, Larrauri Pijoan explica que la agresión del hombre se produce en un contexto que socialmente la hace más vulnerable. En opinión de estas autoras, el matrimonio es una fuente adicional de vulnerabilidad, pues la división del trabajo con base en la cual se estructura todavía actualmente la institución del matrimonio, y en la que el trabajo pagado o mejor pagado lo ocupa el hombre, da lugar a una asimetría de poder que constituye una fuente de vulnerabilidad.

209 LARRAURI PIJOAN, E., *Criminología crítica y Violencia de género*, cit., p. 125.

yor temor y 2) produjo mayores posibilidades de lesión y 3) se produjo en un contexto de dominación"[210]. Siendo así, a pesar de que Larrauri Pijoan dice estar "dispuesta a conceder que los motivos por los cuales opino que una agresión del hombre a su pareja femenina es generalmente más grave, pueden no estar siempre presentes", podría resultar complicado encontrar un escenario en el que al menos uno de los factores que enumera no esté presente. Aparte de ello, no sobra apuntar la crítica que otros autores y autoras hacen a la referencia a la vulnerabilidad física, pues, como indica Laurenzo Copello, ello trasmite una imagen de "fragilidad y debilidad del género femenino que tan bien se acomoda al modelo patriarcal"[211].

Sentado lo anterior no puede darse por finalizado el debate sobre la aplicación de los tipos específicos de violencia de género, pues la doctrina está dividida en lo referente al aspecto subjetivo de los mismos. De hecho, el principal foco de discusión se encuentra precisamente aquí, pues, como se ha avanzado, se discute si se debe exigir una suerte de dolo específico.

Entre los autores que conceden relevancia a la finalidad que persigue el sujeto activo cuando maltrata, amenaza o coacciona, encontramos a Boldova Pasamar y Rueda Martín, que afirman la existencia de un doble fundamento de la agravación: la presencia de un mayor injusto, que sería el abuso de poder, y la existencia de una mayor culpabilidad, por concurrir en el sujeto activo en el momento de actuar la finalidad de discriminar a quien es

---

210 LARRAURI PIJOAN, E., "Igualdad y violencia de genero. Comentario a la STC 59/2008", cit., p 15.

211 LAURENZO COPELLO, P., "Violencia de género, ley penal y discriminación. Un balance provisional de los primeros veinte años de legislación penal sobre violencia contra las mujeres", en LAURENZO COPELLO, P. (Coord.), *La violencia de género en la Ley. Reflexiones sobre veinte años de experiencia en España*, Dykinson, Madrid, 2010, p. 39.

o ha sido su pareja sentimental[212]. También Iñigo Corroza sostiene que debe concurrir esa vertiente subjetiva representativa de un plus respecto del dolo genérico. En concreto observa diversos motivos de agravación, entre los cuales estaría ese elemento subjetivo, que a su entender puede incrementar el injusto y no sólo la culpabilidad[213]. Puede citarse, asimismo, a Villacampa Estiarte, quien opina que puede justificarse una mayor pena en la violencia de género que en otros tipos de violencia exigiendo un mayor desvalor subjetivo, porque se requiera que el autor realice la conducta con la finalidad de someter o subyugar y un mayor desvalor objetivo porque se exija aptitud en el comportamiento para obtener dicha finalidad[214]. Y creo que también Olaizola Nogales, aparte de exigir una situación de dominación o subyugación, reclama tener en cuenta una voluntad concreta, pues afirma lo siguiente: "En mi opinión lo que se deberá probar es que la acción violenta proviene de un intento de control o de mando por parte del agresor"[215].

Pero son más los autores que acogen como buena la tesis opuesta a la acabada de indicar. Entre los penalistas, fue Gimbernat de

---

212 BOLDOVA PASAMAR, M. A. – RUEDA MARTÍN, M. A., "La discriminación positiva de la mujer en el ámbito penal: reflexiones de urgencia sobre la tramitación del Proyecto de Ley Orgánica de medidas de protección integral contra la violencia de género", cit., p. 72.

213 IÑIGO CORROZA, E., "Aspectos penales de la LO 1/2004, de 28 de diciembre", en MUERZA ESPARZA, J. (Coord.), *Comentarios a la Ley Orgánica de Protección Integral contra la Violencia de Género*, Aranzadi, Navarra, 2005, p. 27.

214 VILLACAMPA ESTIARTE, C., "El maltrato singular cualificado por razón de género. Debate acerca de su constitucionalidad", *Revista Electrónica de Ciencia Penal y Criminología*, núm. 12, 2007, p. 17.

215 OLAIZOLA NOGALES, I., "Violencia de género: elementos de los tipos penales con mayor dificultad probatoria", cit., p. 297.

los primeros en expresarse contrario a tal exigencia[216], negativa ésta compartida por la mayoría de la doctrina. Pueden ser citados, por ejemplo, Corcoy Bidasolo[217], Vizueta Fernández[218], Larrauri Pijoan[219], García Arán[220] y Cuerda Arnau[221].

Aparte de que podría entrarse a debatir sobre lo admisible que resulta castigar por una motivación más reprobable, si ello puede estar en tensión con un Derecho penal que debe castigar sólo hechos, además de que ello conllevaría a una aplicación muy marginal de los preceptos específicos de violencia de género por las dificultades probatorias que comporta, pueden darse una serie de argumentos en contra de la exigibilidad de este requisito subjetivo, y el principal es que la misma no se precisa en la legislación vigente. En ninguna de las figuras contenidas

---

216 GIMBERNAT ORDEIG, E., "Prólogo a la décima edición", *Código penal*, cit.

217 CORCOY BIDASOLO, M., "Artículo 153 del Código penal", cit. pp. 550, 551 y 552.

218 VIZUETA FERNÁNDEZ, J., "Capítulo 3: Las lesiones", en ROMEO CASABONA, C.M. – BOLDOVA PASAMAR, M.A. (Coords.), *Derecho penal. Parte Especial. Conforme a las Leyes Orgánicas 1 y 2/2015, de 30 de marzo*, Comares, Granada, 2016, p. 90.

219 LARRAURI PIJOAN, E. "Igualdad y violencia de genero. Comentario a la STC 59/2008", cit., pp. 14 y 15; *Criminología crítica y Violencia de género*, cit., p. 129.

220 GARCÍA ARÁN, M., "Injusto individual e injusto social en la violencia machista. (A propósito de la STC 59/2008 sobre el maltrato masculino a la mujer pareja)", en CARBONELL MATEU, J. C.–GONZÁLEZ CUSSAC, J. L.–ORTS BERENGUER, E. (Dirs.), *Constitución, derechos fundamentales y sistema penal. Semblanzas y estudios con motivo del setenta aniversario del Profesor Tomás Salvador Vives Antón*, Tirant lo Blanch, Valencia, 2009, p. 658.

221 CUERDA ARNAU, M. L., "Delitos contra la libertad II. Amenazas. Coacciones", en GONZÁLEZ CUSSAC, J.L. (Coord.), *Derecho penal. Parte Especial*, sexta edición, Tirant lo Blanch, Valencia,2019, pp. 162 y 163.

en el Título IV del Código penal se requiere expresamente ese componente discriminatorio, esa finalidad específica de dominación, sometimiento, subyugación, y a decir verdad tampoco en la Ley Orgánica 1/2004 de Medidas de Protección Integral Contra la Violencia de Género, y ello a pesar de que los partidarios de su exigencia se aferran a lo afirmado en el artículo 1 de la misma. Aquí no se habla de intención sino de situación. Así como en el Anteproyecto de junio de 2004 sí se hacía mención en el artículo 1.2 a la actuación "con el propósito de favorecer la discriminación, la desigualdad y las relaciones de poder de los hombres sobre las mujeres", en el texto finalmente aprobado se eliminó toda referencia a la intencionalidad. Esta eliminación fue interpretada por la Fiscalía General del Estado en el sentido de que el legislador decidió concentrarse únicamente en el aspecto objetivo de la violencia de género. En concreto, en la Circular 4/2005 se dice que "la Ley opta por una definición de la violencia de género que parte de entender, como dato objetivo, que los actos de violencia que ejerce el hombre sobre la mujer con ocasión de una relación afectiva de pareja constituyen actos de poder y superioridad frente a ella, con independencia de cuál sea la motivación o la intencionalidad del agresor". Se añade, a continuación, que "en el Proyecto de Ley se eliminaron todas aquellas referencias a la intención finalista del agresor que aparecían en la redacción originaria del Anteproyecto, y que resultaron tan discutidas en algunos de los preceptivos informes institucionales al mismo dada la negativa repercusión que en la aplicación de la Ley podía provocar la dificultad de probar ese elemento intencional". Y se concluye: "De este modo, la definición del Anteproyecto que contenía un específico elemento subjetivo de difícil prueba como era la utilización de la violencia con determinados fines, fue sustituida, en la línea propuesta en los informes consultivos, por una definición descriptiva de las circunstancias que subyacen en la violencia de género, tales como la discriminación, la situación de desigualdad y las relaciones de poder de los hombres sobre las mujeres, al margen de cualquier referencia a elementos subjetivos o intencionales"[222]. Sea como fuere, es justo reconocer que, aunque por las afirmaciones acabadas de reproducir parezca que queda claro cuál es el criterio a seguir según la Fiscalía, lo cierto es que esta Circular de 2005 contribuyó a crear confusión a la hora de establecer los criterios en virtud de los cuales los Juzgados de Violencia contra la Mujer pueden rechazar la competencia, y con ello a la existencia de esa disparidad de criterios a la que venimos refiriéndonos.

Nada costaría al legislador reformar el Código penal para explicitar la no exigencia de la concurrencia en el hecho delictivo de elementos subjetivos. Así lo pidieron 2015 una serie de expertos reunidos a instancia de la Delegación del Gobierno para la Violencia de Género[223] y así lo volvieron a solicitar otros especialistas en el informe de la ponencia de estudio para la elaboración de estrategias contra la violencia de género, aprobado por la Comisión de Igualdad en su sesión de 28 de julio de 2017. Veremos si vuelve a haber una nueva reforma legislativa, cosa más que probable, y, lo que no está tan claro, si se enmiendan los problemas apuntados y resultan atendidas las propuestas indicadas.

---

[222] FISCALÍA GENERAL DEL ESTADO, Circular 4/2005, de 19 de julio, p. 21. Véase, asimismo, FUENTES OSORIO, J. L., "Lesiones producidas en un contexto de violencia doméstica o de género. Una regulación laberíntica", cit., p. 28.

[223] MINISTERIO DE SANIDAD, SERVICIOS SOCIALES E IGUALDAD, *Reflexiones y Propuestas de Reforma de la Ley Orgánica 1/2004 de 28 de diciembre, así como otras normas relacionadas en materia de Violencia de Género con motivo de la celebración del décimo aniversario de la entrada en vigor de la norma*, Madrid, 2015, p. 15.

V. ¿JURISPRUDENCIA CONTRADICTORIA O PUNTO Y FINAL AL DEBATE?

No sólo la doctrina ha discutido y discute sobre la exigencia o no de los requisitos objetivos y subjetivos indicados. Tampoco ha existido consenso en sede judicial, lo cual es peor, por da pie a que ante situaciones idénticas se dicten sentencias distintas, lo cual se traduce, unas veces, en la aplicación de artículos distintos y la condena a penas diferentes y, en otras ocasiones, en la existencia junto a esas sentencias condenatorias de otras absolutorias. Se generan así diferencias inaceptables en un Estado de Derecho, pues se ponen en entredicho los primados de justicia y de seguridad jurídica.

Respecto a los requisitos objetivos adicionales hay que advertir, en primer lugar, que la jurisprudencia por regla general toma en consideración únicamente la situación de sometimiento o dominación y deja de lado la vulnerabilidad. Es sobre todo habitual encontrar referencias a una situación de dominio cuando se ha ejercido violencia habitual sobre la mujer, como sucede, por ejemplo, en la Sentencia del Tribunal Supremo 232/2015, de 20 de abril, pero también las podemos encontrar en diversas resoluciones que se pronuncian sobre episodios puntuales de violencia, y resulta especialmente interesante, a mi entender, la Sentencia del Tribunal Supremo 654/2009, de 8 de junio. Aquí se advierte lo siguiente: "Para pronunciarnos sobre la cuestión planteada en este motivo, hemos de tener en cuenta que, conforme se establece en el artículo 3.1 del Código Civil, 'las normas se interpretarán según el sentido propio de sus palabras, en relación con el contexto, los antecedentes históricos y legislativos, y la realidad social del tiempo en que han de ser aplicadas, atendiendo fundamentalmente al espíritu y finalidad de aquéllas', y que , 'las leyes penales, las excepcionales y las de ámbito temporal no se aplicarán a supuestos ni en momentos distintos de los comprendidos expresamente en ellas' (art. 4.2 C.Civil). En definitiva, pues, la interpretación de la ley penal debe ser estricta, sin que pueda ser aplicada, en ningún caso, con criterios de analogía 'in malam partem', lo cual no es óbice, sin embargo, según reiterada jurisprudencia, para que, en el ámbito penal, quepa la analogía 'in bonam partem' y sea posible la aplicación del principio 'favor rei'. Y partiendo de ello en esta resolución el Tribunal Supremo entiende correcto exigir una situación de dominio para poder aplicar los tipos específicos de violencia de género. De hecho, acaba descartándose que sea correcta la aplicación del artículo 153.1 porque "llegamos a la conclusión de que, en el presente caso, no consta que la conducta del acusado Florian, causante de las lesiones leves sufridas por su compañera que el Tribunal sentenciador ha calificado como constitutivas de una simple falta del art. 617.1 del CP, se produjera en el contexto propio de las denominadas conductas 'machistas', de tal modo que por ello no procediera, respecto de él, configurar su conducta como constitutiva de un delito del art. 153.1 del CP".

También es importante hacer referencia a la Sentencia dictada por el Pleno del Tribunal Supremo en fecha de 20 de diciembre de 2018, sobre cómo resolver los casos de agresiones recíprocas hombre-mujer que sean pareja o expareja. Es trascendente hacerlo porque en la propia web del Poder Judicial, cuando se resume el contenido de la misma, se concluye lo siguiente: "1- Cualquier agresión de un hombre a una mujer en la relación de pareja o expareja es hecho constitutivo de violencia de género. 2- Se entiende que los actos de violencia que ejerce el hombre sobre la mujer con ocasión de una relación afectiva de pareja constituyen actos de poder y superioridad frente a ella con independencia de cuál sea la motivación o la intencionalidad. 3- La Audiencia había considerado que en la agresión recíproca hombre y mujer es solo delito leve, pero el TS señala que no existe base ni argumento legal para degradar a un delito leve una agresión mutua entre hombre y mujer que sean pareja o expareja, ya que no es preciso acreditar una específica intención machista debido a que cuando el hombre agrede a la mujer ya es por sí mismo un acto de violencia de género con connotaciones de poder y machismo. 4- En el hecho de agredirse la pareja solo deberá reflejar un golpe o maltrato sin causar lesión para integrar delito de violencia de género y violencia familiar respectivamente sin mayores aditamentos probatorios". Sin embargo, no es menos cierto que si leemos atentamente la Sentencia citada comprobamos que la conclusión a la que se llega no es la indicada, al menos no respecto a la existencia de actos de poder y superioridad del hombre frente a la mujer en todo acto de violencia ejercida sobre ésta con ocasión de una relación afectiva. Lo que aquí se afirma es que sí se requiere "constatar la vinculación del comportamiento, del modo concreto de actuar, con esos añejos y superados patrones culturales, aunque el autor no los comparta explícitamente, aunque no sea totalmente consciente de ello o afectivamente esté regido por unos parámetros correctos de trato de igual a igual". Y se añade: "Si en el supuesto concreto se aprecia esa conexión con los denostados cánones de asimetría (como sucede aquí con el intento de hacer prevalecer la propia voluntad) la agravación estará legal y constitucionalmente justificada». Se insiste, además, en diversas ocasiones a lo largo de la resolución, en que «lo básico es el contexto sociológico de desequilibrio en las relaciones: eso es lo que el legislador quiere prevenir; y lo que se sanciona más gravemente».

Continuamos, pues, sin saber a ciencia cierta si el Tribunal Supremo descarta o no el automatismo formal. Aunque en mi opinión sí lo hace, exigiendo que se pruebe ese requisito objetivo del que venimos hablando, aunque rechazando la exigencia de un requisito subjetivo adicional. Esto último sí queda claro, y más teniendo en cuenta que en la mencionada resolución el Alto Tribunal puntualiza que esa pena más grave se debe imponer «aunque el autor tenga unas acreditadas convicciones sobre la esencial igualdad entre varón y mujer o en el caso concreto no pueda hablarse de desequilibrio físico o emocional». Se aparta así, pues, de lo dicho en otras resoluciones en las que sí se pronunciaba a favor de la exigencia de un móvil discriminatorio.

Merece la pena citar algunas resoluciones en las que el Alto Tribunal sí exigía tal móvil discriminatorio, como por ejemplo la Sentencia 58/2008, de 25 de enero, donde se dice que "ha de concurrir, pues, una intencionalidad en el actuar del sujeto activo del delito". También sirve de ejemplo la Sentencia 654/2009, de 8 de junio, donde se hace referencia a "una manifestación clara de 'superioridad machista', en cuanto denota una pretensión de dominio del hombre frente a la mujer". Otra resolución a tener en cuenta es la Sentencia 1177/2009, de 24 de noviembre, donde se insiste en que "no toda acción de violencia física en el seno de la pareja de la que resulte lesión leve para la mujer, debe considerarse necesaria y automáticamente como la violencia de género que castiga el nuevo art. 153 CP (...), sino solo y exclusivamente (...) cuando el hecho sea manifestación de la discriminación, de la situación de desigualdad y de las relaciones de poder del hombre sobre la mujer (...) Cabe admitir que aunque estadísticamente pueda entenderse que ésta es la realidad más frecuente, ello no implica excluir toda excepción, como cuando la acción agresiva no tiene connotaciones con la subcultura machista, es decir, cuando la conducta del varón no es expresión de una voluntad de sojuzgar a la pareja o de establecer o mantener una situación de dominación sobre la mujer colocando a ésta en un rol de inferioridad y subordinación en la relación con grave quebranto de su derecho a la igualdad, a la libertad y al respeto debido como ser humano en sus relaciones sentimentales". Y otra sentencia digna de mención es la 1376/2011, de 23 de diciembre, que también exige que concurra en el sujeto "un especial ánimo consistente en la constatación de que la conducta es reflejo de una visión sesgada de la relación de pareja viciada por el contexto de dominación masculina" y que "concurran circunstancias concomitantes a los hechos que permitan valorar la conducta como de entidad suficiente para merecer la repulsa social y servir de soporte al juicio de antijuridicidad material".

En cualquier caso, antes de llegarse a la Sentencia de 20 de diciembre de 2018, el Tribunal Supremo ya había dictado otras en el mismo sentido. Es menester citar la Sentencia 807/2010, de 30 de septiembre, donde afirma que "es por completo indiferente que la motivación hubiera sido económica o de otro tipo, cuando lo cierto es que el acusado hizo uso de la fuerza física para imponer una conducta contra su voluntad a la perjudicada, relacionada con él como consta"; y el Auto del Tribunal Supremo de 31 de julio de 2013, donde después se reconoce que "en un no despreciable número de órganos judiciales integrados en el orden penal se ha abierto paso una exégesis de esa norma que, aun siendo minoritaria, no es en absoluto insólita ni extravagante", refiriéndose con estas palabras a las interpretaciones finalistas. En esta resolución el Tribunal Supremo rechaza que se exija "que *in casu* la agresión se revele como manifestación de un ánimo larvado o explícito de dominación o sometimiento de la mujer, lo que se calificaría como un componente 'machista'"; y critica que se vea en esto la "única forma (...) de justificar la desigualdad de trato punitivo por razones del sexo respectivo de agresor y víctima".

VI. LA LEY ORGÁNICA 1/2015, DE 30 DE MARZO, Y LA INCORPORACIÓN DEL GÉNERO COMO MOTIVO DE DISCRIMINACIÓN EN LA AGRAVANTE GENÉRICA DEL ARTÍCULO 22.4

En España hemos tenido que esperar a que se apruebe la Ley Orgánica 1/2015, de 30 de marzo, para que se permita tener en cuenta el género como motivo de agravación en toda clase de delitos y que se rompa con el binomio mujer-pareja impuesto por la Ley Orgánica 1/2004 de Medidas de Protección Integral contra la Violencia de Género, representando aquélla el mayor esfuerzo realizado hasta el momento por parte del legislador español de trasladar los instrumentos internacionales a nuestro ordenamiento[224]. La referida Ley Orgánica de 2015 supuso la reforma del Código penal para, entre otras muchas cosas, y respecto a lo que aquí concierne, introducir nuevos tipos específicos de violencia de género (los nuevos delitos de Stalking y Sexting) e incorporar éste, el género, como motivo de discriminación en la agravante genérica del artículo 22.4, aplicable a todos los delitos, o mejor dicho, a aquellos que no contienen una modalidad específica que atienda al género, y a diferencia de lo que ocurre en estos casos, el recurrir a ella permite pasar por alto el que el sujeto activo hombre y el sujeto pasivo mujer no estén ni hayan estado casados o que entre ellos exista ni haya existido una rela-

---

224 Vid. ACALE SÁNCHEZ, M., "Derecho penal y violencia de género: ¿un nuevo cambio de paradigma?", en MARTÍN SÁNCHEZ, M., *Estudio integral de la violencia de género*, Tirant lo Blanch, Valencia, 2018; GORJON BARRANCO, M.C., "Hacia un concepto amplio de la violencia de género más allá de la mujer-pareja", en ROIG TORRES, M. (Dir.), Últimas reformas legales en los delitos de violencia de género. Perspectiva comparada, Tirant lo Blanch, Valencia, 2018, p. 77. En realidad la autora sólo se refiere al Convenio de Estambul.

ción sentimental análoga y acoger, en consecuencia, un concepto más amplio de violencia de género[225].

Respecto a este último detalle, puede citarse a título de ejemplo la Sentencia del Tribunal Supremo de 19 de noviembre de 2018, donde confirma, como ya se desprende del tenor literal del mencionado precepto, que la indicada agravante de género debe aplicarse en todos los casos en que se actúe contra la mujer por el mero hecho de serlo, aunque entre el autor del delito y la víctima no exista ningún tipo de relación. E importa destacar, asimismo, que en la misma Sentencia el Alto Tribunal declara aquélla compatible con la agravante de parentesco, que sí requiere que agresor y víctima tengan o hayan tenido relación de pareja. Y lo es por tener ambas agravantes diferente fundamento. Así, la agravante de parentesco del artículo 23 del Código Penal tiene un fundamento objetivo de agravación, que se aplica siempre que medie entre autor y víctima las relaciones de afectividad o convivencia que recoge; mientras que la agravante de género del artículo 22.4 del Código, introducida en la reforma de marzo de 2015, se justifica en que el recurso a la violencia se traduce en un instrumento de poder y

---

225 Sobre esta circunstancia, vid. GORJON BARRANCO, M.C., "Hacia un concepto amplio de la violencia de género más allá de la mujer-pareja", cit., pp. 76 y ss.; MARÍN DE ESPINOSA CEBALLOS, E. B., "La agravante genérica de discriminación por razones de género (art. 22.4 CP)", *Revista Electrónica de Ciencia Penal y Criminología*, núm.20, 2018, pp. 1–20; OREJÓN SÁNCHEZ DE LAS HERAS, N., Tesis doctoral: *La circunstancia agravante genérica de discriminación por razones de género*, Universitat de València, 2018; BORJA JIMÉNEZ, E., "La circunstancia agravante de discriminación del art. 22.4a", en GONZALEZ CUSSAC, J. L. (Dir.), *Comentarios a la reforma del Código Penal de 2015*, Tirant lo Blanch, Valencia, 2015; REBOLLO VARGAS, R., "La agravante de discriminación por razón de sexo y su fundamento (Art. 22.4 del Código Penal)", en *Revista General de Derecho Penal*, núm. 23, 2015.

dominación a través del cual se contribuye a perpetuar la desigualdad existente entre hombres y mujeres.

Otra conclusión se desprende de la citada resolución: la exigencia de un requisito objetivo para la aplicación del artículo 22.4, consistente en haber realizado el ilícito penal con actos que implican dominación del hombre hacia una mujer por el hecho de ser mujer, o en otras palabras, que se haya atacado a la mujer con efectos de dominación, por el hecho de ser mujer.

Y también resulta digna de mención la Sentencia del Tribunal Supremo de 26 de febrero de 2018, en la que aparte de insistirse en que para aplicar la agravante genérica se exige que el hecho probado contenga la relación típica prevista en los tipos penales, de tal suerte que el delito se entienda como manifestación objetiva de la discriminación característica de la misma, se aclara que, en lo subjetivo, bastará la conciencia de tal relación unida a la voluntad de cometer el delito de que se trate. La norma no exige, y así lo subraya el Tribunal Supremo, una suerte de dolo especifico, es decir, que el autor del delito muestre voluntad de dominar o discriminar.

Siendo así, y a modo de conclusión, podemos decir que para la aplicación de la agravante genérica de actuación discriminatoria por razón de género se exige el mismo requisito objetivo que para la aplicación de los tipos específicos de violencia de género, teniendo tanto aquélla como estos su fundamento en la constatación de situaciones objetivamente machistas y discriminatorias, pero sin que sea necesario, ni en aquélla ni en estos, un dolo específico del autor de subordinar, dominar o discriminar a la mujer·

VII. BIBLIOGRAFÍA

ACALE SÁNCHEZ, M., *Derecho penal y violencia de género: ¿un nuevo cambio de paradigma?*, en MARTÍN SÁNCHEZ, M., *Estudio integral de la violencia de género*, Valencia, Tirant lo Blanch, 2018.

BOLDOVA PASAMAR Y M. Á, RUEDA MARTÍN, M. A., *La discriminación positiva de la mujer en el ámbito penal: reflexiones de urgencia sobre la tramitación del Proyecto de Ley Orgánica de medidas de protección integral contra la violencia de género*, Aequalitas: Revista jurídica de igualdad de oportunidades entre mujeres y hombres, núm. 15, 2004.

BORJA JIMÉNEZ, E., *La circunstancia agravante de discriminación del art. 22.4a*, en GONZALEZ CUSSAC, J. L. (Dir.), *Comentarios a la reforma del Código Penal de 2015*, Valencia, Tirant lo Blanch, 2015.

CARBONELL MATEU, J. C., *Lesiones*, en GONZÁLEZ CUSSAC, J.L. (Coord.), *Derecho Penal. Parte Especial, sexta edición*, Valencia, Tirant lo Blanch, 2019.

COMAS D'ARGEMIR I CENDRA, M. Y QUERALT JIMÉNEZ, J. J., *La violencia de género: política criminal y ley penal, en Homenaje al profesor Dr. Gonzalo Rodríguez Mourullo*, Cívitas, Cizur Mayor, 2005.

CORCOY BIDASOLO, M., *Artículo 153 del Código penal*, en CORCOY BIDASOLO, M. – MIR PUIG, S. (Dirs.), *Comentarios al Código penal. Reforma LO 1/2015 y LO 2/2015*, Valencia, Tirant lo Blanch, 2015.

CUERDA ARNAU, M. L., *Delitos contra la libertad II. Amenazas. Coacciones*, en GONZÁLEZ CUSSAC, J.L. (Coord.), *Derecho penal. Parte Especial*, sexta edición, Valencia, Tirant lo Blanch, 2019.

FISCALÍA GENERAL DEL ESTADO, Circular 4/2005, de 19 de julio.

FUENTES OSORIO, J. L., *Lesiones producidas en un contexto de violencia doméstica o de género. Una regulación laberíntica*, Revista Electrónica de Ciencia Penal y Criminología, núm. 15, 2013.

GARCÍA ARÁN, M., *Injusto individual e injusto social en la violencia machista. (A propósito de la STC 59/2008 sobre el maltrato masculino a la mujer pareja)*, en

CARBONELL MATEU, J. C.–GONZÁLEZ CUSSAC, J. L.–ORTS BERENGUER, E. (Dirs.), *Constitución, derechos fundamentales y sistema penal. Semblanzas y estudios con motivo del setenta aniversario del Profesor Tomás Salvador Vives Antón*, Valencia, Tirant lo Blanch, 2009.

GIMBERNAT ORDEIG, E., *Prólogo a la 14ª edición, Código Penal*, Madrid, Tecnos, 2008.

GONZÁLEZ CUSSAC, J. L., *La intervención penal contra la violencia de género desde la perspectiva del principio de proporcionalidad*, en GÓMEZ COLOMER, J. L. (Coord.), *Tutela procesal frente a hechos de violencia de género*, Castellón, Universidad Jaume I, 2007.

GORJON BARRANCO, M.C., *Hacia un concepto amplio de la violencia de género más allá de la mujer-pareja*, en ROIG TORRES, M. (Dir.), Últimas reformas legales en los delitos de violencia de género. Perspectiva comparada, Valencia, Tirant lo Blanch, 2018.

IÑIGO CORROZA, E., *Aspectos penales de la LO 1/2004, de 28 de diciembre*, en MUERZA ESPARZA, J. (Coord.), *Comentarios a la Ley Orgánica de Protección Integral contra la Violencia de Género*, Navarra, Aranzadi, 2005.

LARRAURI PIJOAN, E., *Igualdad y violencia de genero. Comentario a la STC 59/2008*, InDret, 1/2009.

LARRAURI PIJOAN, E., *Criminología Crítica y Violencia de Género*, Madrid, Trotta, 2007.

LAURENZO COPELLO, P., *Violencia de género, ley penal y discriminación. Un balance provisional de los primeros veinte años de legislación penal sobre violencia contra las mujeres*, en LAURENZO COPELLO, P. (Coord.), *La violencia de género en la Ley. Reflexiones sobre veinte años de experiencia en España*, Madrid, Dykinson, 2010.

MARÍN DE ESPINOSA CEBALLOS, E. B., *La agravante genérica de discriminación por razones de género (art. 22.4 CP)*, Revista Electrónica de Ciencia Penal y Criminología, núm.20, 2018.

MINISTERIO DE SANIDAD, SERVICIOS SOCIALES E IGUALDAD, *Reflexiones y Propuestas de Reforma de la Ley Orgánica 1/2004 de 28 de diciembre, así como otras normas relacionadas en materia de Violencia de Género con motivo de la celebración del décimo aniversario de la entrada en vigor de la norma*, Madrid, 2015.

OLAIZOLA NOGALES, I., *Violencia de género: elementos de los tipos penales con mayor dificultad probatoria*, Estudios Penales y Criminológicos, núm. 30, 2010.

OREJÓN SÁNCHEZ DE LAS HERAS, N., Tesis doctoral: *La circunstancia agravante genérica de discriminación por razones de género*, Universitat de València, 2018.

REBOLLO VARGAS, R., *La agravante de discriminación por razón de sexo y su fundamento (Art. 22.4 del Código Penal),* Revista General de Derecho Penal, núm. 23, 2015.

RUIZ MIGUEL, A., *La ley contra la violencia de género y discriminación positiva,* Jueces para la Democracia, núm. 55, 2006.

VILLACAMPA ESTIARTE, C., *El maltrato singular cualificado por razón de género. Debate acerca de su constitucionalidad,* Revista Electrónica de Ciencia Penal y Criminología, núm. 12, 2007.

VIZUETA FERNÁNDEZ, J., *Capítulo 3: Las lesiones,* en ROMEO CASABONA, C.M. – BOLDOVA PASAMAR, M.A. (Coords.), *Derecho penal. Parte Especial. Conforme a las Leyes Orgánicas 1 y 2/2015, de 30 de marzo,* Granada, Comares, 2016.

PRAXIS POLICIAL EN VIRTUD DE LA NUEVA LOPSC 4/2015: EL SEMIDESNUDO EJECUTADO EN VÍA PÚBLICA

DR. VALENTÍN GUILLÉN PÉREZ
Universidad Internacional de Valencia. VIU. -España-

SUMARIO: I. Introducción. II. El derecho a la intimidad corporal como límite de actuación. III. La dignidad humana y el consentimiento de la persona sometida. IV. Legitimidad en la motivación: el indicio racional. V. Existencia de un interés o exigencia pública que lo justifique. VI. Conclusiones. VII Referencias bibliográficas.

RESUMEN: El artículo 20.2b) de la Ley Orgánica 4/2015 de Protección de Seguridad Ciudadana, normaliza una nueva herramienta con amparo y base legal que hemos denominado "semidesnudo". Esta figura de prospección corporal faculta a las fuerzas y cuerpos de seguridad practicar a sujetos no privados de libertad diligencias más intrusivas y coactivas que el propio cacheo. El objeto de la presente investigación se circunscribe, principalmente, en la exegesis del citado artículo, y concretamente en la siguiente locución: "y si exigiera dejar a la vista partes del cuerpo normalmente cubiertas por ropa (...)", al colegirse como una expresión vaga e imprecisa, por cuanto pone en escena la posible conculcación del derecho a la intimidad corporal, especialmente si estas actuaciones se dirigen hacia aquellas partes íntimas del cuerpo que supongan una afectación al recato y pudor del sujeto concernido. Por consiguiente, nuestra pretensión no es otra que, acotar las posiciones doctrinales y jurisprudenciales más aceptadas a este respecto, para con ello dilucidar, cuales son a nuestro entender los requisitos que deben de utilizar los agentes policiales para garantizar con efectividad los derechos fundamentales de nuestra Carta Magna.

Palabras clave: semidesnudo, cacheo, desnudo integral, registro superficial externo, derecho intimidad corporal, dignidad humana.

I. INTRODUCCIÓN

El registro corporal externo o comúnmente conocido como la diligencia de cacheo[226], constituye en el campo de la praxis policial, una habitual y a la vez polémica herramienta de trabajo utilizada por los agentes de las fuerzas y cuerpos de seguridad (FCS en adelante) en el ejercicio de sus funciones. Dicha prospección corporal se regula por primera vez en el ordenamiento jurídico español en el año 2015, y se colige sobre una previsión legal que satisface el rango de ley, en sazón de la copiosa doctrina jurisprudencial que décadas anteriores habían esgrimido a tal respecto.

Concretamente, aludimos a la Ley Orgánica 4/2015, de 30 de marzo de Protección de Seguridad Ciudadana (en lo sucesivo LOPSC), que bajo la rúbrica ex artículo 20 "Registro corporal externo", contiene una figura novedosa que intensifica considerablemente la conculcación del derecho a la intimidad personal del sujeto concernido con respecto a la práctica del cacheo[227],

---

226 BILBAO UBILLOS, J.M., "La llamada ley mordaza: Ley Orgánica 4/2015 de Protección de la Seguridad Ciudadana", *UNED-Teoría y Realidad Constitucional*, núm. 36, 2015, p. 234. Así como destacaba el Ministro del interior Jorge Fernández Díaz, en el Diario de sesiones del Congreso de los Diputados núm. 230, del 16 de octubre de 2014, p. 25.

227 Abultada doctrina esgrime la superficialidad que requiere realizar un cacheo, como DÍAZ REVORIO, F.J., *Estudios sobre los derechos y sus garantías en el sistema constitucional español y en Europa*, México, Comisión de los Derechos Humanos, 2015, p. 183, o GÓMARA HERNÁNDEZ, J.L. y AGORRETA RUIZ, D., *Prontuario de Seguridad Pública e intervención policial, Pamplona, Dapp publicaciones jurídicas,*

al comprender unos rasgos más intensos de intromisión sobre la persona, dado que la diligencia del cacheo "no implica la retirada de la vestimenta"[228] de las personas sometidas.

2007, p. 487, esgrimiendo que el cacheo por el cual interviene la policía "*(...) va palpando el cuerpo en superficie, de forma ordenada y por encima del vestido, todo el contorno de la persona objeto de la actuación (...)*". GARCÍA VILA, M., "Los cacheos: delimitaciones y clases", *Actualidad Penal La Ley, Tomo 1, 2000, p. 10* define el cacheo como un "*acto de palpar superficialmente, el tacto manual, el perfil corporal del sospechosos*"; por su parte TORO LUCENA, O.A., "Intervenciones corporales y derechos fundamentales; límites", *Criterio jurídico garantista, vol. 2, núm. 3, 2010, p. 196,* obvia todas las utilidades que genera la práctica del cacheo en el contexto policivo, centrándose en reseñar que éste consiste en una palpación de la silueta humana; SUÁREZ LÓPEZ, J.J., "Propuesta alternativa del grupo de estudios de política criminal sobre el uso de la fuerza; 1ª parte. Actuaciones policiales preventivas", *Cuadernos de política criminal, Época II, núm. 105, 2011, p. 343,* arguye en su análisis que el cacheo consiste en la realización de "acciones consistentes en palpar o tocar manualmente la superficie exterior del cuerpo de una persona y de sus ropas (...); y, continuando la línea argumental de esta tesis, sacamos también a colación a FERNÁNDEZ ACEBO, M.D., "La tutela de los derechos fundamentales a la intimidad e integridad física frente a la actuación de los poderes públicos sobre el cuerpo humano. Una perspectiva constitucional sobre las intervenciones corporales y otras diligencias de investigación", Tesis Doctoral inédita, en GARCÍA VELÁZQUEZ, S. (dir.), Universidad de A Coruña, 2013, p. 342, quien refiere con respecto al cacheo que éste son actuaciones que afectan exclusivamente a la parte externa del cuerpo humano o su indumentaria.

228 Existe una abultada jurisprudencia en este sentido. A modo de ejemplo destacamos la STS 1393/2002, de 24 de julio, [ECLI:ES:TS:2002:5669], que entendió, con ocasión de una intervención de un Ertzaintza en relación a la interceptación de la droga que un traficante portaba oculta en sus calzoncillos, que "un cacheo no implica la retirada de la vestimenta de los detenidos" (FJ1°), la STS 260/2004, de 23 de febrero, [ECLI:ES:TS:2004:260], cuando

Nos estamos refiriendo al cuestionado "desnudo parcial"[229] o "semidesnudo" insertado ex art 20.2b) de la citada ley, que del tenor literal expresa que "y si exigiera dejar a la vista partes del cuerpo normalmente cubiertas por ropa, se efectuará en lugar reservado y fuera de la vista de terceros. Se dejará constancia escrita de esta diligencia, de sus causas y de la identidad del agente que la adoptó".

No pretendemos ser tautológicos con los requisitos que exige dicho precepto para su legítima práctica, sino más bien nos centraremos en la exegesis de la locución: "dejar a la vista partes del cuerpo normalmente cubiertas por ropa" porque, bajo nuestro punto de vista, carece de precisión[230] por tres aspectos;

---

afirma que el cacheo es un examen superficial o preliminar mediante el tacto, por encima de la ropa. (FJ2°).

229 Coinciden en aludir dicho término en la figura del artículo 20.2b; Consell de Garanties Estatutàries de Catalunya, *Dictamen 7/2015, de 4 de junio, sobre la Ley orgánica 4/2015, de 30 de marzo, de protección de seguridad ciudadana, Consejo de Garantías Estatutarias de la Generalidad de Cataluña, 2015, p. 43, y* GUILLÉN ÁLVAREZ, Í., "Estudio y análisis jurídico de la nueva Ley Orgánica 4/2015, de protección de la seguridad ciudadana", *Diario la Ley*, núm. 8633, 2015, p. 13, así también como BILBAO UBILLOS, J.M., *op. cit.*, p. 235, y MONTERO RIVAS J., *Seguridad ciudadana y derechos fundamentales: Luces y sombras de la Ley Orgánica 4/2015*, Trabajo fin de Grado inédito, en Guerrero Colmenares, Marthelena (dir.), Universidad del País Vasco, 2016, p. 37, esgrimiendo que ésta acción puede constituir incluso en un desnudo parcial o total.

230 Véase en este sentido PRESNO LINERA, M.A., "La expansión del derecho administrativo sancionador securitario (análisis constitucional de la Ley Orgánica para la protección de la seguridad ciudadana)" en USCANGA BARRADAS, A. y FERNÁNDEZ SUÁREZ, J., (dir.), *Derechos y Obligaciones en el Estado de Derecho: Actas del III Coloquio binacional México-España, Departamento de Ciencias Jurídicas Básicas de la Universidad de Oviedo,* 2017, p. 602, BILBAO UBILLOS, J.M., *op. cit.*, p. 235. Véase con gran detalle los distintos argumentos

el primero atañe principalmente a que el cacheo o desnudo parcial o integral, apenas ha sido objeto de estudio por parte de la doctrina científica desde una perspectiva administrativa, sino más bien desde el prisma de la investigación de un hecho punible por medio de los procesalistas y penalistas[231]; el segundo concierne al considerar que nos encontramos huérfanos de una interpretación jurisprudencial dada su reciente aprobación; y en tercer lugar porque no es lo mismo despojar, por ejemplo, una camiseta, los calcetines o quitar una gorra de un sujeto, que dejar al descubierto sus partes más íntimas, y por lo tanto afecte a la esfera más recóndita del individuo manifestado en el sentimiento de pudor o recato personal[232], como consecuencia de la indagación superficial al que se vea sometido.

Coincidimos, con el Consell de Garanties Estatutàries de Catalunya[233], en cuanto que el precepto examinado no puede equipararse a las intervenciones corporales que comporten un desnudo integral, ya que éstas conllevan una mayor injerencia dirigidas al propio cuerpo de la persona. No obstante, creemos necesario puntualizar de inmediato, que otras conductas de una misma naturaleza, han quedado al margen de su regulación como, por ejemplo la palpación de las partes pudientes

---

jurídicos de Consell de Garanties Estatutàries de Catalunya, *op. cit., p. 43. Además no es ocioso destacar que el Tribunal Constitucional no se ha pronunciado sobre un recurso de inconstitucionalidad sobre dicho artículo.*

231 A este respecto señala CANO CAMPOS, T., "Prevenir y cachear: los registros corporales externos", en IZQUIERDO CARRASCO, M., Y ALARCÓN SOTOMAYOR, L. (Dir.) Estudios sobre la Ley Orgánica de Seguridad Ciudadana, Pamplona, Ed. Aranzadi, 2019 [En línea] (18/01/2020).

232 DÍAZ REVORIO, F.R., *op.cit.*, p. 183.

233 Consell de Garanties Estatutàries de Catalunya, *op. cit.*, p. 43.

o íntimas de la persona sin destapar la ropa[234], o incluso la introducción de manos u otros objetos, lo que puede suponer un trato más intrusivo que el propio cacheo corporal. En definitiva, este precepto legal "no permite extraer conclusiones lo suficientemente claras sobre el alcance de la habilitación otorgada a los agentes de las fuerzas y cuerpos de seguridad" [235].

II. EL DERECHO A LA INTIMIDAD CORPORAL COMO LÍMITE DE ACTUACIÓN

La intimidad constituye un concepto completamente contemporáneo que, a su vez, contiene dos modalidades que poseen mucho en común referidas concretamente a la intimidad personal y corporal. En este orden de ideas, el Tribunal Constitucional[236], ha reiterado que el derecho a la intimidad personal forma parte de la intimidad corporal, erigiéndose el primero con un contenido mucho más amplio que el relativo a la intimidad corporal[237] propiamente dicho, y, por lo tanto,

---

[234] La STS 941/2012, de 29 de noviembre, [ECLI:ES:TS:2012:7979], no realiza ningún reproche en una actuación policial, cuando al tener indicios racionales de portar un envoltorio de plástico, palpa los genitales, actuación que le llevó a posteriori, a realizar un desnudo en aras de intervenir dicha droga.

[235] En el mismo sentido se expresa el Consell de Garanties Estatutàries de Catalunya, *op. cit., p. 43, de igual modo aduce PRESNO LINERA, M.A., op. cit., p. 602.*

[236] STC 37/1989, de 15 de febrero. En este sentido señala también CABEZUELO ARENAS, A.L., *Derecho a la intimidad,* Valencia, Tirant Lo Blanch, 1998, p. 18

[237] PÉREZ ROYO, J., "Los derechos constitutivos de la personalidad", *Curso de derecho Constitucional,* 15° Ed., Madrid, Marcial Pons, 2016, p. 300. De igual modo coincidimos con NARANJO DE LA CRUZ, R., "Derechos fundamentales", en AGUDO ZAMORA, M., et. al., *Ma-*

el nivel de afectación de este último se encuentra mucho más acentuado que el propio derecho a la intimidad personal[238].

En tal sentido, no se concibe el mismo nivel de intromisión respecto al derecho a la intimidad de un sujeto cuando se le obliga a quitarse un calcetín porque los agentes posean indicios de que éste hubiese introducido un objeto sospechoso dentro de él, que cuando éste deba bajarse sus pantalones hasta las rodillas con el fin de observársele el posible contorno de algún objeto escondido bajo su prenda interior. Ahora bien, consideramos que son mucho más comprometidas y, por tanto, se elevaría el grado de intromisión en cuanto al derecho a la intimidad de las personas se refiere, aquellas actuaciones encaminadas a obligar a un sujeto a despojarse de esta última prenda dejando a la vista sus partes más íntimas.

La exhibición del cuerpo desnudo ante otra persona, puede suponer una vulneración de su derecho a la intimidad corporal

---

nual de Derecho Constitucional, 8° Ed., Madrid, Tecnos, 2017, p. 485, cuando reconoce que la intimidad personal abarca también, como una de las manifestaciones relativas a la intimidad corporal y DÍAZ REVORIO, F.J., *op. cit.*, pp. 177 y 178. CANO CAMPOS, T., *op. cit.*

238 Por antonomasia el derecho más condicionado por la práctica del cacheo, desde el prisma del artículo 20 de la LOPSC, es el referido al derecho a la intimidad personal consagrado en el artículo 18.1 de la Constitución Española. La doctrina se ha pronunciado en esta línea, destacando al tratadista GÓNZALEZ I JIMÉNEZ, A., *Las diligencias policiales y su valor probatorio,* Barcelona, Bosch, Barcelona, 2014, p. 103, quien arguye que tanto el cacheo, como los registros y las pruebas de detección alcohólicas, vulneran el derecho a la intimidad del individuo. Además la STC 201/200, de 24 de julio, afirma que "aparece configurado como un derecho fundamental (...) la intimidad personal constitucionalmente garantizada la existencia de un ámbito propio y reservado frente a la acción y el conocimiento de los demás". Esta afirmación es mencionada por la STS 260/2004, de 23 de febrero, [ECLI:ES:TS:2004:260] (FJ3°) entre otras.

como resultado de la exposición de las partes más íntimas de su cuerpo, salvo que esté siendo objeto de una investigación policial mediante resolución judicial motivada; o bien cuando, en todo momento, se respete los principios de proporcionalidad, según el caso concreto; o bien la persona sometida al desnudo muestre, libre y voluntariamente, su expreso consentimiento[239].

Conviene traer a colación el problema existente que aborda el artículo 20.2.b), por su manifiesta confrontación con respecto al Tribunal Constitucional, en relación a la validez de estas indagaciones que incidan en la privacidad del cuerpo humano. De modo que en la STC 207/1996, sienta como premisa que el desnudo integral puede afectar al derecho fundamental a la intimidad corporal y, por ello, únicamente tiene legitimidad en aquellos supuestos en los que el sujeto se encuentre privado de libertad, y bajo unas premisas legales y racionalmente fundadas.

Ahora bien, no es tarea fácil lo que, en relación al cometido de las FCS, se ha de entender por un "desnudo integral", ya que adolece de una regulación taxativa o de base legal. En esta línea, podríamos pensar que se está refiriendo a aquellos supuestos en los que un individuo, que se encuentre detenido, se desprenda de toda su ropa. Sobre dicho tema y haciéndose eco de toda la doctrina jurisprudencial dirimida hasta la fecha,

---

239 En detalle; DUART ALBIOL, J.J., "Inspecciones, registros e intervenciones corporales en el ámbito del proceso penal", Tesis Doctoral inédita, en CACHÓN CÁDENAS, M.J., (dir.), Universitat Autónoma de Barcelona, 2014, p. 258. Para mayor abundamiento, y en el mismo sentido se expresan SÁNCHEZ GONZÁLEZ, S. (coord.), *Dogmática y práctica de los derechos fundamentales, Valencia, Tirant Lo Blanch, 2006, p. 11;* DIAZ REVORIO, F.J., *op. cit.*, p. 177; y AZAOLA CALDERÓN, L., "Las intervenciones corporales, un análisis comparativo entre México y España", *Revista del centro de investigación jurídicas de la Facultad de Derecho de Monterrey, Facultad Libre de Derecho de Monterrey de México, núm. 5, 2010, p. 43.*

tanto la Secretaría de Estado y Seguridad en el año 2005 como el flamante acuerdo mantenido por la Comisión Nacional de Coordinación de la Policía Judicial, han acuñado, de una forma específica y detallada, la acepción de la práctica del desnudo integral durante los cacheos policiales con el fin de averiguar si un sujeto pasivo objeto a examen porta en los pliegues u otras partes de su cuerpo, o entre sus ropas, algún efecto, instrumento u objeto peligroso o prueba incriminatoria, pero cuando el sujeto está privado de libertad. A este respecto señalan, además, que el cacheo o registro corporal apoyado en un desnudo integral consiste en la diligencia policial que pone "al descubierto las partes pudendas o íntimas de una persona, y en caso necesario indagar mediante el contacto directo de manos u otros objetos de exploración con las mismas"[240].

Según lo indicado en el párrafo *infra*, por motivos análogos con respecto a la disposición cuestionada, quedarían excluidas todas aquellas actuaciones que generen un desnudo integral, entendido éste, por el desprendimiento de la ropa que suponga dejar a la vista las partes más íntimas, o en toda su totalidad, así como, realizar contacto físico con las partes pudientes del sujeto que se someta a éstas.

Por consiguiente, si los agentes intervinientes deciden someter a un sujeto a un desnudo parcial, estaría legitimado si se alcanzan los requisitos y las garantías jurídicas exigibles[241]. A

---

240 Instrucción núm. 19/2005, de 13 de septiembre, del Secretario de Estado de Seguridad, relativa a la práctica de las diligencias de registro personal por las fuerzas cuerpos de seguridad, y la Comisión Nacional de Coordinación de la Policía Judicial, sobre los Criterios para la Práctica de Diligencias por la Policía Judicial, abril 2017, p. 92.

241 GUILLÉN ÁLVAREZ, Í., *op. cit.*, p. 16. nos parece sumamente interesante las argumentaciones esgrimidas por el Magistrado OTA-

modo ilustrativo señalamos las más comunes como: descubrir el torso, las piernas, o incluso el cabello cuando estuviera tapado con una gorra. Nos parece sumamente importante destacar que dichas actuaciones no habían estado sujetas a reprobación por parte de la jurisprudencia (como se ha esbozado en el epígrafe anterior), y sin embargo carecían de base jurídica al no estar contemplado en la anterior LOPSC.

En este sentido nos parece interesante la construcción de los argumentos jurídicos del Tribunal Supremo al aducir que «la práctica del cacheo de la inculpada por una agente femenina, limitándose a palpar sobre su ropa el cuerpo, aun contorneando la zona pectoral, no puede calificarse como una intromisión en el ámbito protegido por el derecho a la integridad corporal proclamado en el art. 18 de la C.E. concurriendo en las condiciones concretas de su práctica la adecuación cualitativa y cuantitativa para la obtención del fin perseguido"[242].

En cualquier caso, y como se ha tenido ocasión de comprobar en la jurisprudencia, incluso antes de su regulación en la actual LOPSC, no ha existido reproche judicial en una intromisión ilegítima en aquellas actuaciones consistentes en dejar al descubierto

---

MENDI ZOZAYA, F., *La nueva Ley Orgánica 4/2015, de Protección de la Seguridad Ciudadana: Una visión práctica*, Pamplona, AMAL, 2015, p. 78, aduciendo una solución muy práctica en aras de evitar la práctica del desnudo integral del señalado artículo 20.2b. La medida expuesta por este magistrado propone que el registro se realice por partes: "esto es, quitando sucesivamente prendas de ropa que podrá ponerse de nuevo el sujeto antes de que tenga que quitarse otras, para que en ningún momento se quede completamente desnudo ante los funcionarios policiales". En un mismo sentido se expresa CANO CAMPOS, T., *op. cit.*

242 FJ1°, de la STS 1171/1997, de 29 de septiembre, [ECLI:ES:TS:1997:5713].

partes no pudientes del cuerpo, como calcetines[243], dentro del pantalón[244], camiseta[245], de modo que al amparo de la referida Ley, consideramos legítimo dichas actuaciones corporales.

III. LA DIGNIDAD HUMANA Y EL CONSENTIMIENTO DE LA PERSONA SOMETIDA

En este punto podríamos cuestionarnos ¿qué puede significar el respeto a la dignidad de la persona en la intervención policial consistente en dejar semidesnudo a un sujeto pasivo en virtud al artículo 20.2b de la LOPSC? No nos cabe duda que una respuesta sustancial solventaría la problemática existente al respecto. Bajo nuestro punto de vista puede significar, al menos, dos elementos significativos:

En primer lugar, si la dignidad de la persona comporta la imposibilidad de instrumentalizar al individuo, esto implicaría (en la práctica del semidesnudo) la exigencia de salvaguardarle frente a cualquier intento de cosificación, de forma que, si el individuo se convierte en un medio despojado de su condición de fin, se lesionaría el principio de la dignidad de la persona en el supuesto de que la realización de la prospección corporal, mediante la práctica del semidesnudo, se ejecutase de forma degradante. En esta línea se expresa el Auto del Tribunal Supremo[246], en cuyo texto legitima un cacheo con desnudo

---

243 SAP de Barcelona, 132/2012, de 5 de diciembre, [ECLI:ES:APB:2012:13715].

244 STS 156/2013, de 7 de marzo, [ECLI:ES:TS:2013:919].

245 SAP de Castellón, 403/317, de 28 de septiembre, [ECLI:ES:APCS:2007:927]. (FJ2º).

246 ATS 1554/2003, de 26 de septiembre, [ECLI:ES:TS:2003:9626A].

parcial, dado que el recurrente no fue obligado a adoptar ninguna postura ni colocarse de forma vejatoria.

De igual modo, la postura antagónica de la jurisprudencia ha reconocido también la injerencia que, respecto a la dignidad personal, pueden causar las FCS mediante la ejecución del semidesnudo o desnudo parcial. Sobre ello, por ejemplo, señala el Tribunal Supremo diferentes resoluciones como cuando explica que el hecho de obligar a un sujeto a que se quitara el cinturón, se bajara los pantalones, se ahuecara los calzoncillos y se sacara sus genitales y los moviera, mientras era iluminado con una linterna, con la finalidad de comprobar que no ocultaba nada debajo[247], llegó a convertirse en un trato humillante. También cuando refiere que, de forma abusiva, los funcionarios policiales retuvieron a una persona a fin de proceder a su cacheo y realizar ulteriormente un desnudo durante diez minutos en el interior de un vehículo sin causa justificada, lo que constituyó "un trato degradante en su propia naturaleza"[248]. Así como, forzar a una persona a desprenderse de su ropa y efectuar genuflexiones para expulsar un recipiente en forma de huevo que tenía alojado en el recto[249]. Es decir, y como conclusión a lo expresa-

---

[247] STS 130/2014, de 25 de febrero, [ECLI:ES:TS:2014:609].

[248] STS 677/2009, de 16 de junio, [ECLI:ES:TS:2009:4471].

[249] STS 874/1998, de 26 de junio, [ECLI:ES:TS:1998:4471]. Nos parece interesante lo que el alto Tribunal esgrime con respecto al principio constitucional analizado; "el hecho de desnudar a una persona implica un ataque a su intimidad y si además se le obliga a realizar flexiones supone someterle a un trato humillante y degradante (...) es incuestionable que se pudieron utilizar métodos alternativos que lesionasen en menor medida la dignidad y la intimidad de la persona" (FJ4°). En el mismo sentido refiere una copiosa jurisprudencia, reseñamos a tal efecto, como ejemplo, la STS 446/1996, de 11 de mayo, [ECLI:ES:TS:1996:2830] o la STS 1133/2010, de 21 de diciembre, [ECLI:ES:TS:2010:7312] (FJ4°).

do, indica DÍAZ REVORIO, que la conculcación de la dignidad incluiría todas aquellas actuaciones que implicasen un plus de trato inhumano, vejatorio o degradante[250].

En segundo lugar, si la dignidad lleva consigo esa capacidad de autodeterminación de la propia conducta y dado que las intervenciones corporales consistentes en los semidesnudos suponen una importante limitación de dicha capacidad autodeterminadora, hemos de plantearnos necesariamente el papel que juega el consentimiento como requisito legitimador de la actuación policial sobre aquellos individuos que no estén sometidos a una modificación de su *status libertatis.*

A pesar de los fallos emitidos por los Tribunales que no han reprochado la práctica del desnudo parcial a sujetos que no están privados de su libertad, lo cierto es que muchas resoluciones han perdido la oportunidad de argumentar sobre su legitimación en los fundamentos de derecho de sus correspondientes sentencias[251]. No obstante, coexiste una línea jurispru-

---

250 En esta línea se manifiesta DÍAZ REVORIO, F.J., *op. cit.*, p. 184.

251 Prueba de ello, véase el acopio de sentencias que avalan el semidesnudo en sujetos no privados de libertad, en cuya justificación adolecen de una elocuente construcción argumental que legitimen dicha práctica; la SAP de Barcelona, 132/2012, de 5 de diciembre, [ECLI:ES:APB:2012:13715], aprueba el registro en zona genital, calcetín derecho e izquierdo; la SAP de Barcelona, 161/2014, de 24 de febrero, [ECLI:ES:APB:2014:1917] o la SAP de Barcelona, 1014/2014, de 18 de diciembre, [ECLI:ES:APB:2014:13501], donde fueron ocupadas unas sustancias estupefacientes en el interior de los calzoncillos; la SAP de Bilbao, 90321/2017, de 29 de noviembre, [ECLI:ES:APBI:2017:2179], se le intervino un móvil sustraído del interior de los calzoncillos del acusado, pero no aduce como fue el procedimiento para su ocupación; el AAP de Logroño, 192/2011, de 6 de junio, [ECLI:ES:APLO:2011:261A], en cuyo caso únicamente esgrime el Tribunal que no constituye ninguna invasión corporal

dencial que analiza con profundidad el consentimiento de las personas sometidas al semidesnudo que sí lo legitima. Convirtiéndose éste, en un conducto firme y sólido que instrumentalizaría su validez[252].

En similares premisas se ha pronunciado la jurisprudencia constitucional, dado que debe recordarse que el derecho a la intimidad no es un derecho absoluto. De modo que puede ceder ante intereses constitucionalmente relevantes, siempre que "exista un consentimiento eficaz que lo autorice, pues corresponde a cada persona acotar el ámbito de intimidad personal y familiar que reserva al conocimiento ajeno"[253]; o dicho de otro modo, "el consentimiento, además, puede actuar como fuente legitimadora del acto de injerencia"[254]. Incluso de forma específica, en las motivaciones de una sentencia del Tribunal Supremo, con motivo de las sospechas que la Guardia Civil tenía sobre un sujeto que se dedicaba al tráfico de drogas, y al que habían observado que, en la silueta que comprendía

---

en la intervención de droga del interior de los calzoncillos; la SAP de Murcia, 176/2017, de 2 de mayo, [ECLI:ES:APMU:2017:1010], esboza únicamente la justificación de encontrar droga entre los calzoncillos del encartado, porque en un parquing que habitualmente se trafica con droga, vieron salir a un vehículo al percatarse de la presencia policial, el vehículo giró sospechosamente; y la STS 503/2013, de 19 de junio, [ECLI:ES:TS:2013:3275], esgrimiendo escasamente, que se efectuó un cacheo en el interior del vehículo policial, donde fue descubierto dentro del pantalón, de los calzoncillos y en la zona de los genitales, una sustancia prohibida.

252 En esta línea se manifiesta DUART ALBIOL, J.J., *op. cit.*, p. 258.

253 F4º de la STS 1133/2010, de 21 de diciembre, [ECLI:ES:TS:2010:7312], en cuyo texto cita las diferentes sentencias constitucionales que se postulan en este sentido; SSTC 234/1997, de 18 de diciembre (FJ9º), 70/2002, de 3 de abril (F10º), 25/2005, de 14 de febrero (FJ6º) y 110/1984, de 26 de noviembre (FJ5º).

254 Ibídem.

su zona genital, llevaba ocultas unas bolsas de plástico, se argumentó que "nada impide que, dadas las circunstancias, un ciudadano que se encuentra en situación de libertad consienta voluntaria y libremente en la realización de un registro corporal con desnudo integral, sin necesidad de esperar la autorización judicial"[255]. Y prueba de ello lo podemos constatar en las distintas resoluciones donde se describen diversas formas de percibir un consentimiento como, por ejemplo, el hecho de que el propio acusado extraiga la sustancia estupefaciente que ocultaba en la ropa interior[256], o más concretamente en la zona anal[257] sin que fuera necesario que se quitara o se bajase íntegramente aquéllos; desabrocharse voluntariamente los pantalones[258]; o realizar un registro que no implicó un desnudo integral sin coacción ni amenazas tras varias advertencias de los agentes, y cuyo resultado fue la entrega espontánea de unas bolsitas con droga[259].

En otro orden de cosas, somos de la opinión de no otorgar a las FCS la facultad de doblegar la voluntad de las personas sometidas al desnudo parcial en virtud del artículo 20.4 de la LOPSC, sin que medie el consentimiento, puesto que, como se ha indicado anteriormente, esto afecta a la dignidad e intimidad corporal de la persona. Es por ello que, ante el vacío legal, la jurisprudencia se convierte en el mejor medio para indicarnos y auxiliarnos en la adecuación de los criterios de actuación respecto a esta figura, de modo que, en atención a las circunstancias concurrentes, lo más correcto ante una negativa de esta naturaleza "hubiera sido primero detenerlo, instruirle

---

255 FJ2º de la STS 941/2012, de 29 de noviembre, [ECLI:ES:TS:2012:7979].

256 FJ1º de la STS 473/2005, de 14 de abril, [ECLI:ES:TS:2005:2299].

257 FJ ÚNICO de la STS 1393/2002, de 24 de julio, [ECLI:ES:TS:2002:5669].

258 ATS 1554/2003, de 26 de septiembre, [ECLI:ES:TS:2003:9626A].

259 FJ ÚNICO de la ATS 1474/2005, de 28 de junio, [ECLI:ES:TS:2005:8428A].

de sus derechos, ponerlo bajo custodia para evitar que se desprendiera de la sustancia que presumiblemente portaba y dar cuenta a la autoridad judicial para que proveyera lo oportuno sobre el cacheo"[260].

No obstante lo anterior, debemos advertir que una intervención policial en la vía pública, cuando el consentimiento del sujeto pudiera estar fuertemente desvirtuado por el hecho de que, de algún modo, éste se viera compelido a obedecer las indicaciones de los agentes, y que las mismas hubieran sido realizadas de forma caprichosa, aleatoria o arbitraria, adoleciendo de la correspondiente falta de indicios racionales tal y como exige dicha disposición, puede constituir un delito contra la integridad moral o de detención ilegal en atención a nuestro texto punitivo[261], aun habiendo sido consentidas por el propio sometido[262].

---

260 FJ2° de la SAP de Melilla, 24/2008, de 21 de mayo, [ECLI:ES:APML:2008:107]. En un mismo sentido, y ante la constatación de la ocultación de un envoltorio en los genitales se pronuncia la STS 941/2012, de 29 de noviembre, [ECLI:ES:TS:2012:7979].

261 En este sentido se pronuncia la STS 677/2009, de 16 de junio, [ECLI:ES:TS:2009:4471], en cuyos hechos fácticos relata que la Guardia Civil somete a un individuo a un desnudo integral durante 10 minutos, sin que concurran indicios o sospechas para dicho sometimiento.

262 SAP de Barcelona, 506/2015, de 25 de junio, [ECLI:ES:APB:2015:7726], donde se prueba que por motivo de una infracción de tráfico por no llevar el cinturón de seguridad, tras identificar a los ocupantes del vehículo, solicitaron que se desnudara en el vehículo policial a uno de sus ocupantes. No aceptó desnudarse en el interior del vehículo policial, pero sin embargo aceptó realizarlo en dependencias policiales. Aun así el fallo condenó a los Guardia Civiles que practicaron dicha diligencia corporal.

IV. LEGITIMIDAD EN LA MOTIVACIÓN: EL INDICIO RACIONAL

El redactor de la LOPSC 4/2015, en su artículo 20, ha regulado la diligencia de los "registros corporales externos" haciéndose eco de la férrea línea jurisprudencial ya existente respecto a la antigua LOPSC 1/1992, con el objetivo de evitar cualquier intervención caprichosa, aleatoria o arbitraria[263]. Véase en este sentido el apartado 1 del referido artículo de la Ley Orgánica 4/2015, cuyo tenor literal expresa que "podrá practicarse el registro corporal externo y superficial de la persona cuando existan indicios racionales para suponer (...)".

Para justificar los cacheos y los semidesnudos, el legislador ha utilizado la locución "indicios racionales", expresión ésta, que dista considerablemente del significado del término de "sospecha", que, sin embargo, es aceptada por la jurisprudencia (junto a los indicios racionales) para amparar legalmente la práctica de los cacheos. No es baladí destacar, que parte de la doctrina científica[264] ha confundido ambas locuciones cuando

---

263 A modo de ejemplo, señalamos algunos tratadistas que se han pronunciado con la práctica del cacheo: ALONSO PÉREZ, F. (coord.), *Manual del policía*, Madrid, La Ley, 2004, p. 3, y de una forma similar con el cacheo se pronuncia LOMBARDERO EXPOSITO, L.M., "Conflicto entre derechos fundamentales e investigación policial: el caso del cacheo", *Revista de Estudios Jurídicos*, Universidad de Jaén, núm. 12, 2012, pp. 55-62, y GUILLÉN ÁLVAREZ, I., *op. cit.*, p. 16.

264 NIEVA FENOLL, J., "La protección de derechos fundamentales en las diligencias policiales de investigación del proceso penal", *La Ley Penal, núm. 50, 2008, p. 18, GÓMARA HERNÁNDEZ, J.L. y AGORRETA RUIZ, D., op. cit., p. 490* y ALONSO PÉREZ, F. (coord.), *op. cit.*, p. 3, incluso en el análisis de la expresión "indicios racionales" que aduce el artículo 16.1 de la LOPSC 4/2015 que versa sobre las identificaciones se pronuncia DÍAZ ARIAS, A., "Documentación e identificación personal. Identificación de personas (Capítulo III)", *Jornadas de for-*

son nombradas en sus trabajos de investigación. Sin embargo, a nuestro modo de ver, esto se debe a la existencia de una diferencia evidente con respecto al sentido jurídico, como veremos a continuación. Incluso DÍAZ CABIALE advierte, que tanto la prevención[265] como el caso de los indicios, son conceptos jurídicos indeterminados, calificándolos de vagos e imprecisos[266].

Dicho lo cual, la palabra sospecha contiene una valoración de carácter subjetivo[267], que se supone que, desde el punto de vista probatorio, se halla en un escalón inferior al indicio. De modo que incluso podemos utilizar varias circunstancias concurrentes que, convertidas en sospecha y sumadas entre sí, se conviertan en un indicio. La sospecha, por tanto, implica una circunstancia cargada de conjeturas o suposiciones, es decir, y como viene a decir el Tribunal Constitucional: "son datos de los que se desprenden visos o apariencias más o menos acusadoras de que una persona ha podido cometer un delito, pero que no constituyen una base suficientemente firme para que de ellas pueda inferirse razonablemente la culpabilidad del acusado, y

---

mación de formadores sobre la nueva Ley Orgánica 4/2015, de Protección de la Seguridad Ciudadana, Madrid, 2015, p. 16, también lo hace GUILLÉN ÁLVAREZ, Í., *op. cit.*, p. 7, y GARCÍA ALONSO, D., "Intervención policial en seguridad y protección ciudadana", Área de derecho penal, Universidad Pública de Extremadura, 2016, p. 11.

265 Mayor profundidad esgrime el tratadista RUIZ RODRÍGUEZ, L.R., el cual indica que tanto la prevención como la indagación e investigación que expresa dicho artículo, "resulta un exceso absoluto por permitir intromisiones en los espacios de la libertad e intimidad de los ciudadanos" (*op. cit.*, 135).

266 DÍAZ CABIALE, J.A., "Cacheos superficiales, intervenciones corporales y el cuerpo humano como objetivo de recogida de muestras para análisis periciales (adn, sangre, etc.), medidas restrictivas de derechos fundamentales, *Cuadernos de derecho judicial*, nº12, 1996, p. 142.

267 LOMBARDERO EXPOSITO, L.M., *op. cit.*, pp. 23 y 24.

no suponen, por tanto, una prueba de cargo capaz de desvirtuar la presunción de inocencia consagrada por la CE"[268].

A modo ilustrativo, algunos hechos fácticos que tienen relación con el término de la citada sospecha en relación a la práctica de la diligencia del cacheo son: la realización de movimientos inhabituales como agacharse o esconderse[269]; la manifestación de un estado de nerviosismo impropio durante una identificación policial[270]; la identificación de personas en zonas donde habitualmente se trafica con droga[271].

Además, la constatación de algunos fallos que enjuician hechos en aplicación a la nueva regulación de la LOPSC, nos lleva a deducir que los Tribunales seguirán esta misma línea jurisprudencial, de modo que puede generar una evidente controversia en el foro policial —como veremos a continuación con el semidesnudo— dado que los fallos judiciales han ido modelando a lo largo del tiempo ambos términos, llegando a una notable laxitud que ha hecho que ambos sean aparentemente similares. A modo de ejemplo, se ha justificado el cacheo en la LOPSC 4/2015 sobre el hecho de que un sujeto tuviera una actitud huidiza[272], o, incluso, por encontrarse escondido y no dar explicaciones coherentes respecto a su presencia en el lugar de los hechos, durante el curso de una investigación de violencia de género[273]. Acciones todas éstas, con evidentes datos subjetivos, que pueden derivar en la discrecionalidad de la función policial con respecto al tema que nos ocupa.

---

268 STC 174/1985, de 17 de diciembre (FJ5º).

269 SAP de Barcelona, 161/2014, de 24 de febrero, [ECLI:ES:APB:2014:1917].

270 ATS 951/2018, de 5 de julio, [ECLI:ES:TS:2018:8468A], entre otras tantas.

271 SAP de Madrid, 242/1999, de 5 de junio, [ECLI: ES:APM:1999:7850].

272 SAP de Madrid, 101/2018, de 7 de febrero, [ECLI:ES:APM:2018:1678].

273 SAP de Vitoria, 153/2018, de 9 de mayo, [ECLI:ES:APVI:2018:457].

Sin embargo, el indicio se puede definir como "aquella prueba de cargo, apta para destruir la presunción de inocencia"[274]; es decir, la consideración de restringir derechos fundamentales con motivo de la aportación fehaciente de datos objetivos como resultado de un razonamiento obtenido a partir de una base fáctica suficiente. En tal sentido, tanto el Consell de Garanties Estatutàries de Catalunya[275], como también el Tribunal Constitucional, distingue sin tapujos ambos términos de la siguiente manera: "para trazar la distinción entre uno y otro supuesto, es decir, entre la existencia de una verdadera prueba indiciaria capaz de desvirtuar la presunción de inocencia, y la presencia de simples sospechas, conviene recordar los criterios usualmente aceptados sobre la cuestión. Una prueba indiciaria ha de partir de unos hechos (indicios) plenamente probados, pues no cabe evidentemente construir certezas sobre la base de simples probabilidades. De esos hechos que constituyen los indicios debe llegarse a través de un proceso mental razonado y acorde con las reglas del criterio humano a considerar probados los hechos constitutivos de delito"[276].

Trasladados dichos aspectos *infra* al tema que nos ocupa —dado que lo consideramos transcendental para colegir conclusiones sobre el semidesnudo—, debemos considerar lo que ha dirimido tanto la jurisprudencia, como la doctrina científica, en el análisis de esta justificación racional reseñada ex artículo 20.2b).

---

[274] FERNÁNDEZ MARTÍNEZ, J.M., (coord.), *Diccionario jurídico*, Navarra, Aranzadi, 2004, p. 653.

[275] Consell de Garanties Estatutàries de Catalunya, *op. cit.*, p. 32.

[276] STC 174/1985, de 17 de diciembre (FJ6°). De igual modo la STC 2179/2002, de 23 de diciembre, ha soslayado una forma de obtener los llamados "indicios racionales" en la participación de la comisión de un delito. Nos estamos refiriendo a los criterios de lógica: concernientes a la deducción de las FCS en la existencia de un indicio determinante para creer que se ha cometido un hecho delictivo.

Advertimos que, hasta la fecha, no existe ninguna sentencia que dilucide sobre el artículo 20.2b) de la LOPSC 4/2015; aun así, tendremos en consideración la postura asentada por los Tribunales en el análisis de la anterior regulación. A pesar de esta vicisitud, los fallos se inclinan a aceptar, como justificación racional para llevar a cabo el semidesnudo sobre un sujeto pasivo, la concurrencia de simples sospechas. Y a modo ilustrativo, vamos a señalar algunos supuestos al respecto: las sospechas suscitadas sobre alguien que pueda portar droga en el interior de sus calzoncillos por el simple hecho, por ejemplo, de la propia actitud del sujeto que, cuando saca algo del pantalón, se encuentre en actitud vigilante por acercársele la gente[277]; o por el nerviosismo del ocupante de un vehículo sin causas aparentes[278]; o por la realización de un giro inesperado de un vehículo tras haberse percatado el conductor de la presencia de agentes policiales[279]; o por el hallazgo de una papelina en la cartera del encartado durante un control rutinario, que haga sospechar a alguno de los agentes de que el acusado porte algo ilícito en el interior de su ropa, y que finalmente entregue voluntariamente. Sobre este último ejemplo un Tribunal razonó, sin ir más lejos, que "aún en el supuesto de que hubiera sido registrado (refiriéndose al semidesnudo) por los agentes, tal

---

277 STS 156/2013, de 7 de marzo, [ECLI:ES:TS:2013:919]. Indica la citada sentencia que la droga se hallaba oculta en el interior de su ropa interior (pantalón) distribuida en varias bolsas, concluyendo que la actuación policial fue proporcionada y ajustada a la circunstancias del hecho delictivo, respetando la intimidad del acusado.

278 SAP de Barcelona, 161/2014, de 24 de febrero, [ECLI:ES:APB:2014:1917]. Expresa el fallo (FJ1°), que según la experiencia policial les infundo sospechas ante la actitud de nerviosismo, y se le halló la sustancia escondida en sus calzoncillos.

279 SAP de Murcia, 176/2017, de 2 de mayo, [ECLI:ES:APMU:2017:1010].

actuación estaría amparada por la Ley de Seguridad Ciudadana, como cacheo del detenido (...)"[280].

Como podemos comprobar, existe un acopio de fallos que confirman la justificación del registro en el interior de los calzoncillos, sobre la única base motivadora de disponer aspectos meramente subjetivos. Aun así, para que la práctica del cacheo de esta naturaleza quede legitimada en el nuevo texto de la actual LOPSC, será necesario que se constaten ciertos indicios racionales, dado que el semidesnudo, con respecto al cacheo, conlleva un nivel de afectación superior al derecho a la intimidad, como es la propia intimidad corporal, y es por ello que vemos necesario que se determine dicha práctica con datos razonablemente más objetivos.

El argumento que acabamos de colegir está sustentado, asimismo, por el Magistrado OTAMENDI ZOZAYA, cuando realiza el estudio de su monografía sobre los semidesnudos acotado en el artículo 20.2b) de la LOPSC 4/2015, aduciendo que "los registros o cacheos sólo podrán realizarse cuando existan indicios racionales (no meras sospechas subjetivas del agente)"[281]. Pero aún es más contundente el

---

280 FJ 1°, de la STS 473/2005, de 14 de abril, [ECLI:ES:TS:2005:2299]. También citamos la SAP de Barcelona, 132/2012, de 5 de diciembre, [ECLI:ES:APB:2012:13715], esgrimiendo que la Guardia Urbana de Barcelona encontró guardadas en la zona de los genitales y de sus calcetines droga, sin tener evidencias más palpables que las que se sospechen de que ha realizado una transacción de droga; la SAP de Barcelona, 1014/2014, de 18 de diciembre, [ECLI:ES:APB:2014:13501], donde las sospechas se fundamentan en la aceleración brusca del automóvil ante la presencia policial, para evitar ser interceptados.

281 OTAMENDI ZOZAYA, F., *op. cit.*, p. 78. Es de interés subraya también lo que nuestro autor DÍAZ CABIALE, J.A., *op. cit.*, p. 142, al referirse sobre la práctica del cacheo llevada a cabo en la antigua

Dictamen emitido por el Consell de Garanties Estatutàries de Catalunya al dilucidar sobre el tema que nos ocupa. El mismo arguye que los indicios racionales "deben proporcionar una base real de la que se pueda inferir que se ha perpetrado un delito o que se perpetrará. Por lo tanto, no pueden basarse en valoraciones globales de la persona o en circunstancias anímicas ni en meras hipótesis subjetivas, sino que consisten en buenas razones o fuertes presunciones que las infracciones están a punto de cometerse"[282].

Para mayor abundamiento conviene traer a colación los argumentos de la jurisprudencia referidos a la práctica de los desnudos integrales realizados a aquellas personas a las que no se les ha privado de su libertad, durante el transcurso de las labores propias de indagación y prevención del delito por parte de los miembros de las FCS. Según estos argumentos, se exige como imprescindible la constatación de unas pruebas objetivas y con un grado razonable de determinación para cerciorarse de que, incluso, el desnudo va a arrojar algún tipo de resultado[283]. A modo ilustrativo, imaginemos el caso de unos agentes de la autoridad que, durante el ejercicio de sus funciones, observaren, sin lugar a dudas,

---

regulación de la LOPSC, expresa que no puede llevarse a cabo por meras conjeturas o sospechas, sino más bien por la concurrencia de indicios racionales para su legítima práctica.

282 Consell de Garanties Estatutàries de Catalunya, *op. cit.*, p. 30. Este argumento que se encuentra en la página 30 (cuando lleva a colación el artículo 17 y 18 de la LOPSC, lo menciona como llevar al mismo extremo en su página 45, cuando dilucida sobre el artículo 20.2b).

283 La STS 941/2012, de 29 de noviembre, [ECLI:ES:TS:2012:7979], la STS 677/2009, de 16 de junio, [ECLI:ES:TS:2009:4471] y la SAP de Barcelona, 506/2015, de 25 de junio, [ECLI:ES:APB:2015:7726], confirmada ésta última, por el Auto del TS 682/2016, de 31 de marzo, [ECLI:ES:TS:2016:3906A].

el modo en que un individuo se esconde en el interior de su ropa un objeto, efecto o droga; en este supuesto, evidentemente, se excluiría todo tipo de conjeturas al respecto.

V. EXISTENCIA DE UN INTERÉS O EXIGENCIA PÚBLICA QUE JUSTIFIQUE LA INTERVENCIÓN

Conviene traer a colación que las conductas o efectos ilícitos habilitan a cualquier agente policial a someter a un sujeto a un desnudo parcial con el fin de intervenirlos, como medida coercitiva del Estado, dado que del tenor literal del artículo 20 expresa: que es susceptible el desnudo parcial de lo que "puede conducir al hallazgo de instrumentos, efectos u otros objetos relevantes para el ejercicio de las funciones de indagación y prevención". Por todo lo cual, entendemos que dicha locución puede llevarnos a una interpretación vaga e imprecisa, y, consecuentemente, podría provocar una importante discrecionalidad en las actuaciones propias que les son encomendadas a las FCS, en cuanto que existe una categoría amplísima de objetos que no se especifican taxativamente en dicha norma y podría configurarse como un auténtico cajón de sastre. Nos estamos refiriendo al aspecto formal, tanto por su naturaleza o peligrosidad[284], como por su finalidad[285].

---

284 En parecidos términos se pronuncia el Consell de Garanties Estatutàries de Catalunya, en cuyos argumentos exige para la práctica del desnudo parcial: que las intervenciones sean excepcionales y se puedan llevar a cabo de forma individualizada (*op. cit.*, pp. 47 y 48).

285 RUIZ RODRÍGUEZ, L.R., "El papel de la seguridad en la ciencia penal: de la categoría científica a la condición de guía de loa política criminal", *Cuadernos de Política Criminal*, núm. 124, 2018, p. 135.

En cualquier caso, esta problemática prolifera aún más si comprobamos lo que también reseña el artículo 19.2 de la LOPSC (precepto insertado bajo la rúbrica "disposiciones comunes de las diligencias de identificación, registro y comprobación") en cuanto a la facultad concedida a las FCS para la aprehensión de drogas, armas u otros efectos procedentes de un delito o infracción administrativa. En virtud de ello, nos cuestionamos si es posible someter al desnudo parcial a aquellos ciudadanos que no estén privados de libertad, en aras de perseguir e investigar infracciones penales, o aquellas otras de rango menor como son las infracciones administrativas. Como no existen fallos judiciales que, hasta la fecha, se hayan pronunciado sobre ello teniendo la nueva LOPSC 4/2015 como referencia, hemos de estudiar cuidadosamente la argumentación esgrimida en el conjunto de sentencias de los Tribunales que, sobre la base de la regulación anterior, constituyen un precedente a la hora de clarificar los requisitos necesarios para su debida legitimación.

De acuerdo con esta vicisitud jurídica, podemos confirmar la existencia de una abultada jurisprudencia que se ha pronunciado respecto a la legitimidad de esta modalidad de cacheo, cuando se realice durante el transcurso de investigaciones o evidencias delictivas relevantes para un proceso penal. Por su perspicuidad, nos resulta interesante destacar las valoraciones jurídicas insertadas en el fundamento jurídico primero de la Audiencia Provincial de Barcelona, en referencia, a los hechos acaecidos que motivaron el enjuiciamiento de unos agentes de la Policía Local de Rubí por un delito contra la integridad moral, con motivo de que los mismos, de forma aleatoria, habían decidido someter a un desnudo integral a una persona en el interior del vehículo policial. Dicho lo cual, arguye el Tribunal que "su realización (el desnudo integral) solamente vendría justificada en el seno de investigaciones delictivas, y ante evidencias serias de que se trata de registros que han de arrojar algún tipo de resultado en el curso de investigaciones abiertas, porque abriguen sospechas fundadas de que el sometido al registro oculte elementos relacionados con el delito en zonas corporales íntimas a las que no es posible acceder sin esa modalidad de registro"[286].

En cualquier caso, y como se ha tenido ocasión de comprobar por todo lo expuesto, consideramos un atropello a los derechos fundamentales del sometido, la realización de un desnudo parcial en atención al artículo 20.2b) cuando su pretensión sea la mera persecución de infracciones administrativas, sea de la naturaleza que fuere, habida cuenta de que el objeto de sancionar aquellas conductas ilícitas, debe revestir un interés público propio de una investigación de un delito, es decir, que esté considerada de especial gravedad.

No obstante, apreciamos su legitimidad, cuando el reconocimiento de las intervenciones corporales sea especialmente leve, es decir, cuando el sometido se desprenda de su ropa dejando solamente a la vista de los agentes aquellas partes del cuerpo que no sean las íntimas.

---

286 FJ1° de la SAP de Barcelona, 506/2015, de 25 de junio, [ECLI:ES:APB:2015:7726] confirmada por el Auto del TS 682/2016, de 31 de marzo, [ECLI:ES:TS:2016:3906A]. Por hechos similares, pero en este supuesto de hecho, el sujeto activo es la Guardia Civil (STS 677/2009, de 16 de junio, [ECLI:ES:TS:2009:4471]). También, en un mismo sentido se pronuncia el ATS 1554/2003, de 26 de septiembre, [ECLI:ES:TS:2003:9626A], y la STS 156/2013, de 7 de marzo, [ECLI:ES: TS:2013:919]. La SAP de Barcelona, 132/2012, de 5 de diciembre, [ECLI:ES:APB:2012:13715], esgrime que en el transcurso de quitarle una camiseta y bajarse los pantalones, conlleva la obligación y exigencia de sospecha por un delito, y el ATS 1474/2005, de 28 de junio, [ECLI:ES: TS:2005:8428A], en cuyos argumentos esgrime que resulta proporcional la medida de desnudo en atención a la gravedad del delito que se persigue.

VI. CONCLUSIONES

La expresión "dejar a la vista partes del cuerpo que normalmente están cubiertas por ropa", ha dejado de manifiesto que esta práctica chocará frontalmente con lo dictado por el Tribunal Constitucional si ésta se realizase sobre aquellas partes íntimas de los individuos, dado que opera el derecho a la intimidad corporal. En este sentido, y dado su reciente aprobación, carecemos actualmente de una interpretación jurídica consolidada al respecto, como consecuencia del escaso pronunciamiento de la doctrina jurisprudencial en virtud del citado precepto, y, lo cual, puede generar actuaciones excesivamente discrecionales o arbitrarias por parte de miembros de las FCS.

Por su parte, no se atisba razón alguna para considerar ilegítimo el hecho de dejar al descubierto aquellas partes no pudientes del cuerpo, como, por ejemplo, al levantar una camiseta, desprender unos calcetines o unos zapatos, pero siempre y cuando, eso sí, concurran los requisitos preceptivos que exige dicho articulado con respecto al registro corporal externo o cacheo. Sin embargo, cuando se deje a la vista otras partes más recónditas del cuerpo humano que afecte al sentimiento del pudor o recato personal del afectado por esta medida, nos encontraremos ante una conculcación del derecho a la intimidad corporal, tal y como ya ha manifestado, en más de una ocasión, el Tribunal Constitucional. En cualquier caso, el desnudo parcial no debe reputarse como un desnudo integral, si el registro se realiza únicamente sobre ciertas partes del cuerpo normalmente cubiertas por la ropa, y no sobre la totalidad corporal.

Conforme a los argumentos aportados por la doctrina jurisprudencial anterior a la ley en comento, se han legitimado infinidad de actuaciones policiales que, por supuesto, habrían respetado ciertos requisitos de actuación, y que nos servirán para justificar en rigor en atención a esta nueva tipificación normativa siendo los siguientes:

El respeto al principio constitucional de la dignidad que implica, en primer lugar, la imposibilidad de instrumentalizar y cosificar al sujeto en cuestión; y, en segundo término, el importante papel que juega el propio consentimiento de las personas, como la capacidad de autodeterminación de la propia conducta. A la luz de la jurisprudencia con respecto a los desnudos integrales sobre los sujetos que no se encuentren privados de libertad, creemos dable sostener su legitimación cuando el consentimiento del sometido sea libre y voluntario.

La anticipación subjetiva a un riesgo o peligro, no puede ni debe ser, de ningún modo, la regla general que motive las intervenciones policiales de esta naturaleza, por lo que será necesaria la concurrencia de "indicios racionales" que justifiquen dichas actuaciones. Asimismo, opinamos que resultan absolutamente inadmisibles las meras sospechas para llevarlas a cabo; de modo que habría de constatarse ciertas pruebas objetivas y disfrutar de un grado razonable de determinación de que se obtendrá algún tipo de resultado. Cuando se trate de la intervención de aquellos efectos, objetos, instrumentos o drogas durante el transcurso de una investigación relevante para el proceso penal, su práctica estará legitimada; sin embargo, carecerá de amparo legal todo aquel registro que afecte a las partes más íntimas del afectado, cuando el fin perseguido no sea otro que el de sancionar una simple infracción administrativa.

Habrá que velar, en todo momento, por el necesario respeto al principio de proporcionalidad, como pauta de equilibrio entre los beneficios que, para el bien común, pudieren obtenerse con el procedimiento del desnudo parcial y los posibles perjuicios causados al ciudadano en concreto.

Es por ello, que sugerimos encarecidamente la elaboración de al menos una norma de rango administrativo de entidad menor, o una instrucción, que sirva a los agentes de la Autoridad como protocolo de actuación. Ante esta vicisitud, y al objeto de dilucidar sobre los requisitos mínimos exigibles para que una actuación policial se ajuste adecuadamente a derecho, nos hemos hecho eco de la abundante jurisprudencia que, al respecto, ha habido antes de la aprobación de la actual LOPSC.

VII. BIBLIOGRAFÍA

ALONSO PÉREZ, F. (coord.).: *Manual del policía*, Madrid, La Ley, 2004.

AZAOLA CALDERÓN, L.: "Las intervenciones corporales, un análisis comparativo entre México y España", *Revista del centro de investigación jurídicas de la Facultad de Derecho de Monterrey*, Facultad Libre de Derecho de Monterrey de México, 5, 2010, pp. 33-52.

BILBAO UBILLOS, J.M.: "La llamada ley mordaza: Ley Orgánica 4/2015 de Protección de la Seguridad Ciudadana", *UNED-Teoría y Realidad Constitucional*, 36, 2015, pp. 217-260.

CABEZUELO ARENAS, A.L.: *Derecho a la intimidad*, Valencia, Tirant Lo Blanch, 1998.

CANO CAMPOS, T.: "Prevenir y cachear: los registros corporales externos", en IZQUIERDO CARRASCO, M., Y ALARCÓN SOTOMAYOR, L. (Dir.) Estudios sobre la Ley Orgánica de Seguridad Ciudadana, Pamplona, Ed. Aranzadi, 2019 [En línea] (18/01/2020).

DÍAZ ARIAS, A.: "Documentación e identificación personal. Identificación de personas (Capítulo III)", *Jornadas de formación de formadores sobre la nueva Ley Orgánica 4/2015, de Protección de la Seguridad Ciudadana*, Madrid, 2015.

DÍAZ CABIALE, J.A.: "Cacheos superficiales, intervenciones corporales y el cuerpo humano como objetivo de recogida de muestras para análisis periciales (adn, sangre, etc.), medidas restrictivas de derechos fundamentales, *Cuadernos de derecho judicial*, 12, 1996, pp. 67-196.

DÍAZ REVORIO, F.J.: *Estudios sobre los derechos y sus garantías en el sistema constitucional español y en Europa*, México, Comisión de los Derechos Humanos, 2015, p. 183. Disponible en http://derechoydebate.com/admin/uploads/579926070cf5b-francisco-javier-diaz-revorio-estudios-sobre-los-derechos.pdf.

DUART ALBIOL, J.J.: "Inspecciones, registros e intervenciones corporales en el ámbito del proceso penal", Tesis Doctoral inédita, en CACHÓN CÁDENAS, M.J., (dir.), Universitat Autónoma de Barcelona, 2014.

FERNÁNDEZ ACEBO, M.D.: "La tutela de los derechos fundamentales a la intimidad e integridad física frente a la actuación de los poderes públicos sobre el cuerpo humano. Una perspectiva constitucional sobre las intervenciones corporales y otras diligencias de investigación", Tesis Doctoral inédita, en GARCÍA VELÁZQUEZ, S. (dir.), Universidad de A Coruña, 2013.

FERNÁNDEZ MARTÍNEZ, J.M., (coord.), *Diccionario jurídico,* Navarra, Aranzadi, 2004.

GARCÍA ALONSO, D.: "Intervención policial en seguridad y protección ciudadana", Área de derecho penal, Universidad Pública de Extremadura, 2016.

GARCÍA VILA, M.: "Los cacheos: delimitaciones y clases", *Actualidad Penal La Ley,* Tomo 1, 2000.

GÓMARA HERNÁNDEZ, J.L. y AGORRETA RUIZ, D.: *Prontuario de Seguridad Pública e intervención policial,* Pamplona, Dapp publicaciones jurídicas, Pamplona, 2007.

GÓNZALEZ I JIMÉNEZ, A.: *Las diligencias policiales y su valor probatorio,* Barcelona, Bosch, Barcelona, 2014.

GUILLÉN ÁLVAREZ, I.: "Estudio y análisis jurídico de la nueva Ley Orgánica 4/2015, de protección de la seguridad ciudadana", *Diario la Ley,* 8633, 2015.

LOMBARDERO EXPOSITO, L.M.: "Conflicto entre derechos fundamentales e investigación policial: el caso del cacheo", *Revista de Estudios Jurídicos,* Universidad de Jaén, 12, 2012.

MONTERO RIVAS J.: *Seguridad ciudadana y derechos fundamentales: Luces y sombras de la Ley Orgánica 4/2015,* Trabajo fin de Grado inédito, en Guerrero Colmenares, Marthelena (dir.), Universidad del País Vasco, 2016.

NARANJO DE LA CRUZ, R.: "Derechos fundamentales", en AGUDO ZAMORA, M., et. al., *Manual de Derecho Constitucional,* 8° Ed., Madrid, Tecnos, 2017.

NIEVA FENOLL, J.: "La protección de derechos fundamentales en las diligencias policiales de investigación del proceso penal", *La Ley Penal,* 50, 2008.

OTAMENDI ZOZAYA, F.: *La nueva Ley Orgánica 4/2015, de Protección de la Seguridad Ciudadana: Una visión práctica*, Pamplona, AMAL, 2015.

PÉREZ ROYO, J.: "Los derechos constitutivos de la personalidad", *Curso de derecho Constitucional,* 15º Ed., Madrid, Marcial Pons, 2016.

PRESNO LINERA, M.A.: "La expansión del derecho administrativo sancionador securitario (análisis constitucional de la Ley Orgánica para la protección de la seguridad ciudadana)" en USCANGA BARRADAS, A., y FERNÁNDEZ SUÁREZ, J. (dirs.), *Derechos y Obligaciones en el Estado de Derecho: Actas del III Coloquio binacional México-España, Departamento de Ciencias Jurídicas Básicas de la Universidad de Oviedo,* 2017, pp. 583-605.

RUIZ RODRÍGUEZ, L.R.: "El papel de la seguridad en la ciencia penal: de la categoría científica a la condición de guía de loa política criminal", *Cuadernos de Política Criminal*, Época II, 124, 2018, pp. 109-144.

SÁNCHEZ GONZÁLEZ, S. (coord.).: *Dogmática y práctica de los derechos fundamentales*, Valencia, Tirant Lo Blanch, 2006.

SUÁREZ LÓPEZ, J.J.: "Propuesta alternativa del grupo de estudios de política criminal sobre el uso de la fuerza; 1ª parte. Actuaciones policiales preventivas", *Cuadernos de Política Criminal*, Época II, 105, 2011, pp. 337-358.

TORO LUCENA, O. A.: "Intervenciones corporales y derechos fundamentales; límites", *Criterio Jurídico Garantista*, 2(3), 2010, pp. 188-199.

LA NUEVA AGRAVANTE POR RAZÓN DE GÉNERO: ¿ERA REALMENTE NECESARIA?

ROCÍO GUTIÉRREZ GALLARDO
Letrada sustituta de la Administración de Justicia
Socia FICP
España

Resumen.- La reforma del Código Penal operada por la Ley Orgánica 1/2015 de 30 de marzo, supone, entre otras modificaciones, la introducción en el artículo 22. 4ª CP de una nueva agravante, la comisión del delito por razón de género, a pesar de que antes de la reforma, ya existía la agravante de la comisión del delito por razón de sexo y por la orientación o identidad sexual de la víctima. ¿Qué diferencia existe entre la agravante por razón de género y la agravante por razón de sexo?, ¿y entre ambas y la agravante por razón de la orientación o identidad sexual?, ¿cuál es el límite entre una y otra?

En el presente artículo, analizaremos si realmente era necesaria la introducción de esta nueva agravante para dar solución al problema de la violencia de género, como justifica el legislador, o si estamos ante una medida puramente populista.

I. LA LEY ORGÁNICA 1/2004, DE 28 DE DICIEMBRE, DE MEDIDAS DE PROTECCIÓN INTEGRAL CONTRA LA VIOLENCIA DE GÉNERO

Establece su Exposición de Motivos, que la violencia de género "se manifiesta como el símbolo más brutal de desigualdad existente en nuestra sociedad. Se trata de una violencia que se dirige sobre las mujeres por el hecho mismo de serlo, por ser consideradas por sus agresores, carentes de los derechos mínimos de libertad, respeto y capacidad de decisión[287]".

Se trata de una violencia que se dirige sobre las mujeres por el hecho mismo de serlo. El fundamento material de la regulación singular de la violencia de género, reside en un peligro implícito derivado de la propia naturaleza de la relación entre autor y víctima. El Derecho penal parte del reconocimiento de que la mujer, por su condición de tal y en virtud de la radical desigualdad en el reparto de roles sociales, se encuentra particularmente expuesta a sufrir ataques violentos a manos de su pareja masculina.

Eso no significa negar la posibilidad de que el varón también pueda sufrir agresiones de su cónyuge o conviviente, La diferencia reside en que, en el caso de la mujer, a ese riesgo se suma el peligro derivado de su propia condición femenina, un riesgo que tiene su origen en la radical injusticia en el citado reparto de soles sociales que las coloca, como colectivo o "género", en una posición subordinada y dependiente del varón[288].

El concepto normativo de violencia de género descansa en un elemento personal, otro objetivo y uno final, subjetivo[289]. El elemento personal es que el agresor sea hombre y la víctima mujer, existiendo o habiendo existido entre ambos un vínculo

---

287 Ley orgánica 1/2014 de 28 de diciembre de Medidas de protección integral contra la violencia de género. Exposición de Motivos.

288 RAMÓN RIBAS, E. *Los delitos de violencia de género según la Jurisprudencia actual. Estudios Penales y Criminológicos*, Vol. XXXIII (2013), p. 404.

289 SUBIJANA ZUNZUNEGUI, I.J. La igualdad y la violencia de género en el orden jurisdiccional penal. Hacia una estrategia actuarial en el tratamiento punitivo de la violencia del hombre sobre la mujer en la relación de pareja. *Revista Electrónica de Ciencia Penal y Criminología.* Agosto 2010, pp. 5:5-5:6

matrimonial o una relación similar de afectividad. El elemento objetivo es un acto de violencia física

o psicológica, incluidas las agresiones a la libertad sexual, amenazas, coacciones o privación arbitraria de la libertad. El elemento subjetivo es que la violencia sea una manifestación de la discriminación, la situación de desigualdad y las relaciones de poder de los hombres sobre las mujeres. Sin embargo, la regulación penal omite toda referencia al contexto de dominación. Esta referencia a la situación de dominación, desigualdad y relaciones de poder es los que hace que parte de la doctrina y de la Jurisprudencia de las Audiencias Provinciales y del Tribunal Supremo, en ocasiones, haya exigido la concurrencia de este elemento subjetivo[290].

Lo más novedoso de la Ley 1/2004 es que, por primera vez en nuestra historia parlamentaria, la ley adopta una perspectiva "de género", lo que significa un nuevo enfoque sobre el contenido del principio de igualdad y la prohibición de discriminación, al tiempo que apuesta decididamente por intentar remover los obstáculos que el legislador entendió que impiden y dificultan que la libertad y la igualdad del individuo y de los grupos e que se integra, sean reales y efectivas (artículo 9.2º de la Constitución Española). De forma que quienes no comparten determinada concepción de la igualdad, difícilmente pueden admitir como legítima la idea de "género"[291].

---

290 MUÑOZ COMPANY, Violencia de género y necesidad o no de elemento subjetivo específico de dominación. Jurisprudencia y legislación vigente. *Diario La Ley, nº* 8606, Sección Doctrina, 16 de septiembre de 2015, p.7.

291 SÁNCHEZ YLLERA, I. Maltrato y dominación (Paradojas judiciales sobre una cultura incívica). Diario La Ley. Nº 8158, Sección Doctrina, septiembre 2013. Año XXXXIV. *Editorial La Ley*, p.1

II. EL CONVENIO DE ESTAMBUL DE 11 DE MAYO DE 2011

El Convenio del Consejo de Europa sobre Prevención y Lucha contra la Violencia contra la Mujer y Violencia Doméstica, hechos en Estambul el 11 de mayo de 2011 y ratificado por España el 18 de marzo de 2014, reconoce en su Preámbulo que la violencia contra la mujer es una manifestación de desequilibrio histórico entre la mujer y el hombre que ha llevado a la dominación y a la discriminación de la mujer por el hombre, privando así a ésta de su plena emancipación.

Igualmente reconoce que la naturaleza estructural de la violencia contra la mujer está basada en el género, y que es uno de los mecanismos sociales cruciales por los que se mantiene a las mujeres en una posición de subordinación con respecto a los hombres, estando las mujeres y las niñas más expuestas que los hombres a un riesgo elevado de violencia basada en el género. La importancia de este Convenio estriba en que supone el primer instrumento de carácter vinculante en el ámbito europeo en materia de violencia contra la mujer y violencia doméstica, y es el tratado internacional de mayor alcance para hacer frente a esta grave violación de los derechos humanos, estableciendo una tolerancia cero con respecto a la violencia hacia la mujer[292].

En el artículo 3 del Convenio, se recogen varias definiciones, destacando para el objeto del presente estudio, las siguientes:

1. "Por violencia contra la mujer, se deberá entender una violación de los derechos humanos y una forma de discrimi-

---

[292] MUÑOZ COMPANY, Violencia de género y necesidad o no de elemento subjetivo específico de dominación. Jurisprudencia y legislación vigente. *Diario La Ley, nº* 8606, Sección Doctrina, 16 de septiembre de 2015, p.3

nación contra las mujeres, y se designarán todos los actos de violencia basados en el género que implican o pueden implicar para las mujeres daños o sufrimientos de naturaleza física, sexual, psicológica o económica, incluidas las amenazas de realizar dichos actos, la coacción o la privación arbitraria de libertad, en la vida pública o privada".

2. "Por género se entenderán los papeles, comportamientos, actividades y atribuciones socialmente construidos que una sociedad concreta considera propios de mujeres o de hombres."

3. "Por violencia contra la mujer por razones de género, se entenderá toda violencia contra una mujer porque es una mujer o que afecte a las mujeres de manera desproporcionada[293]."

4. El legislador español no ha hecho sino trasladar una mención al "género", como agravante discriminatoria, desde el Convenio de Estambul de 11 de mayo de 2011 al Código Penal, donde se incorpora junto a otras agravantes como la del "sexo" o "la orientación sexual". En el apartado XXII de su Exposición de Motivos, la LO 1/2015 de 30 de marzo explica esa inclusión como eventualmente necesaria para distinguir el género del sexo, en tanto que podrían ser "el fundamento de acciones discriminatorias diferentes". No dice por qué, el Convenio tampoco. Y no se entiende[294].

---

[293] Convenio del Consejo de Europa sobre Prevención y Lucha contra la Violencia contra la Mujer y la Violencia Doméstica. Estambul. 11 de mayo de 2001. Artículo 3.

[294] MAQUEDA ABREU. El hábito de legislar sin ton ni son. Una lectura feminista de la reforma penal de 2015". *Cuadernos de Política Criminal. Segunda Época*, Nº 118, mayo 2016, p.2

III. ¿REALMENTE ERA NECESARIA UNA AGRAVANTE POR RAZÓN DE GÉNERO?

La ley Orgánica 1/2015 de 30 de marzo, por la que se modifica el Código Penal, introduce en el artículo 22. 4ª[295], en las circunstancias agravantes, el cometer el delito por razones de género. Las razones de género se incorporan así al elenco de motivos discriminadores cuya concurrencia da lugar a la aplicación de esta circunstancia agravante. No se puede identificar este nuevo motivo de discriminación, con la simple diferencia entre los sexos del sujeto activo y pasivo del delito, ni tampoco con el hecho de cometer el delito por la simple razón de que el sujeto pasivo sea de un determinado sexo, pues estas dos motivaciones pueden considerarse incluidas en la locución de "su sexo" que existe desde la regulación anterior[296].

El término "género" deberá interpretarse en consonancia con la definición de violencia de género que se recoge en el artículo 1 de la LO 1/2004[297]. Así, esta nueva circunstancia agravante sería

---

295 Código Penal, Artículo 22. 4.ª: Cometer el delito por motivos racistas, antisemitas u otra clase de discriminación referente a la ideología, religión o creencias de la víctima, la etnia, raza o nación a la que pertenezca, su sexo, orientación o identidad sexual, razones de género, la enfermedad que padezca o su discapacidad.

296 THOMSON REUTERS, El género como motivo de discriminación. Dossier, Reforma del Código Penal. Marzo, 2015, p. 32.

297 LO 1/2004 de 28 de diciembre de medidas de protección integral contra la violencia de género. Artículo 1: Objeto de la Ley. 1. La presente Ley tiene por objeto actuar contra la violencia que, como manifestación de la discriminación, la situación de desigualdad y las relaciones de poder de los hombres sobre las mujeres, se ejerce sobre éstas por parte de quienes sean o hayan sido sus cónyuges o de quienes estén o hayan estado ligados a ellas por relaciones similares de afectividad, aun sin convivencia. 2. Por esta ley se establecen medidas de protección integral cuya finalidad es prevenir, sancionar y

aplicable en todos aquellos casos en los que el sujeto activo (siempre varón), comete el delito motivado por el propósito de discriminar o de hacer patente la situación de desigualdad o la relación de poder sobre el sujeto pasivo (siempre una mujer que haya sido o sea su cónyuge, o que esté o haya estado ligada a él por relación de afectividad, aún sin convivencia).

Se podrá aplicar en los casos de homicidio, delito contra la libertad sexual, robo con violencia o intimidación, etc., en los que el sujeto activo cometa el delito motivado por esas razones de género, siendo lo habitual que se aplique en los delitos contra las personas. Naturalmente, no se podrá aplicar en los delitos recogidos en los artículos 153, 171, 172 y 173.2 del Código Penal porque se vulneraría el principio non bis in ídem.

Igualmente, esta circunstancia agravante no podrá aplicarse en los subtipos agravados en los que ya se contempla la "razón de género", como es el caso de art. 148.4º CP y los nuevos tipos penales recogidos en los artículos 510, 511 y 512 del Código Penal[298].

Los escritos existentes acerca de la nueva agravante discriminatoria apuntan ya hacia la dirección de que ha sido introducida para "reforzar la protección especial que actualmente dispensa el Código Penal a las víctimas de la violencia de género"[299]

---

erradicar esta violencia y prestar asistencia a las mujeres, a sus hijos menores y a los menores sujetos a su tutela, o guarda y custodia, víctimas de esta violencia 3. La violencia de género a que se refiere la presente Ley comprende todo acto de violencia física y psicológica, incluidas las agresiones a la libertad sexual, las amenazas, las coacciones o la privación arbitraria de libertad.

298 MUÑOZ COMPANY, Violencia de género y necesidad o no de elemento subjetivo específico de dominación. Jurisprudencia y legislación vigente. *Diario La Ley*, nº 8606, Sección Doctrina, 16 de septiembre de 2015, p.4.

299 LO 1/2015 de 30 de marzo. Exposición de Motivos

Eso quiere decir que su función va a ser básicamente pedagógica pues está llamada a despertar la conciencia de los operadores jurídicos de que existe un instrumento capaz de ampliar, de forma relevante, los espacios aplicativos de la vieja agravante de género creada por la LO 1/2004 para la violencia en la pareja. Una necesidad sentida, por cierto, por amplios sectores feministas y académicos que, desde la gestación de aquélla, se propusieron ampliar más allá de sus estrechos límites la protección de las mujeres y creyeron que el instrumento adecuado para ello era la creación de una agravante genérica de género, sin reparar en que ese cometido lo cumplía ya el sexo en el contexto del artículo 22. 4ª del Código Penal. PERAMATO lo reconoce abiertamente desde su posición de Fiscal especialista en violencia contra la mujer:

> En nuestro Derecho interno, antes de la mencionada reforma operada por la LO 1/2015, ya contábamos con la agravante de discriminación sexual que hubiera permitido incluir los supuestos de discriminación por razón del género. La razón por lo que no lo hicimos entiendo que no fue porque descartáramos la posibilidad de aplicación partiendo de la diferenciación sexo/género. Más bien creo que su no aplicación se debió a que ni siquiera nos planteamos esa posibilidad, a la que ahora, necesariamente nos enfrentamos[300].

Y es que en el contexto en que nos sitúa la agravante antidiscriminatoria del artículo 22.4ª CP no hay un marco relacional definido, ni siquiera están predeterminadas las conductas ni los sujetos implicados en el acto de discriminación-salvo la condición femenina de la víctima- y existe, además, el imperativo

---

300 PERAMATO MARTÍN, T. Ponencia presentada en 2015 en las "Jornadas Especialistas en materia de Violencia sobre la Mujer". *Congreso de Fiscales Delegados de Violencia sobre la Mujer*, celebradas en Madrid los días 3 y 4 de noviembre de 2015.

sistemático de dar un tratamiento unitario a todos los motivos descritos legalmente- el género es sólo uno de ellos-, más allá de las circunstancias de excepcionalidad que en su día rodearon las previsiones de la LO 1/2004 para la violencia en la pareja, que condicionaron y siguen condicionando, con mejor o peor fortuna, la incierta suerte de las interpretaciones que se vienen haciendo de su texto y de su significado[301].

IV. CONCLUSIONES

La inclusión de la nueva agravante por razón de género, tras la reforma operada con la LO 1/2015 de 30 de enero, era totalmente innecesaria, en mi opinión, pues ya contábamos antes de la reforma, con las agravantes por razón de sexo y por razón de la orientación o identidad sexual, sumado a una LO 1/2004 de medidas de protección integral de violencia sobre la mujer. Si realmente lo que se pretendía era ampliar la protección de las víctimas de la violencia sobre las mujeres, hayan sido o no parejas de sus agresores, opino que hubiese sido más adecuado crear subtipos agravados en ciertos delitos dolosos graves que se cometen contra las mujeres (asesinato, agresiones sexuales) por el único motivo de serlo.

Por lo que creo, que lo que realmente ha pretendido el legislador ha sido, la trasposición a cualquier precio del Convenio de Estambul a nuestro ordenamiento, sin valorar cómo era la mejor forma de hacerlo.

---

301 MAQUEDA ABREU. El hábito de legislar sin ton ni son. Una lectura feminista de la reforma penal de 2015. *Cuadernos de Política Criminal. Segunda Época,* Nº 118, mayo 2016, p. 6

V. BIBLIOGRAFÍA

Convenio del Consejo de Europa sobre Prevención y Lucha contra la Violencia contra la Mujer y la Violencia Doméstica. Estambul. 11 de mayo de 2001. Artículo 3.

MAQUEDA ABREU. El hábito de legislar sin ton ni son. Una lectura feminista de la reforma penal de 2015". *Cuadernos de Política Criminal. Segunda Época*, Nº 118, mayo 2016, p.2

MUÑOZ COMPANY, Violencia de género y necesidad o no de elemento subjetivo específico de dominación. Jurisprudencia y legislación vigente. *Diario La Ley*, nº 8606, Sección Doctrina, 16 de septiembre de 2015, p.7

PERAMATO MARTÍN, T. Ponencia presentada en 2015 en las "Jornadas Especialistas en materia de Violencia sobre la Mujer". *Congreso de Fiscales Delegados de Violencia sobre la Mujer*, celebradas en Madrid los días 3 y 4 de noviembre de 2015.

RAMÓN RIBAS, E. *Los delitos de violencia de género según la Jurisprudencia actual. Estudios Penales y Criminológicos*, Vol. XXXIII (2013), p. 404.

SÁNCHEZ YLLERA, I. Maltrato y dominación (Paradojas judiciales sobre una cultura incívica). Diario La Ley. Nº 8158, Sección Doctrina, septiembre 2013. Año XXXXIV. *Editorial La Ley*, p.1

SUBIJANA ZUNZUNEGUI, I.J. La igualdad y la violencia de género en el orden jurisdiccional penal. Hacia una estrategia actuarial en el tratamiento punitivo de la violencia del hombre sobre la mujer en la relación de pareja. *Revista Electrónica de Ciencia Penal y Criminología.* Agosto 2010, pp. 5:5-5:6

THOMSON REUTERS, El género como motivo de discriminación. Dossier, Reforma del Código Penal. Marzo, 2015, p. 32.

JUSTICIA, PERIODISMO Y CIUDADANÍA. LOS MODOS JUDICIALES DE INFORMAR SOBRE CASOS DE "INSEGURIDAD" EN ARGENTINA

MARIANA CECILIA FERNÁNDEZ
Consejo Nacional de Investigaciones Científicas y Técnicas- Instituto de Investigaciones Gino Germani/ Universidad de Buenos Aires
mcf.mariana@gmail.com

SUMARIO: I. Introducción: justicia penal y medios de comunicación. II. Objetivos, interrogantes e hipótesis. III. Metodología. IV. Resultados. V. Conclusiones.

RESUMEN: El objetivo de esta ponencia es analizar la relación entre la justicia penal y los medios de comunicación en la Argentina contemporánea. A más de diez años de la creación del Centro de Información Judicial, institución cuya función es comunicar las decisiones judiciales a la ciudadanía mediante la página web y redes sociales de la Corte Suprema de Justicia de la Nación, creemos de suma importancia examinar la diversidad de estrategias empleadas por los/as funcionarios/as del poder judicial para dar a conocer resoluciones sobre casos "de inseguridad" en los medios. En tal sentido, en el apartado introductorio de la ponencia relacionamos textos y debates diversos sobre la comunicación de las decisiones judiciales en Argentina a partir del pasaje del sistema procesal inquisitivo al acusatorio y el rol estratégico de los medios de comunicación en la creación de estereotipos criminales y desconfianza en el poder judicial.

Para llevar a cabo los objetivos del trabajo se emplea un abordaje metodológico cualitativo mediante la realización de entrevistas en profundidad a jueces/as penales de la Provincia de Buenos Aires en 2019. Algunos resultados del análisis nos permiten afirmar que existen diferentes formas de vinculación entre los/as jueces/as y los/as periodistas, las cuales podemos distinguir en cuatro grupos: 1) no mediada (se habla "a través de las sentencias"); 2) mediada por un vocero del poder judicial; 3) mediada por un dossier elaborado especialmente para casos paradigmáticos; 4) personalizada (a través del contacto con del/la propio/ juez/a). De aquí que podamos concluir la heterogeneidad de estrategias comunicacionales vigentes entre los/as magistrados y los/as periodistas a la hora de informar sobre casos "de inseguridad" a la ciudadanía.

I. INTRODUCCIÓN: JUSTICIA PENAL Y MEDIOS DE COMUNICACIÓN

La importancia del acceso a la información judicial no sólo concierne a los actores directamente afectados, la víctima y el justiciable, sino a la ciudadanía en su conjunto. Se trata de datos provenientes de aquella institución que tiene por función regular y limitar la violencia ejercida por el Estado, cuando su aplicación es justificada, abogando por el respeto de las libertades y derechos de las personas mediante la mediación imaginativa y pacificadora de los conflictos sociales[302]. En nuestro país, el traspaso del sistema inquisitivo, vigente desde la época colonial, al acusatorio, a mediados de la década del noventa, permitió pasar de una forma escrita y solapada de resolver las cuestiones judiciales a la apertura de los juicios orales a los medios y la ciudadanía en general.

La creación del Centro de Información Judicial (en adelante, CIJ) en 2009 constituye un antecedente importante con

302 ANITUA, G: *Historias de los pensamientos criminológicos*. Buenos Aires, Editores del Puerto, 2015.

respecto al ejercicio del derecho a la comunicación de la ciudadanía, pues pone a disposición los fallos de las 26 cámaras de apelación federales y nacionales del país y busca comunicar en un lenguaje "sencillo" las decisiones judiciales en la página web, redes sociales, Facebook y Twitter[303]. Si bien dicho pasaje contribuyó a democratizar la comunicación sobre las decisiones judiciales, pues antes de su existencia estas últimas se conocían en razón del interés de la prensa de dar a conocer ciertos temas y el envío de periodistas privados a la sede judicial, la etapa de investigación continua siendo escrita y a espaladas de la sociedad, lo cual genera que no haya control de los actos de los/as jueces/as y despierta sentimientos de desconfianza hacia el poder judicial[304].

Desde el triunfo de políticas neoliberales, la labor de los/as magistrados/as se halla desacreditada en la sociedad como resultado de una crisis generalizada de legitimidad que recae en las burocracias estatales. De acuerdo a Sarrabayrouse Oliveira, el descrédito se debe a que el poder judicial en tanto "aparato legal burocrático, universalista e igualitario regulado por un sistema de reglas abstractas y codificadas sometidas al orden legal establecido por la Constitución"[305] se halla inmerso en relaciones personales signadas por el clientelismo y el corpora-

---

303 El CIJ se puso en marcha por la Corte Suprema de Justicia de la Nación a raíz de discusiones entabladas en la *I Conferencia Nacional de Jueces* que tuvo lugar en el año 2006 en la provincia de Santa Fe.

304 LEDESMA, Á: *Justicia penal, medios de comunicación y acceso a la información: ¿una tensa relación?,* Buenos Aires, *Justicia argentina online,* 2016, pp. 29-40.

305 SARRABAYROUSE OLIVEIRA, Ma. J.: *La justicia penal y los universos coexistentes. Reglas universales y relaciones personales*, en Tiscornia Sofía (Comp.) Burocracias y violencia, Estudios de antropología jurídica, Buenos Aires, Facultad de Filosofía y Letras de la UBA, 2016.

tivismo. Como sostiene Kostenwein[306], el trabajo cotidiano de los/as jueces/as no depende sólo de las normas jurídicas sino, ante todo, de saberes prácticos vinculados a la organización judicial y al ámbito penal de trabajo. Esos saberes se aprenden en la cotidianeidad, se acumulan y se incorporan al sentido común profesional que guía el comportamiento de los jueces y cristaliza en la creación de jergas propias del oficio tanto como en el tejido de relaciones personales que alimentan status, jerarquías y prebendas.

La escasa credibilidad ciudadana en las instituciones democráticas vinculadas con la cuestión criminal se incrementa con la estabilización de la agenda política de la seguridad como problema público y cotidiano en los medios de comunicación masiva[307]. Especialmente cuando se trata de casos "de inseguridad" en los que los medios suelen ponerse del lado de la víctima y exigir a los/as jueces/as condenas firmes y "duras" hacia el victimario[308]. La distancia entre la expectativa ciudadana y la respuesta judicial en

306 KOSTENWEIN, E.: Imágenes sobre la administración del castigo. *Delito y Sociedad,* vol. 40, núm. 24, 2015, pp. 80-111.

307 ZAFFARONI, E.: *Estructuras judiciales.* Buenos Aires, Ediar, 1994.; NOSETTO, L.: Reflexiones teóricas sobre la judicialización de la política argentina. *Documentos y aportes en administración pública y gestión estatal,* vol. 23, núm. 12, 2014, pp. 93-123; COUSO, J. (2004). Consolidación democrática y poder judicial: los riesgos de la judicialización de la política, *Revista de Ciencia Política,* vol. 24, núm. 2, 2004, pp. 29-48.

308 CALZADO, M.: Violencia, víctimas y mediatización. Un acercamiento empírico a la conformación de subjetividades en las sociedades de seguridad, *Delito y Sociedad,* núm. 37, 2014, pp. 41- 59; MARTINI, S.: El sensacionalismo y la falacia de la objetividad. Reflexiones acerca de la noticia sobre el delito en la prensa argentina, *Avatares. Revista de comunicación y cultura,* núm. 12, 2016, pp. 1-10.

casos de delito urbano resulta del establecimiento de etiquetas[309] que dividen los/as jueces/as entre garantistas y de mano dura a partir de una falsa dicotomía utilizada como herramienta política[310]; tanto como de la demora judicial que en ocasiones produce la prescripción de las causas penales antes de llegar a una sentencia condenatoria y se asocia a la impunidad[311].

La falta de respuestas democráticas a la violencia urbana por parte del Estado contribuye a generar desconfianza y alta preocupación social[312] dando lugar al refuerzo de actitudes punitivas en un país con legado autoritario[313]. Preocupación que los medios de comunicación masiva refuerzan mediante la construcción de estereotipos criminales[314] y su rol estratégico en la generación de desconfianza en el sistema democrático[315]. En tal sentido, señala un estudio de la UCA que desde 2016 la confianza en la justicia disminuye en toda la estructura de

---

309 BAEZ, M.: *Hacia un manual de comunicación para poderes judiciales.* Sistema Argentino de Información Jurídica, Ministerio de Justicia y Derechos Humanos (Argentina), 2016.

310 LEDESMA, Á. Op. Cit.; TUFRÓ, M.: Participación ciudadana, seguridad democrática y conflicto entre culturas políticas, *Revista Internacional de Derechos humanos,* vol. 9, núm. 16, 2012, pp. 159-182.

311 CIOCCHINI, P.: Domando a la bestia: las reformas en la justicia penal bonaerense para eliminar la demora judicial, *Revista Derecho y Ciencias Sociales,* núm. 7, 2012, pp. 203-223.

312 DE LEÓN-ESCRIBANO, R.: *La seguridad ciudadana y su impacto en la gobernabilidad y convivencia democráticas en Centro América,* San José, FLACSO, 2010.

313 OTAMENDI, M.A: ¿Son las víctimas más punitivas?, *Cuadernos de Estudios sobre Sistema Penal y Derechos Humanos,* vol. 2, núm. 2, 2012.

314 GARAVENTA, C. y MAZZA, L.: El derecho penal del enemigo y los medios de comunicación, *Letra,* Vol. 5, núm. 10, 2018, pp. 17-31.

315 HIGHTON DE NOLASCO, H: La política comunicacional de la Corte y el Centro de Información Judicial, *Justicia argentina online,* 2016. pp. 25-28.

la sociedad argentina en forma sostenida y relativamente homogénea profundizándose en 2017 en un escenario de cuestionamiento a la influencia del sector político en la toma de decisiones judiciales[316].

La deslegitimación de los/as magistrados/as y de la clase política en general permite a los periodistas gozar de gran credibilidad, al tiempo que los posiciona como voceros de la opinión pública y de la crítica institucional[317]. Especialmente cuando se trata de medios hegemónicos con una vasta trayectoria en el espacio público e intereses por fuera del ecosistema mediático[318]. Como sostiene Borrat: "Las actuaciones públicas del periódico son el resultado o producto de una serie de actuaciones no públicas, que se concentran en el proceso de producción de la actualidad periodística para su publicación periódica"[319].

En casos "de inseguridad" de alta repercusión social suele producirse un "juicio paralelo" ante la prensa[320] que atenta contra el derecho de presunción de inocencia como consecuencia del

---

316 GUTIÉRREZ GUERRA, B., PADÍN MARCHIOLI. M., ZAMPRILE ANTONINI, A. y SALVIA, A. Confianza institucional y vida ciudadana. Representaciones de la opinión pública en la Argentina urbana, Observatorio *de la deuda social Argentina*, UCA, 2018.

317 RODRÍGUEZ ALZUETA, E. La administración de justicia en los mass media: deshistorización y criminalización de la realidad en el periodismo contemporáneo, En GUTIÉRREZ, M. (comp.), *Populismo punitivo y justicia expresiva*, Buenos Aires, Di Plácido, 2011.

318 SÁNCHEZ, Ma R.: Inseguridad y delito en la prensa regional y local argentina, *Comunicación política y seguridad*, vol. 1, núm. 1, 2019, pp. 3-25.

319 BORRAT, H.: El periódico, actor del sistema político, *Anàlisi: Quaderns de comunicació i cultur*a, núm. 12, 1989, pp. 67-80, cit. p. 68.

320 CABRAL, L.: Poder judicial y medios de comunicación. Una difícil relación. En Highton de Nolasco, et al. Justicia Argentina Online. La mirada de los jueces, Buenos Aires, CSJN- CIJ., 2016, pp. 25-28, cit. p. 114.

tratamiento mediático realizado sobre las personas sometidas a investigación[321] el cual se suele caracterizar por el "populismo informativo"[322]. Esto es, técnicas que se orientan a construir poder mediante la interpelación a un "sentido común" erigido en base a propuestas estrictamente represivas en lo penal y al manejo político de las emociones que circulan en imaginario popular[323].

Si bien las decisiones de los jueces dependen de un extenso conjunto de fuerzas y condiciones sociales que incluyen patrones específicos de sensibilidad y organización emotiva[324] que exceden la comunicación masiva[325], pueden verse influenciadas por la información periodística como efecto del conjunto de fuerzas que participan, directa o indirectamente en el campo mediático[326]. Al respecto, sostiene Lijo, que en ocasiones "el medio privado ejerce sobre la decisión un poder guiado por su interés editorial y le otorga en su medida una objetividad periodística con un sesgo,

---

321 MONTERO CAMPOS, Ma. E. Demandas de calidad y rigor en el periodismo judicial, Tesis doctoral, Universidad de Vigo, 2015.

322 COLÁS, A.: La influencia de los medios de comunicación en la administración de justicia. A propósito de un caso mediático, *Revista boliviana de derecho*, núm. 19, 2015, pp. 726-747, cit. p. 745.

323 GUTIÉRREZ, M. (comp.): Populismo punitivo y justicia expresiva, Buenos Aires: Di Plácido, 2011.

324 GARLAND, D.: *Castigo y sociedad moderna. Un estudio de teoría social,* Madrid, Siglo XXI, 1999.

325 MATA, M.: Comunicación, ciudadanía y poder. Repensando su articulación". En DORIS F. y GUSTAVO C. (Orgs.). *Caminhos do campo comunicacional no Brasil e na Argentina,* III Coloquio Brasil-Argentina, 2013; SODRÉ, M. Sociedad, cultura y violencia. Buenos Aires, Norma, 2001.; KOSTENWEIN, Op. Cit.

326 CALZADO, M. y VAN DEN DOOREN, S.: ¿Leyes Blumberg? Reclamos de seguridad y reformas penales, *Delito y sociedad,* vol. 1, núm. 27, 2009, pp. 97-113.

en general de contenido"[327]. De hecho, explica Villarruel[328] que durante el transcurso del caso Candela Sol Rodríguez[329] el juez y el fiscal de la causa fueron separados por la Cámara de Apelaciones, que pidió investigarlos por detener a chivos expiatorios para calmar las ansias de justicia de la opinión pública.

Ahora bien, entre el discurso judicial y el complejo entramado de narrativas mediáticas y políticas, repertorios, circuitos y prácticas correspondientes a los diferentes actores, se producen disputas por la significación, consensos aleatorios, lealtades temporales, amenazas tácitas y obediencias vigiladas que hablan de la imposibilidad de entender las relaciones suscitadas entre ellos en forma lineal[330]. Como sostienen García Romero, Ruiz San Román y Serrano Oceja[331], la noción de los/as periodistas sobre las instituciones influye en la información que publican y el encuadre que le dan a las noticias, del mismo modo que la comunicación institucional de un organismo u empresa incide en el tratamiento periodístico que recogerá de los medios.

En lo que sigue, se concebirá a los discursos judiciales como resultado del funcionamiento de un *campo*, tal como lo propo-

---

327 LIJO, A.: La comunicación oficial de decisiones judiciales. Implicancias y desafíos. En *Justicia argentina online,* Op. Cit., 2016, pp. 67-80, cit. p. 68.

328 VILLARRUEL, D.: *(In)justicia mediática. Cuando el periodismo quiere ser juez,* Buenos Aires, Editorial Sudamericana, 2014.

329 El caso Candela Rodríguez se trató del secuestro y asesinato de una niña de 11 años el 22/08/2011 en Hurlingham.

330 BONILLA VÉLEZ, J y TAMAYO GÓMEZ, C.; Los medios en las violencias y las violencias en los medios, Bogotá, CINEP, 2007.

331 GARCÍA ROMERO, E.; RUIZ SAN ROMÁN, J. y SERRANO OCEJA, J. F.: La percepción de los periodistas sobre la comunicación organizacional: el caso de Google, *Revista Prisma Social,* vol. 22, núm. 3, 2018, pp. 28-60.

nen Bourdieu y Teuhnc[332]. Esto es, como un universo social cuya lógica específica se halla directamente vinculada con las relaciones de poder que lo estructuran y limitan. Relaciones de poder que en el campo judicial refieren a una disputa por la interpretación de las leyes tanto como a las posiciones que los actores sociales van consiguiendo y les permite imponer su posición dentro del sistema. Y en los medios de comunicación masiva se asocian a la lógica comercial y a la lógica política pero también al reconocimiento de los periodistas hacia los colegas que enarbolan con sus prácticas los valores de la profesión[333].

Si bien cada uno de los campos mencionados, el judicial y el periodístico, operan en base a principios y creencias diversas, existen dos características principales comunes a ellos: en primer lugar, que se constituyen como actores políticos capaces de influir en el proceso de toma de decisiones del sistema político y social; y en segundo lugar, que funcionan ocultando las condiciones de producción de sus productos (sentencias, noticias). En el campo judicial, dicen Bourdieu y Teuhnc[334], el hecho de que los/as ciudadanos/as ignoren la arbitrariedad que suponen las decisiones judiciales permite que se las reconozca como legítimas. Al igual que en el campo periodístico, sostiene Martini[335], que el público desconozca las rutinas productivas de las noticias hace posible la creencia en la neutralidad y objetividad informativa.

---

332 BOURDIEU, P. y TEUHNC, G. *La fuerza del derecho,* Bogotá, Siglo del Hombre- Fac. de Derecho, 2000.

333 BOURDIEU, P. (1996). *Sobre la televisión,* Barcelona, Anagrama, 1996.

334 BOURDIEU, P. y TEUHNC, G. Op. cit.

335 MARTINI. Op. cit.

II. OBJETIVOS, INTERROGANTES E HIPÓTESIS

El objetivo general de este trabajo es analizar las lógicas que ponen en juego los/as jueces a la hora de comunicar a los medios de comunicación masiva información judicial sobre causas penales por delitos urbanos.

Considerando que el ejercicio de la democracia se relaciona con la proliferación de espacios de discusión pública y que el discurso del derecho es multívoco y polivalente[336], buscaremos responder a los siguientes interrogantes: ¿qué estrategias comunicacionales emplean los/as jueces al comunicar resoluciones penales a los medios? ¿Esas estrategias se hallan en línea con su concepción sobre el rol del poder judicial en la sociedad? ¿Qué responsabilidad atribuyen los/as jueces/as al periodismo a la hora de informar sobre victimarios y víctimas? ¿Consideran que los medios condicionan la acción jurídica? ¿De qué manera piensan la distancia entre los/as jueces y la ciudadanía?

Se parte de la hipótesis según la cual las estrategias comunicacionales empleadas por los/as jueces al comunicar resoluciones judiciales a los medios masivos se vinculan con su capacidad de concebir lo correcto y lo incorrecto a la hora de informar, a partir de criterios, formas de sentir y de pensar, definidos dentro de la cultura judicial. Una cultura orientada por fines prácticos cuya cohesión se entreteje mediante la puesta en juego de lógicas propias del funcionamiento del campo jurídico en su vinculación con lógicas, políticas y mediáticas, propias de esos campos.

---

336 ÁLVAREZ, L, Conocimiento jurídico e intervención profesional: elementos para pensar la investigación del derecho en la actualidad, *Derecho y Ciencias Sociales*, núm. 20, 2018, pp. 23-32.

III. METODOLOGÍA

Para responder a los interrogantes formulados se utiliza un enfoque metodológico cualitativo, el cual nos permite aproximar a los sentidos y lógicas puestas en juego por los/as jueces/as a la hora de proveer información a los periodistas. Nos interesa atender a la información judicial provista a los medios masivos porque es el principal modo en que la ciudadanía se informa sobre las decisiones judiciales adoptadas en casos "de inseguridad" que no suelen experimentar en forma directa. Esto es, casos de robo o hurto en la vía pública que suelen tener alta difusión e impacto en la opinión pública[337].

Para dar cuenta de los modos judiciales de comunicar resoluciones penales a la prensa trabajamos a partir del análisis de documentos y de la realización de entrevistas semi-estructuradas. Por un lado, revisamos protocolos nacionales e internacionales para el "buen tratamiento de información judicial" (canales, modos, formatos, estilos). Y por otro lado, complementamos los documentos con cinco entrevistas de aproximadamente una hora y media de duración a jueces penales de la Provincia de Buenos Aires. Lo hicimos a partir de una guía de pautas que aludió a las maneras de comunicar las decisiones judiciales a la prensa; la forma en que la opinión pública condiciona al poder judicial; la distancia existente entre las instituciones democráticas de la cuestión criminal y la ciudadanía; los principales desafíos o aspectos a mejorar en el funcionamiento del sistema judicial, entre otras.

---

337 KESSLER, G.: *El sentimiento de inseguridad. Sociología del temor al delito*, Buenos Aires, Paidós. 2009.

IV. RESULTADOS

Las maneras de comunicar las resoluciones judiciales de casos "de inseguridad" a los medios se caracterizan por la heterogeneidad en Argentina. Si bien existe desde 2009 la agencia de noticias de la CSJN, que constituye la principal fuente informativa de los medios masivos en nuestro país, los/as jueces implementan distintas estrategias para dar a conocer a la sociedad las decisiones que toman. Lo hacen en línea con sus convicciones personales sobre la función de la justicia penal, la libertad de expresión y el derecho a la comunicación de la ciudadanía. Si bien existe una "Guía de buenas prácticas para el tratamiento y difusión de la información judicial" desarrollada por miembros de la oficina de Comunicación Institucional del Centro de Información Judicial (CIJ) del Poder Judicial de la Nación, los/as jueces entrevistados/as no mencionaron utilizarla.[338]

De aquí que consideremos que los modos de comportamiento específicos que regulan su accionar a la hora de informar, si bien se despliegan en un ámbito estructurado, regulado por leyes y normativas, con un organigrama jerárquico y verticalista[339] refieren, ante todo, a la costumbre y dan lugar a la implementación de diferentes estrategias. Una de las formas más habituales

---

338 El nombre de los/as entrevistados/as no se explicita a fin de garantizar el anonimato de los informantes. El motivo por el cual decidimos no publicar el nombre de los/as jueces entrevistados/as refiere a la necesidad de resguardar su identidad y dar lugar a la libre expresión de los entrevistados.

339 CAMPANA DOMÍNGUEZ, G y LUCERO BARZOLA, S.: Sobre comunicación estratégica en el marco del poder judicial. La relación de los aportes de la comunicación estratégica/ la planificación a las políticas públicas". En MASSONI, S., URANGA, W. Y LONGO, V: Políticas públicas y comunicación: una cuestión estratégica, San Luis, Nueva Editorial Universitaria, 2018, pp. 175-187.

de proceder de los/as jueces ante los medios es "hablar a través de las sentencias". Esta negación a vincularse con el periodismo por parte de los/as jueces/as se relaciona con el convencimiento de que en la actualidad el poder judicial se hallaría degradado y debería conservar su independencia:

> Yo creo que si vos te querés enterar como periodista de lo que pasó en un juicio, tenés acceso al expediente. Viene un periodista y me dice si me puedo juntar a hablar sobre el juicio oral y le digo no, yo no tengo por qué juntarme con nadie, ¿querés información? Sí, tomá, es público el expediente pero después de haber tomado la decisión. Ahí está todo, ¿qué más puedo agregar? De hecho, al juicio oral si quieren venir los medios, vienen y están pero una cosa es eso y otra cosa es que vos te reúnas a charlar con el periodista. Eso es cualquier cosa, no tenés nada que hablar. El poder judicial está muy degradado, todo deteriorado, todo vulgarizado. (Entrevista 1)

El conocimiento de los/as jueces de la existencia de relaciones interesadas e inmorales entre los funcionarios judiciales y el sector político lleva a algunos/as jueces/as a rechazar de cuajo la posibilidad de conversar con periodistas no sólo durante la etapa del juicio oral sino también luego del mismo. Estas prácticas de silencio comunicacional[340] alimentan involuntariamente el corporativismo hacia el interior del campo judicial, sobre todo en aquellas jurisdicciones más endogámicas erigidas sobre la base del nepotismo y el elitismo. La toma de conocimiento de ciertos sobornos o pedidos políticos a los/as magistrados/as en el momento previo al dictado del veredicto por parte de funcionarios públicos y periodistas parecería inclinarlos/as hacia la pretensión de no relacionarse con los medios. Esta actitud propia de un juez asilado y arrogante habilita la actitud de una prensa amarillista que no informa ni veraz ni bienintencionadamente las decisiones judiciales.

---

340 BAEZ. Op. cit.

Para estos jueces/as, el rol de los magistrados/as radica en interpretar los hechos y responder tal como el código penal lo indica. Sobre esta visión del rol de la administración de justicia, Bengoetxea[341] sostiene que no da lugar al debate ni a la innovación en el derecho pues no se propone compartir un razonamiento ni convencer a la ciudadanía de la aplicación justa de la ley porque es hermética. Sin embargo, se pregunta Conza[342], ¿cómo llegar a una resolución satisfactoria en el caso de un conflicto complejo a través de la mera aplicación del derecho?, ¿los casos difíciles son reductibles a la estandarización normativa?

La posición de quienes aspiran a "hablar por sus sentencias" fue criticada por la mayoría de los/as jueces/as entrevistados bajo el argumento de que dicha actitud alimentaría el distanciamiento entre los/as jueces/as y la ciudadanía:

> Hay algo que dañó mucho la imagen de la justicia y es el bronce de los jueces que creen que está bien hablar por sus sentencias nada más y ponen un vallado entre lo que dicen y lo que hacen, que no lo comunican a terceras personas. Generan una distancia. Yo creo que la función del juez tiene que ver con ser un pacificador social, ¿qué pacificador social puedo ser yo sí cuando me vienen a preguntar por qué decidí lo que decidí yo digo 'habló por mis sentencias' y en el mejor de los casos te doy una copia de la misma? Entonces, vos que sos una persona que no conocés el derecho tenés que dedicar varias horas de lectura para tratar de entender lo que dice. No funciona así para mí. Los jueces tienen que tener un perfil totalmente distinto en este sentido, tienen que sentir la misma vocación que sienten por hacer justicia por explicar sus actos cuando sea el momento de explicarlos. (Entrevista 3)

---

341 BENGOETXEA, J.: Diálogos Judiciales e Interdisciplinarios en el Derecho Europeo, *Sortuz: Oñati Journal of Emergent Socio-Legal Studies,* vol. 7, núm. 1, 2015, pp. 160-183.

342 CONZA, G.: Administración de justicia: el papel del juez, *Sortuz: Oñati Journal of Emergent Socio-Legal Studies*, vol. 7, núm. 1, 2015, pp. 139-159.

Esta posición se halla en línea con la concepción de la administración de justicia como una labor pública de servicio a la comunidad y de los medios masivos como canales de comunicación de información relevante para la misma, que puede ser distorsionada en forma no intencional por los/as periodistas si no es traducida por personas que conocen el lenguaje jurídico. De aquí que cuando se producen casos paradigmáticos los/as jueces/as elaboren un dossier con el fin de que los/as periodistas informen fehacientemente.

> Nosotros para el caso Candela les hicimos un dossier para la prensa porque era imposible que lean 100, 200 hojas tanta información y que entiendan. A veces yo, que entiendo, veo la tele y digo 'este está diciendo cualquier cosa'. Quizás no lo dicen con el fin de falsear la información pero yo sé que es imposible que eso sea así porque sé cómo se manejan las causas y de la manera en que se pueden resolver y las que no. (Entrevista 3)

Para este grupo de jueces, es mayor la responsabilidad judicial de informar que la periodística. De hecho, cuentan que en ocasiones hay abogados que al salir de un juicio oral dejan de mantener la posición que venían adoptando dentro de la audiencia y "le hablan a la tribuna", priorizando sus aspiraciones individuales:

> En el juicio de Candela los abogados le hablaron a la tribuna. Nos pasó sobre todo con abogados particulares. No con los defensores oficiales que por ser funcionarios públicos tienen que tener ciertos códigos que no pueden salir a decir cualquier cosa, pero el defensor particular va la prensa y dice lo que quiere. Después yo miro la tele escucho y digo 'no. esto no es así'. En el caso de Candela hicieron programas enteros contando cosas que no son. En ese caso y en otros casos hemos tenido marchas acá todos los días en la que los manifestantes nos tildaban de jueces corruptos porque no estaban de acuerdo con la sentencia. ¿Qué sentencia? Si bien hicimos una lista de tips importantes para que no se malinterpretara la información (porque había muchas respuestas para dar y era necesario que lo entiendan bien), estuvieron los abogados que fueron a la tele y dieron su versión, hablaron de cosas que no estaban en el fallo, dijeron que estaba mal por esto y esto y porque se probó tal cosa y no se había probado tal cosa. (Entrevista 4)

En este caso, no habrían sido exclusivamente los medios de comunicación los encargados de fomentar el sentimiento de injusticia de la ciudadanía en el poder judicial sino los propios integrantes de dicho campo. En vez de cumplir con su función de limitadores del poder punitivo para evitar que quede librado al arbitrio de las agencias ejecutivas, políticas y a la presión social[343], estos funcionarios alimentaron el discurso social tendiente a pedir penas más duras para los culpables. La amplificación del imaginario punitivo se produce mediante discursos basados en información tergiversada del proceso judicial, lo cual, en ocasiones podría tener consecuencias más negativas que si lo hiciera sobre la base de la falta de información ya que "se trata del hecho y del derecho aplicable al caso y no de especulaciones periodísticas"[344]. En este caso, el protagonista mediático fue el operador judicial como actor frente a la opinión pública y no la información de la sentencia.

Los entrevistados/as que denunciaron la falta de ética de los letrados que le hablan a la prensa tergiversando la información con el fin de no perder prestigio profesional, coincidieron en sostener que los temas puestos en agenda en los medios repercuten en el campo judicial, ya sea condicionando políticamente las decisiones de los/as jueces, ya contribuyendo a deslegitimar socialmente a las instituciones democráticas de la cuestión criminal. Como sostienen Bourdieu y Teuhnc[345], el campo legal se halla plagado de jerarquías, rivalidades entre intérpretes y formas de competencia profesional vinculadas a la doble adscripción del campo legal en el campo político, signado por la lógica antagonista amigo-enemigo, y en el campo

343 ANITUA, op. cit.

344 VILLARROEL. Op. cit. cit. p. 11.

345 BOURDIEU y TEUHNC. Op. cit.

científico, caracterizado por la primacía entre la dicotomía verdadero-falso y del acuerdo entre pares.

> **¿Cómo repercute la información de la prensa al interior de la justicia?**
>
> Yo creo que en un 100 por ciento. A los funcionarios judiciales, en todos los estratos judiciales, desde la primera instancia hasta la última instancia, le afectan directamente los titulares. Los medios publican información de ciertos casos cuando quieren poner énfasis en alguna cuestión. Por ejemplo, un título que dice 'Estaba en libertad condicional y cometió un delito' o 'Estaba en salidas transitorias y cometió un delito'. La cuestión es que siempre cometen delitos los reincidentes. Se ve mucho en la etapa de ejecución penal del proceso. No sé si vende más, no sé cuál es la cuestión. Lo que sé es que impacta con mayor o menor influencia en la decisión del juez al momento de resolver, por ejemplo, de dictar una salida transitoria. Y en muchísimos casos afecta la decisión judicial posterior. Es decir, decisiones jurisdiccionales posteriores. (Entrevista 5)

Con respecto a la razón por la cual los medios ponen en agenda ciertos temas, podemos pensar con Bourdieu y Teuhnc[346] que el campo periodístico se erige sobre la base de relaciones de poder que cobran la forma de oposición entre principios de legitimación vinculados la dominación directa o indirecta del "veredicto del mercado" (rating, primicia, etc.). Si concebimos a los medios como "[...] grupos de interés que, para lograr sus objetivos, necesitan narrar y comentar la actualidad social, económica, política y cultural ante una audiencia de masas"[347], veremos que la lógica que prima es la del beneficio económico. Como sostienen Garaventa y Mazza[348], los medios suelen poner en escena una doble moral al informar

---

346 Ibidem.

347 BORRAT. Op. cit. cit. p. 68

348 GARAVENTA y MAZZA. Op. cit.

sobre casos que se presentan como útiles para atraer sectores divididos de la opinión pública.

No obstante, no se puede desestimar la incidencia de la lógica política que impulsa a los periodistas a actuar seleccionando y jerarquizando temas tales como la denominada "puerta giratoria" con una intencionalidad específica, aquella que lleva a un sector de la opinión pública a reforzar su convicción por el establecimiento de penas "duras". Veamos otro testimonio:

> **¿Cómo repercute la información de la prensa al interior de la justicia?**
>
> Si replicaría bien nosotros tendríamos que tener buena prensa y eso no es así. A mí me titularon como 'el juez de la puerta giratoria' y yo no dicto sentencias vergonzantes para la sociedad, llevo una vida de servicio sobre mis espaldas. Ese titular repercute cuando a la gente le preguntás si cree en la justicia y hablan de la puerta giratoria y ni siquiera tienen idea de cómo funciona esto. Además, siguen hablando de la puerta giratoria y lo único que nosotros podemos acreditar estadísticamente es que tenemos cada día más cantidad de presos, tenemos todas las cárceles del país explotadas, con una superpoblación que excede en el 40% la capacidad de las cárceles como mínimo. Esto tiene que ver con que la puerta giratoria no la utilizamos pero por un caso de puerta giratoria todo el mundo habla de puerta giratoria cuando tenemos las cárceles totalmente abarrotadas de detenidos. (Entrevista 2)

La deslegitimación de "la justicia" se asocia en los discursos judiciales al incumplimiento de las expectativas de la ciudadanía. Como señalan García Beaudoux y D' Adamo[349], en el caso de individuos con alta exposición a los medios masi-

---

349 GARCÍA BEAUDOUX, V. y D' ADAMO, O.: Tratamiento del delito y la violencia en la prensa". En LUCHESSI, L. y RODRÍGUEZ, M. G. (Comps.) *Fronteras globales. Cultura, política y medios de comunicación*, Buenos Aires, La Crujía, 2007.

vos cuya forma de representar la actualidad pasa principalmente por la información construida en ellos, es muy probable que se hagan una imagen distorsionada y estereotipada de los hechos y sus protagonistas. Ahora bien, señala uno de los entrevistados, la puesta en escena de crímenes cuyos acusados no recibieron la pena proclamada por la víctima no sería una intervención periodística neutral sino asociada a una agenda punitiva. Agenda que al instalarse las demandas de ley y orden como problema público, muchas veces retomada por el sector político, ya sea que pertenezcan a espacios de carácter progresista o conservador, como un cimiento central de legitimidad[350]. Mediante la utilización del modelo de la acusación penal se construye legitimidad político-electoral en torno a la guerra contra el delito[351], al tiempo que se amplifican los miedos urbanos y emociones tales como la ansiedad, la irritación y el resentimiento de la ciudadanía hacia el delincuente[352].

Por último, podemos identificar un cuarto método de comunicación entre los/as jueces/as y los medios basado en la transmisión de información del/la propio juez/a a los/as periodistas. Esta forma de proceder se halla en línea con la idea según la cual informar "bien" es central para disminuir la incomprensión de los fundamentos de las disposiciones judiciales en razón de las construcciones legales opacas que caracterizan al derecho penal, no sólo por una razón técnica sino también simbólica: la vocación de justicia.

---

350 CALZADO, M.; FERNÁNDEZ, M. y LIO, V.; La inseguridad en las campañas electorales latinoamericanas, *Mediaciones Sociales,* núm. 13, 2014, pp. 1-20.

351 SIMON, J.: Gobernar a través del delito, Barcelona: Gedisa, 2011.

352 KESSLER. Op.cit.

> Yo desde que era secretario tenía una relación muy fluida con los medios entendiendo que uno es simplemente un servidor de la sociedad es un funcionario público más. Creo que aquello que caracteriza a la función pública es la publicidad y por eso me encargo yo mismo de dar publicidad a mis actos. Los jueces tenemos que entender que muchas veces con nuestras decisiones podemos encender un caldo de cultivo en la sociedad si no comunicamos debidamente lo que estamos haciendo. Por eso, creo que el juez tiene que tener un perfil totalmente distinto. Dejar de escribir con términos en latín, dejar el bronce porque hay un montón de sentencias que yo dicto durante el transcurso del año y que sólo le interesan a aquel al que está destinado la sentencia y que no entiende nada de su situación legal si yo le escribo en latín. Hacer que la comprenda es tener vocación de justicia. (Entrevista 3)

Siguiendo a Bourdieu y Teuhnc, el lenguaje jurídico tiene una retórica de la impersonalidad y la neutralidad que responde a la necesidad de generar efectos de universalización. La utilización de términos en latín que señala el entrevistado, subraya la imparcialidad de un enunciador que compartiría una suerte de consenso ético con el destinatario (el juez como buen padre de familia, por ejemplo). Ese consenso ético incluye el recurso a fórmulas lapidarias y fijas destinadas a exaltar la autoridad del juez que dejan poco espacio a las variaciones individuales. De aquí que el empleo de la lógica jurídica no sea un mero artilugio: confiere al accionar de los/as jueces/as, eficacia simbólica. Ello es así debido a cierto predominio de la forma del discurso, la cual tiende a contaminar el contenido contribuyendo al reconocimiento del veredicto como legítimo. La eficacia simbólica es tal en la medida en que dicho alegato se ajusta a las divisiones preexistentes, de las que es el producto: "eficacia que al consagrar todo aquello que enuncia, lo lleva a un nivel superior plenamente realizado, el de la institución instituida"[353]. Estos efectos simbólicos se incrementan

[353] BOURDIEU Y TEUHNC. Op. cit. Cit. p. 199.

por el carácter primordialmente escrito del discurso judicial, que certifica la autoridad del juez y legitima su accionar a través de las sentencias por medio de las cuales se notifica a las partes involucradas en un juicio sobre aquellas decisiones que afectarán íntegramente sus vidas[354].

Ahora bien, esa legitimidad no sería tal de acuerdo a los entrevistados, si una de las partes del conflicto no alcanza a comprender el debate (jurídico) establecido entre profesionales del derecho y no entre los profanos, quienes no conocen las reglas del juego. Es que el mensaje de los/as jueces/as no se dirige al ciudadano común sino a otros jueces "tomadores de decisiones", como parte de la disputa que se encuentra mediando u otras disputas análogas o afines[355]. Los litigantes, obligados a renunciar a la violencia física e incluso a las formas más elementales de la violencia simbólica[356], no pueden "empatizar" con los/as jueces porque así se hallan pautadas las reglas de dicho campo:

> Hablamos idiomas dificilísimos. Vivimos hablando en difícil. Hasta en nuestras casas hablamos en difícil, para nuestros hijos hablamos en difícil. No entendemos nada... pero de verdad no entendemos nada, ¿eh? Estamos en una lógica en la que con los que nos conectamos nos entendemos porque hablamos nuestro idioma. El juez tiene un halo así de inalcanzable, incluso se pretende mantener en esa figura de inalcanzable. Hay una intención de que eso siga siendo así. A mí no me parece, 'su señoría' es algo de modé, tratar de su señoría hoy por hoy... Y, sin embargo, se mantiene. Pero, ¡cómo no se va a mantener! Eso, sumado a que estamos distanciados porque no participamos de actividades comunitarias de ningún tipo, a los colegios no vamos, a los que

---

354 MONTOLÍO, E. y SAMANIEGO, A.: La escritura en el quehacer judicial. Estado de la cuestión y presentación de la propuesta aplicada en la Escuela Judicial de España" *Revista Signos,* vol. 41, núm. 66, 2008, pp. 33-64.

355 BENGOETXEA. Op. cit.

356 BOURDIEU Y TEUHNC. Op. cit.

> juzgamos no los conocemos, estamos alejados de lo que está pasando, no podemos empatizar y entonces no podemos resolver. Porque si te das cuenta de cómo vive el victimario y la víctima siendo integrante de la comunidad real, no de la comunidad irreal, si en vez de leer en los diarios como se viaja en el Roca te tomas el Roca de vez en cuando, si dejás de representarte esas dificultades por los medios de comunicación, ahí te vas a poder acercar a la resolución de los problemas. (Entrevista 5)

Llamar al juez como "su señoría" ilustra acabadamente esa distancia existente entre el universo judicial y el de la comunidad. Si, como sostiene Chateauraynaud[357], para argumentar en torno a una cuestión se necesita un mínimo involucramiento en la situación sobre la cual gira el debate, la desconexión con las formas de vida que envuelven a las personas y grupos involucrados en casos judiciales llevaría a los/as jueces a "no poder resolver" los conflictos que en esos contextos afloran. Sobre todo, porque las partes involucradas en ellos no alcanzarían a comprender completamente las razones de las decisiones tomadas por los letrados que concluyen en una determinada sentencia pero también porque, muchas veces, las formas solemnes e ininteligibles de comunicarlas atentan contra el derecho de la comunidad de conocerlas. He aquí el lenguaje como uno de los principales obstáculos para el acceso a la justicia. Y, como sostienen Montolío y Samaniego[358], a la vez, de la contradicción entre, por un lado, la importancia de saber el significado de las resoluciones judiciales para las partes involucradas y, por otro, su participación pasiva en el proceso judicial deviene la percepción de distancia e impotencia que experimenta la ciudadanía ante el poder judicial.

---

357 CHATEAURAYNAUD, F.: La coacción argumentativa. Las formas de la argumentación en los Marcos Deliberativos y las Potencialidades de Expresión Política (2007/2008), *Revista Europea de Ciencias Sociales*, 2005.

358 MONTOLÍO y SAMANIEGO. Op. cit.

V. CONCLUSIONES

Este trabajo buscó analizar las relaciones entre el campo judicial y el campo mediático, atendiendo a las lógicas que ponen en funcionamiento los/as jueces/as a la hora de comunicar información a la sociedad sobre las decisiones que toman. En tal sentido, hemos considerado que ni los "intérpretes autorizados" al decir de Bourdieu y Teuhnc[359], en el campo jurídico ni los periodistas actúan en forma autónoma de los conflictos internos y externos a cada espacio. Uno de los conflictos que identificamos en los discursos judiciales refirió a la necesidad de algunos/as jueces/as de apartarse de todo tipo de sospechas en el mantenimiento de relaciones interesadas e inmorales con los sectores de poder y los/as periodistas anulando todo tipo de contacto con estos últimos/as y, en ese acto, la posibilidad de comunicar información relevante para la sociedad en forma estratégica.

Las consecuencias de este comportamiento endogámico, corporativo y elitista al interior del campo judicial[360] atentan directamente contra el derecho a la comunicación en tanto requisito fundamental de las sociedades democráticas. Pues, si bien las sentencias son públicas y se hallan a disposición del periodismo y la ciudadanía en el sitio web del Centro de Información Judicial no siempre se informa en ellas sobre el debate judicial que lleva a justificar las decisiones adoptadas[361]. En este caso, el control del público resulta escaso. Más aún cuando la responsabilidad social por el tipo de información que llega a la

---

359 BOURDIEU Y TEUHNC. Op. cit.

360 CIOCCHINI, P. Enfrentando la Opacidad de la Institución Judicial", *Sortuz: Oñati Journal of Emergent Socio-legal Studies,* vol. 7, núm. 1, 2015, pp. 1-11.

361 BENGOETXEA. Op. cit.

ciudadanía a través de los medios de comunicación se atribuye meramente a los/as periodistas y empresarios de medios.

Por el contrario, tanto los entrevistados/as que se opusieron a este tipo de comunicación no mediada sino por el expediente judicial como garantía de integridad y transparencia y manifestaron informar a través de un vocero judicial como quienes dijeron hacerlo entrando en contacto personalmente con los/as periodistas e incluso quienes propusieron la elaboración de un dossier para casos paradigmáticos, hicieron recaer la responsabilidad por la información comunicada a la ciudadanía principalmente en el campo judicial. La función de los/as magistrados fue entendida por estos últimos como una labor instrumental que consiste en la administración de justicia en el marco de una institución que debería abrirse a la sociedad para poder interpelar a sus miembros. He aquí un segundo conflicto que señala el interrogante por el destinatario de las comunicaciones judiciales: ¿a quién interpelan los/as jueces?, ¿se dirigen a otros/as letrados/as?, ¿buscan responder a la opinión pública?, ¿"empatizan" con los protagonistas del hecho criminal?

Creemos que el hecho de no estar diseñadas estratégicamente las comunicaciones judiciales impone nuevas reflexiones sobre el derecho penal y la comunicación masiva, vinculadas al ejercicio del poder de juzgar y castigar comportamientos cuyos alegatos permanecen incomprendidos por la mayoría de los/as afectados y la ciudadanía en general, alimentando la profunda deslegitimación social que atañe al campo judicial en nuestros días. Ello se debe en gran medida a la no implementación de un lenguaje accesible y significativo para la ciudadanía pero también a la carencia de propósitos estratégicos en la formulación del objetivo comunicativo. Ahora bien, ¿cómo debería ser una comunicación estratégica? ¿Es suficiente la actual política comunicacional desarrollada por el CIJ? ¿Qué piensan de esta cuestión periodistas especializados en la temática judicial?

¿Qué participación se otorga a la ciudadanía? En estas cuestiones continuaremos trabajando en futuros trabajos a fin de diseñar algunos lineamientos estratégicos sobre la comunicación de la Justicia Penal.

Lo haremos partiendo de la concepción de comunicación estratégica como aquella acción tendiente a planificar el acto de interacción social mediante una toma de consciencia de la participación ciudadana para alcanzar la finalidad comunicativa y la intervención de todos los/as involucrados/as como agentes de planificación y decisión compartida. Desde una perspectiva situacional, el diseño de la estrategia de comunicación se orienta a la construcción colectiva de significado sobre la base de la identificación del sujeto al que interpela pues es a él/ella a quien debe resultarle significativa la información que se busca comunicar (y no meramente transmitir). Se trata de un tipo de comunicación basada en una intersubjetividad no dualista como ensamble dinámico de la realidad, sus actores y ambientes socioculturales cuyo diseño no es un plan o una fórmula rígida a aplicar sino un conjunto de dispositivos que habilitan la oportunidad de contacto con el otro[362]. En palabras de Jaramillo: "No existen fórmulas ni estrategias «prototipo», «modelo» o «plantilla» que puedan ser aplicadas de manera indiscriminada o generalizada. Y, finalmente, las acciones comunicativas que resultan de estrategias hábil y eficientemente planteadas tampoco son iguales ni sirven igual en todos los casos, la estrategia no es el poster ni el comercial de televisión sino la función que estas piezas cumplen con arreglo a un plan maestro que define sus características y contenidos"[363].

---

362 CAMPANA DOMÍNGUEZ y LUCERO BARZOLA. Op. cit.

363 JARAMILLO. Op. cit. cit. p. 13

Creemos que esta perspectiva es útil para aplicar en el campo judicial porque reconoce las disputas y consensos que se producen entre las diferentes fuerzas y actores sociales que intervienen en la comunicación social, atendiendo en particular a las representaciones socioculturales que circulan sobre cuestiones diversas. En nuestro caso, la seguridad ciudadana y sus protagonistas. Así, la elaboración de una política pública de comunicación para el poder judicial puede contribuir a promover el debate de la ciudadanía sobre temas de seguridad desde una perspectiva democrática tanto como la confianza en la institución judicial. El hecho de difundir en un lenguaje llano y entendible por el conjunto de la sociedad las razones y argumentos que llevan a los/as jueces a resolver casos penales en un determinado sentido creemos que también puede contribuir a tamizar los discursos punitivos que muchas veces fomentan los medios de comunicación masiva. Pero además, una comunicación democrática puede ampliar los espacios de participación ciudadana en la búsqueda de soluciones a los diversos conflictos que desembocan en casusa penales.

Ello es así porque las políticas públicas de comunicación no tienen un mero sentido instrumental. La producción de sentido trasciende el rol de los medios como meros canales de transmisión informativa para transformarlos en fortalecedores del tejido social al permitir someter a deliberación colectiva la labor de los funcionarios públicos. En este punto, compartimos con Pobete y González[364], la necesidad de efectuar un "giro lingüístico hacia el ciudadano" como "puerta de entrada a la democracia" que no se reduzca a la publicación de información sino que garantice la comprensión de la ciudadanía:

---

364 POBLETE, C. y GONZÁLEZ, P.: Una mirada al uso del lenguaje claro en el ámbito judicial latinoamericano, *Revista de Llengua i Dret, Journal of Language and Law*, núm. 69, 2017, pp. 119-138, cit. p. 122.

estructurando el contenido de las sentencias de manera de permitirle al lector ubicar rápidamente lo importante, evitando la sintaxis imbricada (tecnicismos, oraciones subordinadas, gerundios, párrafos extensos, predominio de estructuras impersonales y pasivas, etc.) y utilizando técnicas comunicativas propias del género divulgativo y no del género jurídico en la comunicación de los fallos judiciales.

VI. BIBLIOGRAFÍA

ÁLVAREZ, L, Conocimiento jurídico e intervención profesional: elementos para pensar la investigación del derecho en la actualidad, *Derecho y Ciencias Sociales*, núm. 20, 2018, pp. 23-32.

ANITUA, G: *Historias de los pensamientos criminológicos.* Buenos Aires, Editores del Puerto, 2015.

BAEZ, M.: *Hacia un manual de comunicación para poderes judiciales.* Sistema Argentino de Información Jurídica, Ministerio de Justicia y Derechos Humanos (Argentina), 2016.

BENGOETXEA, J.: Diálogos Judiciales e Interdisciplinarios en el Derecho Europeo, *Sortuz: Oñati Journal of Emergent Socio-Legal Studies,* vol. 7, núm. 1, 2015, pp. 160-183.

BONILLA VÉLEZ, J y TAMAYO GÓMEZ, C.; Los medios en las violencias y las violencias en los medios, Bogotá, CINEP, 2007.

BORRAT, H.: El periódico, actor del sistema político, *Anàlisi: Quaderns de comunicació i cultu*ra, núm. 12, 1989, pp. 67-80.

BOURDIEU, P. y TEUHNC, G. *La fuerza del derecho,* Bogotá, Siglo del Hombre- Fac. de Derecho, 2000.

CABRAL, L.: Poder judicial y medios de comunicación. Una difícil relación. En Highton de Nolasco, et al. Justicia Argentina Online. La mirada de los jueces, Buenos Aires, CSJN- CIJ., 2016, pp. 25-28.

CALZADO, M. y VAN DEN DOOREN, S.: ¿Leyes Blumberg? Reclamos de seguridad y reformas penales, *Delito y sociedad,* vol. 1, núm. 27, 2009, pp. 97-113.

CALZADO, M.: Violencia, víctimas y mediatización. Un acercamiento empírico a la conformación de subjetividades en las sociedades de seguridad, *Delito y Sociedad*, núm. 37, 2014, pp. 41- 59.

CALZADO, M.; FERNÁNDEZ, M. y LIO, V.; La inseguridad en las campañas electorales latinoamericanas, *Mediaciones Sociales*, núm. 13, 2014, pp. 1-20.

CAMPANA DOMÍNGUEZ, G y LUCERO BARZOLA, S.: Sobre comunicación estratégica en el marco del poder judicial. La relación de los aportes de la comunicación estratégica/ la planificación a las políticas públicas". En MASSONI, S., URANGA, W. Y LONGO, V: Políticas públicas y comunicación: una cuestión estratégica, San Luis, Nueva Editorial Universitaria, 2018, pp. 175-187.

CHATEAURAYNAUD, F.: La coacción argumentativa. Las formas de la argumentación en los Marcos Deliberativos y las Potencialidades de Expresión Política (2007/2008), *Revista Europea de Ciencias Sociales*, 2005.

CIOCCHINI, P. Enfrentando la Opacidad de la Institución Judicial", *Sortuz: Oñati Journal of Emergent Socio-legal Studies*, vol. 7, núm. 1, 2015, pp. 1-11.

CIOCCHINI, P.: Domando a la bestia: las reformas en la justicia penal bonaerense para eliminar la demora judicial, *Revista Derecho y Ciencias Sociales*, núm. 7, 2012, pp. 203-223.

COLÁS, A.: La influencia de los medios de comunicación en la administración de justicia. A propósito de un caso mediático, *Revista boliviana de derecho*, núm. 19, 2015, pp. 726-747.

CONZA, G.: Administración de justicia: el papel del juez, *Sortuz: Oñati Journal of Emergent Socio-Legal Studies*, vol. 7, núm. 1, 2015, pp. 139-159.

COUSO, J. Consolidación democrática y poder judicial: los riesgos de la judicialización de la política, *Revista de Ciencia Política*, vol. 24, núm. 2, 2004, pp. 29-48.

DE LEÓN-ESCRIBANO, R.: *La seguridad ciudadana y su impacto en la gobernabilidad y convivencia democráticas en Centro América*, San José, FLACSO, 2010.

GARAVENTA, C. y MAZZA, L.: El derecho penal del enemigo y los medios de comunicación, *Letra*, Vol. 5, núm. 10, 2018, pp. 17-31.

GARCÍA BEAUDOUX, V. y D' ADAMO, O.: Tratamiento del delito y la violencia en la prensa". En LUCHESSI, L. y RODRÍGUEZ, M. G. (Comps.) *Fronteras globales. Cultura, política y medios de comunicación*, Buenos Aires, La Crujía, 2007.

GARCÍA ROMERO, E.; RUIZ SAN ROMÁN, J. y SERRANO OCEJA, J. F.: La percepción de los periodistas sobre la comunicación organizacional: el caso de Google, *Revista Prisma Social,* vol. 22, núm. 3, 2018, pp. 28-60.

GARLAND, D.: *Castigo y sociedad moderna. Un estudio de teoría social,* Madrid, Siglo XXI, 1999.

GUTIÉRREZ GUERRA, B., PADÍN MARCHIOLI. M., ZAMPRILE ANTONINI, A. y SALVIA, A. Confianza institucional y vida ciudadana. Representaciones de la opinión pública en la Argentina urbana, Observatorio *de la deuda social Argentina,* UCA, 2018.

GUTIÉRREZ, M. (comp.): Populismo punitivo y justicia expresiva, Buenos Aires: Di Plácido, 2011.

HIGHTON DE NOLASCO, H: La política comunicacional de la Corte y el Centro de Información Judicial, *Justicia argentina online,* 2016. pp. 25-28.

KESSLER, G.: *El sentimiento de inseguridad. Sociología del temor al delito,* Buenos Aires, Paidós. 2009.

KOSTENWEIN, E.: Imágenes sobre la administración del castigo. *Delito y Sociedad,* vol. 40, núm. 24, 2015, pp. 80-111.

LEDESMA, Á. Op. Cit.; TUFRÓ, M.: Participación ciudadana, seguridad democrática y conflicto entre culturas políticas, *Revista Internacional de Derechos humanos,* vol. 9, núm. 16, 2012, pp. 159-182.

LEDESMA, Á: *Justicia penal, medios de comunicación y acceso a la información: ¿una tensa relación?,* Buenos Aires, *Justicia argentina online,* 2016, pp. 29-40.

LIJO, A.: La comunicación oficial de decisiones judiciales. Implicancias y desafíos. En *Justicia argentina online,* Op. Cit., 2016, pp. 67-80.

MARTINI, S.: El sensacionalismo y la falacia de la objetividad. Reflexiones acerca de la noticia sobre el delito en la prensa argentina, *Avatares. Revista de comunicación y cultura,* núm. 12, 2016, pp. 1-10.

MATA, M.: Comunicación, ciudadanía y poder. Repensando su articulación". En DORIS F. Y GUSTAVO C. (Orgs.). *Caminhos do campo comunicacional no Brasil e na Argentina,* III Coloquio Brasil-Argentina, 2013; SODRÉ, M. Sociedad, cultura y violencia. Buenos Aires, Norma, 2001.

MONTERO CAMPOS, Ma. E. Demandas de calidad y rigor en el periodismo judicial, Tesis doctoral, Universidad de Vigo, 2015.

MONTOLÍO, E. y SAMANIEGO, A.: La escritura en el quehacer judicial. Estado de la cuestión y presentación de la propuesta aplicada en la Escuela Judicial de España" Revista Signos, vol. 41, núm. 66, 2008, pp. 33-64.

NOSETTO, L.: Reflexiones teóricas sobre la judicialización de la política argentina. *Documentos y aportes en administración pública y gestión estatal,* vol. 23, núm. 12, 2014, pp. 93-123

POBLETE, C. y GONZÁLEZ, P.: Una mirada al uso del lenguaje claro en el ámbito judicial latinoamericano, *Revista de Llengua i Dret, Journal of Language and Law,* núm. 69, 2017, pp. 119-138.

RODRÍGUEZ ALZUETA, E. La administración de justicia en los mass media: deshistorización y criminalización de la realidad en el periodismo contemporáneo, En GUTIÉRREZ, M. (comp.), *Populismo punitivo y justicia expresiva,* Buenos Aires, Di Plácido, 2011.

SÁNCHEZ, Ma R.: Inseguridad y delito en la prensa regional y local argentina, *Comunicación política y seguridad,* vol. 1, núm. 1, 2019, pp. 3-25.

SARRABAYROUSE OLIVEIRA, Ma. J.: *La justicia penal y los universos coexistentes. Reglas universales y relaciones personales,* en Tiscornia Sofía (Comp.) Burocracias y violencia, Estudios de antropología jurídica, Buenos Aires, Facultad de Filosofía y Letras de la UBA, 2016.

SIMON, J.: Gobernar a través del delito, Barcelona: Gedisa, 2011.

VILLARRUEL, D.: *(In)justicia mediática. Cuando el periodismo quiere ser juez,* Buenos Aires, Editorial Sudamericana, 2014.

ZAFFARONI, E.: *Estructuras judiciales.* Buenos Aires, Ediar, 1994.

PANORAMA DE LA EDUCACIÓN CONCERTADA TRAS LA APROBACIÓN DE LA LEY ORGÁNICA 3/2020, DE 29 DE DICIEMBRE

DRA. JULIA MARTÍNEZ-CANDADO
Decana de la Facultad de Ciencias Sociales y Jurídicas
Profesora de Derecho Civil
Universidad Internacional de Valencia. VIU. España
mjmartinezc@universidadviu.com

RESUMEN: La Ley Orgánica 3/2020, de 29 de diciembre parece revelar una intención clara de convertir la enseñanza en un monopolio estatal, olvidando el carácter complementario de las dos redes, pública y concertada. En este trabajo, se hace un recorrido por las leyes educativas y el sistema de conciertos, analizando la nueva regulación, para concluir que la LOMLOE aspira a consumar una contrarreforma que pone en peligro las libertades educativas del artículo 27 CE.

I. INTRODUCCIÓN

El impacto de la Ley Orgánica 3/2020, de 29 de diciembre puede ser demoledor en nuestro sistema educativo. La actual regulación parece pretender una nueva interpretación de la norma constitucional del artículo 27 alejada del espíritu que la vio nacer. En efecto, la ley rompe el delicado equilibrio entre el derecho a la educación y la libertad de enseñanza, primando al primero sobre la segunda, y transformándolo en un "derecho a la educación pública". En la nueva regulación aparece una intención clara de convertir la enseñanza en un monopolio estatal, olvidando el carácter complementario de las dos redes, pública y concertada, que es garantía de libertad. Bien es cierto que, en su aspecto formal, la ley mantiene la referencia a la libertad de enseñanza entre los principios del sistema educativo pero, en la práctica, la libertad resulta asfixiada por la decisión del legislador de garantizar únicamente plazas públicas y procurar un incremento progresivo de las mismas. La nueva regulación conduce a una planificación unilateral por parte de las Administraciones educativas, convirtiendo la educación concertada en subsidiaria de la pública. Esta decisión augura la conversión de los centros privados concertados en centros públicos en una especie de reversión del modelo concertado. Sin embargo, el respeto a la libertad exige una oferta plural, porque lo que garantiza la Constitución no es el derecho a una educación pública sino el derecho a la educación, de manera que será imprescindible la existencia de centros distintos de los creados por los poderes públicos que revelen su proyecto a través del ideario educativo.

El nuevo marco normativo limita claramente la libertad de enseñanza, no solo en el aspecto de libre elección de las familias del modelo de educación y del centro, sino también en la facultad de creación de centros con ideario y en la de dirección y gestión de centros educativos que aparece claramente afectada por la nueva configuración del Consejo escolar como órgano de gobierno de los centros (art. 119. 2) y por la incorporación en su seno de un concejal o representante municipal (D. F. 1ª). Es cierto que, como tiene declarado el Tribunal Constitucional en reiterada Jurisprudencia, el derecho de participación previsto en la Constitución puede tener un ámbito muy variado, desde la simple consulta hasta la codecisión, pero, en ningún caso, podrá despojar a los titulares del contenido esencial de su derecho. La dirección y gestión del centro se manifiestan en el ideario educativo, motivo fundamental de elección del centro por las familias, y ese ideario no puede quedar al capricho de las circunstanciales mayorías del Consejo escolar.

Es cierto que la tramitación de las leyes educativas en nuestro país no ha estado nunca exenta de polémica, pero la LOMLOE sobrepasa todas las líneas rojas al perseguir un cambio de paradigma educativo. Un Preámbulo combativo desde el inicio avanzaba lo que serían los contenidos de la reforma y la radicalización del proyecto inicial parece más una modificación tácita de la Constitución en un deseo de convertir la educación en un monopolio estatal, erradicando la enseñanza concertada.

II. LAS LEYES EDUCATIVAS Y EL RÉGIMEN DE CONCIERTOS

Los pilares del actual sistema educativo español empezaron a gestarse con la Ley 14/1970, de 4 de agosto, General de Educación y Financiamiento de la Reforma Educativa que, en su Preámbulo, define la educación como una *"permanente tarea inacabada"*, planteándose entre sus objetivos hacer partícipe de la misma a toda la población española. Para atender esta finalidad, la Ley crea el sistema de conciertos, cuyo régimen jurídico y aprobación corresponde al Gobierno, que permite a los centros no estatales acordar con el Estado conciertos singulares que establecerán los derechos y obligaciones recíprocos en cuanto a régimen económico, profesorado, alumnos, incluido el sistema de selección de éstos y demás aspectos docentes, sin que puedan establecerse enseñanzas complementarias o servicios que comporten repercusión económica sobre los alumnos sin previa autorización del Ministerio[365]. Sin embargo, la propuesta adoleció de desarrollo reglamentario hasta que, en 1977, el Acuerdo sobre Medidas Económicas adoptado por los Partidos Políticos con representación parlamentaria aconseja la definición de un estatuto de los centros subvencionados y la revisión de su sistema de financiación para asegurar el control de la aplicación de los fondos públicos[366].

Con estos antecedentes, se llega a la Constitución Española de 1978 que sitúa el derecho a la educación y la libertad de enseñanza en idéntico plano, de manera que el uno no puede entenderse sin la otra, pero abre paso a los problemas que se han suscitado posteriormente a propósito del complejo equilibrio entre la igualdad y la libertad. Como garantía del derecho a la educación, aparece la programación general de la enseñanza, con participación efectiva de todos los sectores afectados y la creación de centros docentes (art. 27.5 CE); mientras que como manifestaciones de la libertad de enseñanza, la CE recoge, entre otras, el derecho de los padres a escoger a formación moral y religiosa de sus hijos (art. 27.3 CE) y la libertad de creación de centros docentes (art. 27.6 CE), derecho reconocido

---

365 Art. 96 de la Ley 14/1970, de 4 de agosto, General de Educación y Financiamiento de la Reforma Educativa. España. Ley 14/1970, de 4 de agosto, General de Educación y Financiamiento de la Reforma Educativa. Boletín Oficial del Estado, 6 de agosto de 1970, núm. 187, pp. 12525 a 12546.

366 Boletín Oficial de las Cortes. Congreso de los Diputados, núm. 26, de 3 de noviembre de 1977. Legislatura Constituyente (1977-1979). p. 344.

a las personas físicas y jurídicas dentro del respeto a los principios constitucionales, y que incluye la posibilidad de dotar a los centros de ideario propio. Ambos principios, igualdad y libertad, convergen en el art. 27.9 CE que contiene el mandato constitucional a los poderes públicos de ayudar a los centros que reúnan los requisitos establecidos por la Ley y, por tanto, será el legislador ordinario el que determine estas exigencias.

La LOECE, la primera que regularía la educación conforme a las previsiones constitucionales, prevé, en su art. 5, que la Ley de Financiación de la Enseñanza Obligatoria garantice la libertad de elección de centro de los padres para los niveles obligatorios y gratuitos, pero esta Ley no entra en vigor, siendo la LODE de 1985 la que consolida el régimen de conciertos.

La LODE, reconociendo el carácter mixto o dual de nuestro sistema educativo, encomienda a los centros sostenidos con fondos públicos (de titularidad pública y privados concertados) la provisión de la educación obligatoria en régimen de gratuidad[367]. Su régimen jurídico vendrá marcado por los principios de programación y participación: el primero orientado a la distribución equitativa del gasto público, dirigido a financiar la gratuidad, y el segundo encaminado a optimizar el rendimiento educativo del gasto y velar por la transparencia de la Administración y calidad de la educación[368]. Así, la LODE

---

367 La LODE reconoce también la existencia de *"centros privados que funcionan en régimen de mercado, mediante precio"*.

368 El Preámbulo de la LODE lo explica diciendo que se trata de una Ley *"de programación de la enseñanza, orientada a la racionalización de la oferta de puestos escolares gratuitos, que a la vez que busca la asignación racional de los recursos públicos permite la cohonestación de libertad e igualdad. Es también una ley que desarrolla el principio de participación establecido en el artículo 27.7, como salvaguarda de las libertades individuales y de los derechos del titular y de la comunidad escolar. Es, además, una ley*

se ocupa de los centros concertados en el Título IV (arts. 47 a 63), estableciendo el régimen que corresponde a los centros privados que, en orden a la prestación del servicio público de la educación, impartan la educación básica y reúnan los requisitos previstos en la Ley. Sin embargo, determinados preceptos de la Ley fueron objeto de recurso ante el Tribunal Constitucional que resolvió la cuestión en la Sentencia 77/1985, de 27 de junio y, por lo que hace al régimen de conciertos, declaró que la ayuda prevista en el art. 27.9 CE *"no puede interpretarse como una afirmación retórica, de manera que quede absolutamente en manos del legislador la posibilidad de conceder o no esa ayuda"* pero tampoco puede entenderse como la obligación de ayudar a todos los centros docentes, porque la remisión a la Ley que hace el art. 27.9 CE puede significar que la ayuda se realice teniendo en cuenta otros principios como *"el mandato de gratuidad de la enseñanza básica (art. 27.4 de la C.E.), la promoción por parte de los poderes públicos de las condiciones necesarias para que la libertad y la igualdad sean reales y efectivas (arts. 1 y 9 de la C.E.) o la distribución más equitativa de la renta regional y personal (art. 40.1 de la C.E.). El legislador se encuentra ante la necesidad de conjugar no solo diversos valores y mandatos constitucionales entre sí, sino también tales mandatos con la insoslayable limitación de los recursos disponibles. Todo ello, desde luego, dentro de los límites que la Constitución establece"*. Igualmente, la Sentencia señala que la regulación de un módulo económico para los centros concertados no limita la libertad de creación de centros docentes ni tampoco vulnera la libertad de empresa porque, en ambos casos, la libertad se ve favorecida por la posibilidad, voluntaria en todo caso, de acogerse

---

de regulación de los centros escolares y de sostenimiento de los concertados. Es, por fin, una norma de convivencia basada en los principios de libertad, tolerancia y pluralismo, y que se ofrece como fiel prolongación de la letra y el espíritu del acuerdo alcanzado en la redacción de la Constitución para el ámbito de la educación".

al régimen de conciertos[369]. De la misma manera, a través del sistema de conciertos, el legislador puede imponer el carácter no lucrativo de las actividades escolares, tanto docentes como complementarias o extraescolares y de servicios, sin perjuicio de que pueda desarrollar otras actividades docentes con carácter lucrativo fuera del nivel de enseñanza sometido a concierto[370]. En esta misma Sentencia, el Alto Tribunal reconoce a los titulares de los centros privados el derecho al establecimiento de un ideario y el derecho a su dirección que será susceptible de limitaciones (respetando en todo caso su contenido esencial), siendo una de estos límites la intervención estatal en los centros que reciben financiación pública[371]. Casi al mismo tiempo, el TC en Sentencia 86/1985, de 10 de julio reconoce que el derecho a la educación tiene una dimensión de libertad y otra prestacional, en cuya virtud los poderes públicos deben garantizar la efectividad del derecho para los niveles de enseñanza obligatorios. Para dar cumplimiento a la garantía, disponen de los instrumentos de planificación y promoción del art. 27.5 CE y el mandato de las ayudas públicas a los centros que reúnan los requisitos fijados por la Ley (art. 27.9 CE). Sin embargo, el art. 27.9 CE no recoge un derecho subjetivo a la prestación pública sino que es la Ley la que fija los requisitos y subvenciones para que los centros puedan acceder a la financiación pública. Ahora bien, en su regulación, el legislador no podrá contrariar los derechos y libertades educativas del art. 27 CE, debiendo configurar el régimen de ayudas de acuerdo con el principio de igualdad. Por tanto, comoquiera que el derecho a la subvención no

---

369 España. Tribunal Constitucional (Pleno). Sentencia núm. 77/1985 de 27 de junio. F.J. 12º.

370 España. Tribunal Constitucional (Pleno). Sentencia núm. 77/1985 de 27 de junio. F.J. 13º.

371 España. Tribunal Constitucional (Pleno). Sentencia núm. 77/1985 de 27 de junio. F.J. 20º.

nace de la Constitución sino de la Ley, no existe un deber de ayudar a todos los centros, por el mero hecho de serlo, sino que la ayuda estará condicionada por los requisitos previstos por la Ley[372].

La LOGSE se refiere a los conciertos en la Disposición Adicional Primera para señalar que el calendario de implantación del nuevo sistema educativo establecería también el procedimiento de adecuación de los conciertos educativos vigentes a las nuevas enseñanzas, en los términos previstos en la Disposición Transitoria Tercera de esta ley.

La LOPEG, en su Disposición Final Primera, introduce novedades en el régimen establecido por la LODE, modificando sus arts. 49, 51, 54, 56, 57, 59, 60, 61 y 62. Entre ellas, destaca la exigencia de que el módulo económico por unidad escolar fijado por las Comunidades Autónomas no sea inferior al establecido en los Presupuestos Generales del Estado. Además, el cobro de cualquier cantidad en concepto de actividades escolares complementarias debe ser autorizado por la Administración educativa correspondiente, mientras que tratándose de las actividades extraescolares, que no podrán formar parte del horario escolar del centro, y de las cuotas que deban aportar los usuarios se exige la aprobación por el Consejo Escolar del centro y su comunicación a la Administración educativa correspondiente.

La LOCE, que no llegó a aplicarse, dedica el Capítulo IV del Título V a los centros concertados y también las Disposiciones Adicionales 18ª y 19ª y la Disposición Transitoria Sexta. Este régimen se caracteriza por dar preferencia, por este orden, a las unidades solicitadas por los centros privados para primero, segundo y tercer curso de la Educación Infantil. Además, se prevé el

---

372 España. Tribunal Constitucional (Sala Segunda). Sentencia núm. 86/1985 de 10 de julio. F.J. 3º.

acceso progresivo de los centros al régimen de conciertos desde las unidades de los cursos inferiores hasta completar el número de unidades autorizadas con un plazo máximo no superior a la duración del correspondiente concierto.

La LOE de 2006 también se refiere a los conciertos, pero introduce la incertidumbre en su art. 109 al señalar que las Administraciones educativas garantizarán la existencia de "*plazas públicas suficientes*" especialmente en las zonas de nueva población. Sin embargo, la reforma operada por la LOMCE de 2013 elimina la referencia a las plazas públicas, garantizando la existencia de *"plazas suficientes"*, lo que, a nuestro juicio, resulta más conforme con el espíritu constitucional al no vincular esas plazas con los centros estatales. El papel que el legislador constituyente atribuye al Estado en materia de derecho a la educación es el de garante de efectividad del derecho, pero no de facilitador del mismo con carácter exclusivo. Ahora bien, ello no impide que el Estado pueda hacer efectiva la garantía con la *"creación de centros docentes"*, tal como señala el artículo 27.5 de la Constitución.

III. SITUACIÓN DE LA EDUCACIÓN CONCERTADA TRAS LA APROBACIÓN DE LA LOMLOE

No obstante, con la actual reforma operada por la LOMLOE la situación ha cambiado radicalmente. Esta afirmación no resulta gratuita sino que es el resultado del análisis del art. 109 LOE que se presenta con la siguiente redacción:

> "Artículo 109. Programación de la red de centros.
>
> 1. En la programación de la oferta de plazas, las Administraciones educativas armonizarán las exigencias derivadas de la obligación que tienen los poderes públicos de garantizar el derecho de todos a la educación, mediante una oferta suficiente de pla-

zas públicas, en condiciones de igualdad y los derechos individuales de alumnos y alumnas, padres, madres y tutores legales.

En todo caso, se perseguirá el objetivo de cohesión social y la consideración de la heterogeneidad de alumnado como oportunidad educativa.

2. Las enseñanzas reguladas en esta Ley se programarán por las Administraciones educativas teniendo en cuenta la oferta existente de centros públicos y la autorizada en los centros privados concertados, asegurando el derecho a la educación y articulando el principio de participación efectiva de los sectores afectados como mecanismo idóneo para atender adecuadamente los derechos y libertades y la elección de todos los interesados. Los principios de programación y participación son correlativos y cooperantes en la elaboración de la oferta que conllevará una adecuada y equilibrada escolarización del alumnado con necesidad específica de apoyo educativo, como garantía de la equidad y calidad de la enseñanza.

3. En el marco de la programación general de la red de centros de acuerdo con los principios anteriores, las Administraciones educativas programarán la oferta educativa de modo que garanticen la existencia de plazas públicas suficientes, especialmente en las zonas de nueva población.

4. Las Administraciones educativas deberán tener en cuenta las consignaciones presupuestarias existentes y el principio de economía y eficiencia en el uso de los recursos públicos.

5. Las Administraciones educativas promoverán un incremento progresivo de puestos escolares en la red de centros de titularidad pública".

Con la nueva redacción del precepto, se confirma la intención de convertir la enseñanza en un monopolio estatal. La oferta suficiente de plazas públicas del apartado 1, la garantía de plazas públicas suficientes del apartado 3, el incremento progresivo de puestos escolares en la red de titularidad pública del apartado 5 y la eliminación de la demanda social como criterio a considerar en la programación de la oferta educativa revelan claramente este objetivo. Mucho más si se une al incremento progresivo de la oferta de plazas públicas en el primer ciclo de Educación Infantil con el fin de atender todas las solicitudes de escolarización de la población infantil de cero a tres años (art. 15 LOE) y a la extensión del primer ciclo de educación infantil con una oferta pública suficiente y asequible (D.A. 3ª LOMLOE). Ello a pesar de que el art. 108.4 LOE encomienda la prestación del servicio público de la educación a los centros públicos y privados concertados, pero su reconocimiento es meramente formal porque, en la práctica, se propone atribuir a la enseñanza concertada un papel meramente subsidiario.

Así, el apartado 1 del artículo 109 LOE deja claro que la programación de la oferta de plazas se basará en una *"oferta suficiente de plazas públicas"*. A nuestro juicio, una cosa es que la educación pública sea referente y eje vertebrador del sistema y otra bien distinta que se convierta en modelo único o que permita la supervivencia de la educación sostenida con fondos públicos pero, de manera tan residual, que suponga su progresiva desaparición. El mismo Consejo Escolar del Estado, en su Dictamen de 8 de enero de 2019[373], había propuesto sustituir la expresión *"plazas públicas"* por *"centros públicos"* y a pesar de que, según el MEFP, el 55,4% de sus observaciones fueron atendidas, no fue el caso de esta sugerencia. En todo caso, ambas expresiones merecen una reflexión. La expresión *"centros públicos"*, sugerida por el Consejo Escolar del Estado, no nos parece acertada. Enten-

---

373 España. Consejo Escolar del Estado. Dictamen núm. 1, 8 de enero de 2019, al Anteproyecto de Ley Orgánica por la que se modifica la Ley Orgánica 2/2006, de 3 de mayo, de Educación. Disponible en: http://www.educacionyfp.gob.es/educacion/mc/cee/actuaciones/dictamenes/dictamenes2019/pag-1.html. p. 8

demos por *"centro público"* aquella unidad educativa cuya titularidad corresponde a una Administración pública. Y, siendo así, los centros públicos serán una realidad distinta de los centros concertados, que están sostenidos con fondos públicos, pero no son de titularidad pública. Del artículo 27 CE puede deducirse que el legislador constituyente quiso que la educación fuese un servicio facilitado por distintos tipos de centros, de manera que se garantizara la pluralidad de la oferta educativa y el respeto al derecho de los padres a elegir el tipo de educación que quieren para sus hijos. Así, la propia legislación de desarrollo diferencia centros públicos, privados concertados y privados, de donde puede colegirse que la distinción estaría entre centros estatales y no estatales. Precisamente por este motivo, la LOMCE, al dar una nueva redacción al artículo 109, señalaba que la programación de la oferta educativa tendría en consideración *"la oferta existente de centros públicos y privados concertados y la demanda social"*.

Pero, tampoco parece acertada la expresión *"plazas públicas"* con la que ahora se pronuncia la LOMLOE volviendo al texto inicial de la LOE. Profundizaremos en esta cuestión: En efecto, la expresión *"plazas públicas"* apareció por primera vez al publicarse el Proyecto de Ley Orgánica de Educación. Durante su tramitación en el Congreso, los grupos parlamentarios presentaron 14 enmiendas al precepto en las que subyacían los modelos educativos que defienden: así, mientras que el Partido Popular proponía hablar de puestos escolares en centros sostenidos con fondos públicos, bien fueran centros públicos o privados concertados, e incluía como criterio la demanda de las familias, proponiendo sustituir el término *"servicio público"* por servicio de interés general, el BNG abogaba por suprimir la expresión *"privados concertados"* dado que el servicio público de educación solo debe prestarse por centros públicos. PNV, Eusko Alkartasuna y CIU consideraban ambas redes como complementarias, mientras que Izquierda Verde- Izquierda Unida-Iniciativa per Catalunya Verds, Nafarroa Bai y Chunta

Aragonesista apostaban porque el servicio público de educación se prestará prioritariamente a través de la red de centros públicos. Por su parte, ERC defendía un modelo mixto de centros públicos y privados concertados en el que el límite de la libertad fuera el bien común.

De la misma manera, en su tramitación en el Senado se presentaron 7 enmiendas, pero, no obstante, en el texto que se aprobó definitivamente se mantuvo esa garantía de *"plazas públicas"* suficientes en las zonas de nueva población, si bien desapareció la consideración de la educación como *"servicio público"*. También se eliminó la referencia expresa a la *"libertad de elección de centro"* como principio a tener en cuenta en la programación de la oferta de plazas, eliminación que consideramos sintomática ya que, si bien es cierto que la libertad de elección de centro aparecía recogida en al artículo 84 a propósito de la admisión de alumnos en centros públicos y privados concertados, no lo es menos que al hablar de *"admisión"* se refiere a centros ya creados y una vez realizada la oferta de plazas, mientras que la programación hace referencia a las plazas de nueva creación, por lo que al eliminar la referencia expresa a la libre elección se cercena la libertad de enseñanza prevista en la Constitución y se limitan las posibilidades de los padres de escoger centro educativo.

En la redacción de la LOMCE, el artículo 109 solo mencionaba el compromiso de la Administración de garantizar *"plazas suficientes"*, algo que consideramos más conforme con el espíritu constitucional al no vincular esas plazas con los centros estatales. Lo que quiso el legislador constituyente fue que el papel del Estado en educación fuera de garante del acceso de todas las personas a la educación, de garantía de efectividad del derecho, pero sin que la misma deba ser facilitada exclusivamente por el Estado. Esto no quita para que el Estado pueda hacer efectiva la garantía con la *"creación de centros docentes"*, tal como señala el artículo 27.5 CE.

Si las Administraciones educativas programan la oferta de manera que solo se garantizan plazas públicas, la ley fulmina la elección de los padres, lo que es contrario a nuestra normativa interna, pero también a las normas europeas e internacionales[374].

---

374 Existen numerosos instrumentos internacionales que reconocen el derecho de los padres a la libre elección de centro. La propia Declaración Universal de los Derechos Humanos, incluida en el mismo artículo 10.2 de la Constitución, reconoce en su artículo 26.3 el derecho preferente de los padres *"a escoger el tipo de educación que habrá de darse a sus hijos"*. A/RES/217(III) aprobada por la Asamblea General de Naciones Unidas el 10 de diciembre de 1948.
Pensemos también en el Pacto Internacional de Derechos Económicos, Sociales y Culturales hecho en Nueva York el 19 de diciembre de 1966 y ratificado por España en 1977 que en su artículo 13.3 señala que *"Los Estados Partes en el Presente Pacto se comprometen a respetar la libertad de los padres y, en su caso, de los tutores legales, de escoger para sus hijos o pupilos escuelas distintas de las creadas por las autoridades públicas, siempre que aquéllas satisfagan las normas mínimas que el Estado prescriba o apruebe en materia de enseñanza, y de hacer que sus hijos o pupilos reciban la educación religiosa o moral que esté de acuerdo con sus propias convicciones"*. Pacto Internacional de Derechos Económicos, Sociales y Culturales, hecho en Nueva York el 19 de diciembre de 1966. Ratificado por España el 13 de abril de 1977. Boletín Oficial del Estado, 30 de abril de 1977, núm. 103, pp. 9343 a 9347.
También reconoce este derecho el Pacto Internacional de Derechos Civiles y Políticos, hecho en Nueva York el 19 de diciembre de 1966 y ratificado por España en 1977 que en su artículo 18 indica que *"Los Estados Partes en el presente Pacto se comprometen a respetar la libertad de los padres y, en su caso, de los tutores legales, para garantizar que los hijos reciban la educación religiosa y moral que esté de acuerdo con sus propias convicciones"*. Pacto Internacional de Derechos Civiles y Políticos, hecho en Nueva York el 19 de diciembre de 1966. Ratificado por España el 13 de abril de 1977. Boletín Oficial del Estado, 30 de abril de 1977, núm. 103, pp. 9337 a 9343.
Por su parte, el artículo 14.3 de la Carta de los Derechos Fundamentales de la Unión Europea señala *"Se respetan, de acuerdo con las leyes nacionales que regulen su ejercicio, la libertad de creación de centros docentes*

En el apartado 2, las Administraciones educativas programan la oferta de puestos escolares teniendo en cuenta la oferta actual (*"existente"* dice el art. 109), pero sin atender para el futuro la demanda de las familias, y, si bien sostiene que articula la *"participación efectiva de todos los sectores afectados"*, suprime una pieza fundamental de la comunidad educativa, los padres. La desaparición de la demanda social como criterio a considerar en la programación de la oferta puede significar, en el futuro, la desaparición de la enseñanza concertada y, por tanto, la eliminación del pluralismo. En efecto, las Administraciones educativas podrían aumentar las plazas públicas, disminuyendo progresivamente las concertadas haciendo, así, desparecer esa necesidad de escolarización.

En el apartado 3, el precepto vuelve a insistir en la garantía de *"plazas públicas suficientes, especialmente en las zonas de nueva población"*, desplazando a la educación concertada aun papel subsidiario.

Finalmente, en su apartado 5, la Ley dispone un mandato a las Administraciones educativas para promover *"un incremento progresivo de puestos escolares en la red de centros de titularidad pública"*.

De esta manera, la nueva redacción del artículo 109 de la LOE parece perseguir una inédita interpretación del artículo 27.1 CE en el que solo tuviera cabida el derecho a una educación pública. La Ministra había adelantado sus intenciones en su primera comparecencia ante la Comisión de Educación y Formación Profesional al señalar que *"[...] este ministerio, el Gobierno, promueve y defiende la escuela pública como referente y eje*

---

dentro del respeto a los principios democráticos, así como el derecho de los padres a garantizar la educación y la enseñanza de sus hijos conforme a sus convicciones religiosas, filosóficas y pedagógicas". Carta de los Derechos Fundamentales de la Unión Europea, hecho en Niza el 7 de diciembre de 2000. Diario Oficial de las Comunidades Europeas, 18 de diciembre de 2000, núm. 364, pp. 1 a 22.

vertebrador de todo el sistema. El Gobierno no va a apostar nunca por convertir el sistema o tener el riesgo de convertir el sistema en un mercado educativo sin responsabilidad social, que no haría sino aumentar la segregación de resultados y reproducir la desigualdad social. La escuela pública es la respuesta correlativa de la Administración pública para garantizar el derecho a la educación de toda persona y garantizar la cohesión social y el desarrollo cultural de la ciudadanía. En ningún caso va a considerarse subsidiaria o a relegarse como una opción menor, por lo que tendrá la debida preeminencia[375]". Si bien, la Ministra reconoce la función social de la enseñanza concertada, atribuyéndole un carácter complementario.

Sin embargo, la idea de un derecho a la educación pública no aparece en la Constitución ni siquiera estuvo en la mente de los constituyentes[376]. Antes al contrario, en el espíritu constitucional siempre latió la idea de que la prestación del servicio público de educación debía obedecer a un régimen dual en el que la enseñanza pública y la privada concertada pudieran coexistir. En este sentido, nos resultan clarificadoras las reflexiones del socialista Luis Gómez Llorente, al explicar el

---

375 Diario de Sesiones. Congreso de los Diputados, Comisión de Educación y Formación Profesional, núm. 572, de 11 de julio de 2018. XII Legislatura (2016-2019). p. 3.

376 Recordemos las dificultades para alcanzar un consenso sobre la regulación del derecho a la educación en la Constitución de 1978, pero en el que primó la voluntad de los partidos políticos de superar sus tradicionales posiciones enfrentadas para encontrar un texto que fuera duradero. Así, Luis Gómez Llorente, al intervenir para dar la explicación de voto favorable a la redacción del artículo 27 del principal partido de izquierdas, el Partido Socialista Obrero Español, señalaba que *"esta Constitución proscribe toda idea de estatalización del sistema educativo del país y que se respeta la iniciativa privada y que se cierra la puerta a toda idea de nacionalización de cualesquiera centros docentes"*. Diario de Sesiones. Congreso de los Diputados, Pleno, núm. 106, de 7 de julio de 1978. Legislatura Constituyente (1977-1979). p. 4041.

voto favorable de su Grupo Parlamentario al texto del artículo 27 CE, al señalar *"Yo no tengo inconveniente en proclamar en este solemne momento del debate constitucional, en nombre de mi Grupo Parlamentario, que no estamos en contra de la existencia de esas ayudas a centros que nacen o que nacieron como de la iniciativa privada. Más aún, no tengo inconveniente en decir ante Vuestras Señorías que yo entiendo que ese capítulo del Presupuesto debe ser ampliado, porque hay muchas escuelas privadas que resuelven unas necesidades auténticamente sociales de escolarización, que no pueden subsistir o sobrevivir y que muy difícilmente, y en todo caso innecesariamente, podrían ser sustituidas mediante la creación de otros centros estatales que se abrieran en sus inmediaciones para provocar su definitiva ruina*[377]*"*.

La idea de la educación como servicio público ha estado presente en todas las leyes educativas. Así, ya en el artículo 3 de Ley General de Educación y Financiamiento de la Reforma Educativa de 1970 se entiende la educación como un *"servicio público fundamental"*. También en los Preámbulos de la LODE y de la LOGSE se habla de un *"servicio público"*, considerándose prioritario en la primera de ellas. Por su parte, en varios puntos del Preámbulo de la LOE se habla del servicio público de educación considerándolo *"esencial"* y *"social"*, siendo posible que se preste por los poderes públicos y por la iniciativa social. Y, más concretamente, el artículo 108.4 al referirse a la clasificación de los centros señala que *"la prestación del servicio público de la educación se realizará, a través de los centros públicos y privados concertados"*. Lo que ocurre es que, en los últimos años, hay una tendencia generalizada a considerar que este servicio debe ser prestado por el Estado, dando más importancia al carácter prestacional

---

377 Diario de Sesiones. Congreso de los Diputados, Pleno, núm. 106, de 7 de julio de 1978. Legislatura Constituyente (1977-1979). p. 4042.

del derecho a la educación que a su dimensión de libertad[378]. Sin embargo, no faltan autores que consideran que no se trata de un servicio público, entendiéndose por tal el que se presta exclusivamente por las Administraciones públicas, sino que es una actividad de interés general o de interés social en el que el papel del Estado es simplemente de garante del ejercicio del derecho por todos los ciudadanos[379]. En este sentido, Calvo Charro manifiesta que la configuración del derecho a la educación como un servicio público supone un ataque frontal a la libertad de enseñanza porque aceptar esta naturaleza jurídica equivaldría a la estatalización de la educación[380]. Otros lo consideran como un *"derecho subjetivo de prestación, exigible frente a los poderes públicos, sin que ello prejuzgue el modelo educativo general ni menoscabe necesariamente el derecho a la libertad de enseñanza[381]"*. Tampoco

---

378 Sobre la doble dimensión del derecho a la educación, como prestación y como derecho de libertad, puede verse el Fundamento Jurídico Tercero de la Sentencia del Tribunal Constitucional 86/1985, de 10 de julio. España. Tribunal Constitucional (Sala Segunda). Sentencia núm. 86/1985 de 10 de julio.

379 En este sentido, véase VIDAL PRADO, Carlos. El diseño constitucional de los derechos educativos ante los retos presentes y futuros. *Revista de Derecho Político* [en línea]. Madrid: Servicio de Publicaciones de la UNED, 2017, 100, pp. 739-766 [consulta: 18 de agosto de 2019]. ISSN 21745625. Disponible en: http://revistas.uned.es/index.php/derechopolitico/article/view/20716. p. 747.

380 CALVO CHARRO, María. La libertad de elección de centro docente. Historia de la conculcación de un derecho fundamental. *Asamblea: Revista Parlamentaria de la Asamblea de Madrid* [en línea]. Madrid: Asamblea de Madrid, 2006, 14, pp. 81-101 [consulta: 18 de agosto de 2019]. ISSN 15755312. Disponible en: https://dialnet.unirioja.es/servlet/articulo?codigo=2153940. p. 91.

381 FERNÁNDEZ MIRANDA, Alfonso y SÁNCHEZ NAVARRO, Ángel. Artículo 27: Enseñanza. En: ALZAGA VILLAMIL, Óscar (dir.). *Comentarios a la Constitución Española. Tomo III. Artículos 24 a 38 de la*

faltan autores que, dentro de los servicios públicos, distinguen aquellos que sirven para garantizar la prestación de actividades económico-empresariales de aquellos otros que garantizan actividades de carácter social y asistencial. En el primer caso, cabe la reserva a la titularidad pública mientras que en el segundo coinciden dos sistemas paralelos: uno de carácter público y otro de carácter privado. En estos casos, solo se consideraría servicio público el que presta el sector público, pero no el que realiza el sector privado[382].

Parece claro que si por servicio público entendemos aquél que se presta exclusivamente por el Estado y que solo permitiría para gestión privada la fórmula de la concesión administrativa, no puede decirse que la educación sea un servicio público porque sería tanto como desconocer la libertad de enseñanza y de creación de centros docentes. Y ello sin perjuicio de que esa libertad esté sometida a los límites señalados por la Constitución y por la legislación de desarrollo. Lo que no abriga duda es que se trata de un derecho que obliga a los poderes públicos y que, de acuerdo con el artículo 53 CE, está sujeto a reserva legal y cualquier ciudadano podrá recabar su tutela ante los Tribunales ordinarios y a través del recurso de amparo ante el Tribunal Constitucional.

Constitución Española de 1978. Madrid: Edersa, 2006, pp. 157-272. ISBN 8471308908. p. 169.

382 MÍGUEZ MACHO, Luis. La polémica sobre la compatibilidad con el principio constitucional de no discriminación por razón de sexo de los conciertos de la administración con los centros que imparten educación diferenciada. *Persona y Derecho* [en línea]. Pamplona: Universidad de Navarra: Servicio de Publicaciones, 2015, 72, pp. 237-264 [consulta 15 de septiembre de 2019]. ISSN 02114526. Disponible en: http://dadun.unav.edu/handle/10171/42390. p. 241.

Además, la nueva redacción del artículo 109 de la LOE elimina la *"demanda social"* como criterio a considerar en la programación de la oferta educativa; *"demanda social"* que había sido introducida por la LOMCE[383] y que, a decir de la Ministra Celaá, se había utilizado como un *"eufemismo"* para convertir a la enseñanza pública en subsidiaria de la concertada[384].

En la presentación de enmiendas en el Congreso al texto de la LOMCE, el Grupo Parlamentario Socialista propuso una redacción alternativa al apartado segundo del precepto dando prioridad, en la programación de la oferta de plazas, a la red de centros públicos y considerando a la red concertada como un recurso secundario para *"completar las necesidades de escolarización[385]"*. No obstante, resulta llamativo que, en el recurso de

---

383 Con la LOMCE, la redacción del artículo 109 quedó así:
"Artículo 109. Programación de la red de centros.

1. En la programación de la oferta de plazas, las Administraciones educativas armonizarán las exigencias derivadas de la obligación que tienen los poderes públicos de garantizar el derecho de todos a la educación y los derechos individuales de alumnos y alumnas, padres, madres y tutores legales.

2. Las Administraciones educativas programarán la oferta educativa de las enseñanzas que en esta Ley se declaran gratuitas, teniendo en cuenta la programación general de la enseñanza, las consignaciones presupuestarias existentes y el principio de economía y eficiencia en el uso de los recursos públicos y, como garantía de la calidad de la enseñanza, una adecuada y equilibrada escolarización de los alumnos y alumnas con necesidad específica de apoyo educativo, tomando en consideración la oferta existente de centros públicos y privados concertados y la demanda social. Asimismo, las Administraciones educativas garantizarán la existencia de plazas suficientes".

384 Diario de Sesiones. Congreso de los Diputados, Comisión de Educación y Formación Profesional, núm. 572, de 11 de julio de 2018. XII Legislatura (2016-2019). p. 3.

385 Boletín Oficial de las Cortes Generales. Congreso de los Diputados, serie A, núm. 48-2, de 18 de septiembre de 2013. X Legislatura (2011-2016). p. 414.

inconstitucionalidad interpuesto por el Grupo Parlamentario Socialista contra la LOMCE, no se incluyera el artículo 109. Y no sabemos si la omisión obedece a un descuido o, si por el contrario, los recurrentes tenían claro que la programación de la oferta educativa debe respetar la demanda de los padres y la libertad de enseñanza. En este segundo caso, no se entendería la actual eliminación si no es porque el objetivo consiste en reconceptualizar todo el sistema educativo, transitando del modelo constitucional del 78, que permite la red dual para garantizar a la vez el pluralismo educativo y la equidad, a uno nuevo en el que predomine un patrón único y público.

Por su parte, el Grupo Parlamentario IU, ICV-EUiA, CHA: La Izquierda Plural, en su enmienda de modificación, proponía que el derecho a la educación estuviera garantizado "*a través de la red de centros públicos o, en su caso, con carácter subsidiario, de centros privados concertados*", consagrando el derecho de cualquier alumno a una plaza pública. Para este grupo, la LOMCE consagraba la *"subsidiariedad de lo público respecto a lo privado"*, de manera que la educación pública quedaba subordinada a la privada concertada, siendo inadmisible la inclusión de la concertada como integrante de servicio público de educación[386]. Entienden que el derecho a la educación debe garantizarse con la red de centros públicos y la libertad de elección queda siempre subordinada al principio de equidad.

No obstante, a pesar de su eliminación, entendemos que la *"demanda social"* como criterio a considerar en la programación de la enseñanza protege mejor la libertad de elección de los interesados y es una garantía del respeto a la libertad de enseñanza. Recordemos las palabras del Magistrado Tomás y Valiente que, en

---

386 Boletín Oficial de las Cortes Generales. Congreso de los Diputados, serie A, núm. 48-2, de 18 de septiembre de 2013. X Legislatura (2011-2016). p. 103.

su voto particular a la STC 5/1981, de 13 de febrero, señalaba que el reconocimiento de la libertad de enseñanza del art. 27.1 CE es la proyección en materia educativa *"de dos de los «valores superiores» de nuestro ordenamiento jurídico: la libertad y el pluralismo"* y supone la confirmación de que *"el derecho de todos a la educación se ha de realizar dentro de un sistema educativo plural, regido por la libertad"*. Como manifestación primaria de esa libertad de enseñanza, sitúa la libertad de creación de centros docentes (art. 27.6 CE) que *"implica la inexistencia de un monopolio estatal docente y, en sentido positivo, la existencia de un pluralismo educativo institucionalizado"*.

IV. CONCLUSIONES

A la vista de lo expuesto, podemos concluir que la nueva redacción del artículo 109 LOE pretende reinterpretar el artículo 27.1 CE para convertir el derecho a la educación en un derecho a la educación pública, convirtiendo a la enseñanza concertada en residual, limitando e incluso impidiendo el ejercicio de la libertad de los padres a escoger la educación para sus hijos del artículo 27.3 CE.

A nuestro parecer, no existe un derecho a la educación pública, porque la garantía del derecho a la educación no es que la prestación se reserve exclusivamente a las Administraciones públicas sino que se financie con fondos públicos, de manera que cualquiera, con independencia de su situación económica, pueda acceder. Solo así puede garantizarse tanto la dimensión prestacional del derecho como su aspecto de libertad que permite a los padres elegir la formación de sus hijos en centros distintos de los creados por los poderes públicos y a las personas físicas y jurídicas la creación de centros docentes.

Si lo que se persigue es la universalidad de acceso a la educación, es indiferente si ésta se presta por la escuela pública o sostenida con fondos públicos. Las ideas de monopolio público desconocen que la fortaleza y calidad de la enseñanza concertada hace también a la enseñanza pública más fuerte, porque no podemos olvidar que la educación concertada es, en sentido amplio, educación pública al estar sostenida con fondos públicos y sometida a una regulación idéntica. Pero, además, ningunean las libertades educativas de los arts. 27.3 y 27.6 CE impidiendo su ejercicio.

En conclusión, la radicalización del texto inicial, consecuencia de la introducción de enmiendas durante el periodo de tramitación de la Ley, ha supuesto un mazazo para la enseñanza concertada y puede representar su progresiva desaparición si el incremento de puestos escolares públicos hace desaparecer las necesidades de escolarización. A pesar de que la enseñanza concertada representa la garantía del pluralismo en la enseñanza básica obligatoria y gratuita, la nueva redacción del art. 109 LOE le atribuye una función meramente subsidiaria, por lo que el legislador al diseñar un sistema único y monopolístico incumple el mandato de *"promover las condiciones para que la libertad y la igualdad del individuo y de los grupos en que se integra sean reales y efectivas y remover los obstáculos que impidan o dificulten su plenitud"* del art. 9.2 CE.

V. BIBLIOGRAFÍA

CALVO CHARRO, María. La libertad de elección de centro docente. Historia de la conculcación de un derecho fundamental. *Asamblea: Revista Parlamentaria de la Asamblea de Madrid* [en línea]. Madrid: Asamblea de Madrid, 2006, **14**, pp. 81-101 [consulta: 18 de agosto de 2019]. ISSN 15755312. Disponible en: https://dialnet.unirioja.es/servlet/articulo?codigo=2153940.

FERNÁNDEZ-MIRANDA CAMPOAMOR, Alfonso y SÁNCHEZ NAVARRO, Ángel. Artículo 27: Enseñanza. En: ALZAGA VILLAMIL, Óscar (dir.). *Comentarios a la Constitución Española. Tomo III. Artículos 24 a 38 de la Constitución Española de 1978.* Madrid: Edersa, 2006, pp. 157-272. ISBN 8471308908.

GUARDIA HERNÁNDEZ, Juan José. Marco constitucional de la enseñanza privada española sostenida con fondos públicos: recorrido histórico y perspectivas de futuro. *Estudios constitucionales: Revista del Centro de Estudios Constitucionales* [en línea]. Chile: Universidad de Talca: Centro de Estudios Constitucionales de Chile, 2019, **1**, pp. 321-362 [consulta: 17 de agosto de 2020]. ISSN-e 0718-0195. Disponible en: https://dialnet.unirioja.es/servlet/articulo?codigo=7027925.

MARCOS PASCUAL, Enrique. Los conciertos educativos y la libertad de elección de centro educativo. *RDUNED. Revista de Derecho UNED* [en línea]. Madrid: UNED. Universidad Nacional de Educación a Distancia, 2019, **25**, pp. 429-470 [consulta: 22 de octubre de 2020]. ISSN 18869912. Disponible en: http://revistas.uned.es/index.php/RDUNED/article/view/27003/21066.

MÍGUEZ MACHO, Luis. La polémica sobre la compatibilidad con el principio constitucional de no discriminación por razón de sexo de los conciertos de la administración con los centros que imparten educación diferenciada. *Persona y Derecho* [en línea]. Pamplona: Universidad de Navarra: Servicio de Publicaciones, 2015, **72**, pp. 237-264 [consulta: 15 de septiembre de 2019]. ISSN 02114526. Disponible en: http://dadun.unav.edu/handle/10171/42390.

VIDAL PRADO, Carlos. El diseño constitucional de los derechos educativos ante los retos presentes y futuros. *Revista de Derecho Político* [en línea]. Madrid: Servicio de Publicaciones de la UNED, 2017, **100**, pp. 739-766 [consulta: 18 de agosto de 2019]. ISSN 21745625. Disponible en: http://revistas.uned.es/index.php/derechopolitico/article/view/20716.

EL IMPACTO DE LAS NUEVAS TECNOLOGÍAS EN LOS DERECHOS FUNDAMENTALES

CRISTINA MARTÍNEZ GARAY
Directora en Máster Universitario de Propiedad Intelectual e Industrial
Directora de Máster Universitario de Derecho Digital y de Ciberseguridad
Universidad Internacional de Valencia. VIU. -España-
cristina.martinezg@universidadviu.com

I. INTRODUCCIÓN

Nadie pone en duda la transformación digital que estamos viviendo en los últimos años de forma que la tecnología está presente en todos los ámbitos y sectores de la economía … Uno de los retos que plantea la transformación tecnológica precisamente por la velocidad de su desarrollo es valorar si el Derecho está evolucionando al mismo ritmo y si se garantizan los derechos fundamentales tradicionales en el escenario digital.

En el presente capítulo abordaremos con carácter general la regulación de nuestro ordenamiento jurídico actualmente ante los desafíos que presentan las nuevas tecnologías y el respeto a los derechos fundamentales.

II. LA APARICIÓN DE LOS DERECHOS DIGITALES

1. Regulación

En España a través de la Ley Orgánica 3/2018, de 5 de diciembre, de Protección de Datos Personales y garantía de los derechos digitales, en adelante LOPDGDD, se aborda por primera vez la protección de derechos de los ciudadanos en dicha esfera digital, estableciendo un escenario más reforzado, mayor protección y de respeto a los derechos digitales habida cuenta que en su artículo 79 determina lo siguiente:

> "Los derechos y libertades consagrados en la Constitución y en los Tratados y Convenios Internacionales en que España sea parte son plenamente aplicables en Internet. Los prestadores de servicios de la sociedad de la información y los proveedores de servicios de Internet contribuirán a garantizar su aplicación"

La justificación de estos nuevos derechos digitales, la encontramos en el cuarto considerando de la ley, en el cual, el legislador explica que Internet se ha convertido en una realidad *"omnipresente tanto en nuestra vida personal como colectiva"* y que a falta de una reforma de la Constitución que incluya este nuevo paradigma, *"el legislador debe abordar el reconocimiento de un sistema de garantía de derechos digitales"*.

2. Clases de derechos

Los derechos digitales vienen a ser los mismos derechos tradicionales pero extrapolados al siglo XXI de forma que suponen una extensión de los derechos reconocidos y protegidos en la esfera digital. A continuación, hacemos una referencia de los mismos reconocidos en la citada Ley:

- √ *Derecho a la neutralidad de Internet (art. 80).* Constituye el Derecho de los ciudadanos a recibir una oferta de servicios transparente, sin discriminación por razones técnicas o económicas por parte de los proveedores de Internet.

- √ *Derecho de acceso universal a Internet (art. 81).* Supone garantizar el Derecho de los usuarios a obtener un acceso universal a Internet, con independencia de condición social, económica, geográfica, generacional o de género que sea asequible, de calidad y no discriminatorio para toda la población.

- √ *Derecho a la seguridad digital (art. 82).* Implica el Derecho de los ciudadanos a la seguridad de las comunicaciones que transmitan y reciban a través de Internet obligando a los proveedores informarles sobre sus derechos.

- √ *Derecho a la educación digital (art. 83).* Este Derecho supone la exigencia al sistema educativo de garantizar la plena inserción del alumnado en la sociedad digital y el aprendizaje de un consumo responsable y un uso crítico y seguro de los medios digitales con pleno respeto a la dignidad humana y a los derechos fundamentales.

- √ *Protección de los menores en Internet (art. 84).* Este Derecho traslada la responsabilidad a los padres tutores o curadores de los menores para que éstos hagan un uso equilibrado y responsable de los medios digitales a fin de garantizar el *"adecuado desarrollo de su personalidad y preservar su dignidad y sus derechos fundamentales"*.

- √ *Derecho de rectificación en Internet (art. 85).* Frente al Derecho de libertad de expresión, este derecho trata de proteger las intromisiones al derecho honor o la intimidad de una persona para el caso de divulgaciones por medios digitales no veraces otorgando la posibilidad de la rectificación previa petición a los responsables de redes sociales o equivalentes.

√ *Derecho a la actualización de informaciones en medios de comunicación digitales (art. 86).* Toda persona tiene derecho a solicitar a los medios digitales que se hayan publicado información sobre éste, a actualizarla/modificarla por quedar esta información obsoleta y le está causando un perjuicio.

√ *Derecho a la intimidad y uso de dispositivos digitales en el ámbito laboral (art. 87).* Se protege la intimidad de trabajadores y empleados públicos en el uso de los dispositivos digitales puestos a su disposición como consecuencia del desempeño de sus obligaciones laborales, sin perjuicio de la facultad de acceder a contenidos del uso de los medios digitales que hayan realizado sus empleados, a los solos efectos de controlar el cumplimiento de las obligaciones laborales. Para ello, se exige al empleador la fijación de criterios de utilización de dichos dispositivos por sus empleados e informarles en ese sentido

√ *Derecho a la desconexión digital en el ámbito laboral (art. 88).* Se configura el derecho que le corresponde a los trabajadores y empleados públicos a desconectar, durante el tiempo de descanso de los medios digitales, en aras a respetar su intimidad personal y permitir la conciliación de la actividad laboral y la vida personal y familiar.

√ *Derecho a la intimidad frente al uso de dispositivos de videovigilancia y de grabación de sonidos en el lugar de trabajo (art 89).* Se protege el derecho a la intimidad de los trabajadores frente la facultad de control de los empleadores mediante la colocación de sistemas de cámaras o videocámaras estableciendo prohibiciones en las zonas de descanso y límites en cuanto a las grabaciones de la voz.

√ *Derecho a la intimidad ante la utilización de sistemas de geolocalización en el ámbito laboral (art. 90)* Los empleadores deben informar expresa e inequívocamente a los trabajadores o empleados públicos, así como a los representantes, sobre la implantación de los sistemas de geolocalización a los efectos de control de las obligaciones laborales.

√ *Derechos digitales en la negociación colectiva(art.91).*Se faculta el establecimiento de garantías adicionales de los derechos y libertades relacionados con el tratamiento de los datos personales de los trabajadores y la salvaguarda de derechos digitales en el ámbito laboral a través de convenios colectivos.

√ *Protección de datos de los menores en Internet (art. 92).* Tanto los centros educativos como cualquier persona (física o jurídica) que desarrollen actividades con menores, deben contar con el consentimiento expreso del menor o sus representantes legales al objeto de publicar en medios digitales sus datos personales, protegiendo en todo caso el interés superior del menor y sus derechos fundamentales.

√ *Derecho al olvido en búsquedas de Internet (art. 93).* Derecho que le corresponde a toda persona para que los motores de búsqueda de Internet eliminen de las listas de resultados la información inadecuada, inexacta, no pertinente, no actualizada o excesiva sobre su persona mediante la búsqueda por su nombre. Este derecho no impide el acceso a la información publicada en el sitio web, si no que dicha información no sea accesible a través del nombre del interesado.

√ *Derecho al olvido en servicios de redes sociales y servicios equivalentes (art. 94):* Este derecho permite la supresión de los datos personales que haya facilitado para su publicación a redes sociales y sitios web, bastando para ello una simple solicitud siempre que fuesen inadecuados, inexactos, no pertinentes, no actualizados o excesivos o hubieren devenido como tales por el transcurso del tiempo, teniendo en cuenta los fines para los que se recogieron o trataron, el tiempo transcurrido y la naturaleza e interés público de la información

√ *Derecho de portabilidad en servicios de redes sociales y servicios equivalentes (art.95):* Este derecho supone la posibilidad de recibir y transmitir los contenidos que hubieran facilitado a los prestadores de servicios, así como la opción de que los transmitan directamente a otro prestador que hubiera designado, siempre que sea técnicamente posible.

√ *Derecho al testamento digital (art. 96):* Supone la posibilidad de que familiares o personas vinculadas al fallecido/a puedan dirigirse y acceder a los prestadores de servicios digitales en aras a acceder a los contenidos e impartirles indicaciones que estimen conveniente, con la única excepción de que el fallecido hubiera dispuesto otra cosa mediante testamento. Asimismo, se prevé el desarrollo de este decreto por distintas disposiciones normativas.

Por todo lo expuesto, podemos indicar que el legislador ha configurado un nuevo marco legal como punto de partida para regular la realidad digital que estamos viviendo, sin perjuicio de estar a la espera de nuevas disposiciones y resoluciones judiciales que completen e interpreten estos nuevos derechos a fin de defender y proteger los derechos reconocidos en la normativa referenciada.

III. LA CARTA DE LOS DERECHOS DIGITALES

1. Concepto y estructura

Sin perjuicio del análisis de los derechos regulados en la normativa española de protección de datos, debemos mencionar que prueba de la preocupación e interés en otorgar protección a la nueva realidad digital que estamos viviendo el Gobierno de España adoptó en verano 2021 la “Carta de

Derechos Digitales"[387] elaborada a partir del trabajo realizado por el Grupo asesor de Expertas y Expertos constituido por la Secretaría de Estado de Digitalización e Inteligencia Artificial del Ministerio de Asuntos Económicos y Transformación Digital teniendo como base el reconocimiento de los derechos digitales de la LOPDGDD y el Real Decreto-ley 28/2020, de 22 de septiembre, de trabajo a distancia.

Es importante resaltar que la "Carta de Derechos Digitales" no tiene carácter normativo ni pretende crear nuevos derechos fundamentales, pero recoge un conjunto de principios y derechos para guiar futuros proyectos normativos de forma que garantice la protección de los derechos individuales y colectivos en la nueva realidad digital.

En concreto, la Carta de Derechos se compone de 27 derechos agrupándolos en seis categorías de derechos relevantes para orientar este proceso de transformación digital que estamos viviendo, resultando los siguientes como pasamos a enunciar a continuación:

- *Derecho a la libertad:* I. Derechos y libertades en el entorno digital. II. Derecho a la identidad en el entorno digital. III. Derecho a la protección de datos. IV. Derecho al pseudonimato. V. Derecho de la persona a no ser localizada y perfilada .VI. Derecho a la ciberseguridad VII. Derecho a la herencia digital.
- *Derechos de Igualdad*: VIII. Derecho a la igualdad y a la no discriminación en el entorno digital. IX. Derecho de acceso a Internet. X. Protección de las personas menores de edad en el entorno digital. XI. Accesibilidad universal en el entorno digital. XII. Brechas de acceso al entorno digital.

---

387 https://www.lamoncloa.gob.es/presidente/actividades/Documents/2021/140721-Carta_Derechos_Digitales_RedEs.pdf

- *Derechos de participación y de conformación del espacio público*: XIII. Derecho a la neutralidad de Internet. XIV. Libertad de expresión y libertad de información XV. Derecho a recibir libremente información veraz. XVI. Derecho a la participación ciudadana por medios digitales XVII. Derecho a la educación digital XVIII. Derechos digitales de la ciudadanía en sus relaciones con las Administraciones Públicas.
- *Derechos del entorno laboral y empresarial*: XIX. Derechos en el ámbito laboral XX. La empresa en el entorno digital.
- *Derechos digitales en entornos específicos*: XXI. Derecho de acceso a datos con fines de archivo en interés público, fines de investigación científica o histórica, fines estadísticos, y fines de innovación y desarrollo. XXII. Derecho a un desarrollo tecnológico y un entorno digital sostenible. XXIII. Derecho a la protección de la salud en el entorno digital .XXIV. Libertad de creación y derecho de acceso a la cultura en el entorno digital .XXVI. Derechos ante la inteligencia artificial .XXVI. Derechos digitales en el empleo de las neurotecnologías.
- *Garantías y Eficacia*: XXVII. Garantía de los derechos en los entornos digitales. XXVIII. Eficacia

Con la adopción de la Carta, España da cumplimiento a uno de los diez objetivos marcados en la agenda España Digital 2025.

IV. LA TECNOLOGÍA Y SU AFECTACIÓN EN EL MARCO DE LAS RELACIONES LABORALES

Respecto a la aparición de las nuevas tecnologías y su incorporación en el mundo laboral ha supuesto una nueva dimensión respecto a la conjugación entre los derechos fundamentales y la potestad empresarial de control de la actividad laboral que otorga al empresario el Real Decreto Legislativo 2/2015, de 23 de octubre por el que se aprueba el texto refundido de la Ley del Estatuto de los Trabajadores. En concreto, en su artículo 20.3ET establece lo siguiente:

> "El empresario podrá adoptar las medidas que estime más oportunas de vigilancia y control para verificar el cumplimiento por el trabajador de sus obligaciones y deberes laborales, guardando en su adopción y aplicación la consideración debida a su dignidad y teniendo en cuenta, en su caso, la capacidad real de los trabajadores con discapacidad"

Del numerus clausus de derechos digitales regulados en la LOPDGDD mencionados anteriormente, destacamos los que se refieren en el ámbito laboral: Uso de dispositivos en el ámbito laboral, Desconexión digital, Videovigilancia en el lugar de Trabajo, Sistema de Geolocalización y Negociación Colectiva regulados en los artículos 87 a 91 respectivamente de la LOPDGDD, pero la realidad con la que nos encontramos nos damos cuenta que supera con creces la regulación y que hay que estar a los pronunciamientos judiciales para dar respuesta a las situaciones y conflictos que se plantean en la era digital.

2. Derecho intimidad en las redes sociales versus monitorización del empleador

Uno de los temas que está generando bastante problemas en el ámbito laboral son el uso de las redes sociales por el uso generalizado que se está llevando a cabo de las mismas y la actividad de monitorización que realizan algunas empresas en estos entornos digitales respecto a sus trabajadores.

Un caso reciente que ha dado mucho que hablar ha sido la confirmación del expediente sancionador disciplinario por un uso inadecuado de las redes sociales de una empleada al colgar una foto en Facebook teletrabajando desde la playa. En concreto el Tribunal Superior de Justicia de Cataluña ha dictado sentencia en 2022 [388] estableciendo:

(…) "que no vulnera el derecho a la intimidad, ni el secreto de las comunicaciones, al entender que la empresa no accede a su cuenta privada. El hecho de tener que aceptar solicitudes de amistad para tener acceso a su perfil no excluye que puedan divulgar las publicaciones, al no haber una estricta restricción para ello. Además, el contenido de la publicación en cuestión no está relacionado con una intromisión en la vida íntima o familiar de la demandada. La jurisprudencia establece la existencia de una intromisión en la intimidad cuando el hecho constituya «un ámbito propio y reservado frente a la acción y el conocimiento de los demás, necesario, según las pautas de nuestra cultura, para mantener una calidad mínima de la vida humana». En este sentido, las imágenes se publican en la red social, sin incluir hechos que revelen circunstancias de su esfera íntima, ya que el contenido de las mismas viene referido precisamente al desarrollo de su actividad laboral, en la que se refleja un incumplimiento de las condiciones de la modalidad de servicios prestada. Finalmente, desestima el recurso impuesto por la trabajadora, al entender que no existe intromisión alguna en su derecho a la intimidad, y el expediente resulta correcto al incumplir las condiciones laborales impuestas"

Por el contrario, ya sabemos que no todos los casos son iguales de modo que según cómo se lleve a cabo los accesos y el

388 TSJ Cataluña; 28-10-2022. Expediente disciplinario por colgar una foto en Facebook teletrabajando desde la playa. Jurisdicción: Social Ponente: Nuria Bono Romera Origen: Tribunal Superior de J Origen: Tribunal Superior de Justicia de Cataluña Fecha: 28/10/2022 Tipo resolución: Sentencia Sección: Primera Número Sentencia: 5693/2022 Número Recurso: 7521/2021 Numroj: STSJ CAT 9393:2022 Ecli: ES:TSJCAT:2022:9393 (TOL9.333.985)

contexto de la monitorización de la empresa que se produzca, puede entenderse que se ha llevado a cabo una vulneración del derecho a la intimidad y a la propia imagen, del trabajador

Un ejemplo de ello, fue la sentencia de 2021 dictada por Juzgado de lo Social de Instancia [389]al considerar el despido nulo de un trabajador al haber pretendido justificar el despido disciplinario por presunta comisión de una falta muy grave, consistente en la simulación de enfermedad o accidente en base a la utilización de las imágenes del trabajador en el ámbito de su vida privada habida cuenta que estaba de baja por incapacidad temporal.

El Juzgado declaró el despido nulo al considerar que "la utilización de las imágenes del trabajador en el ámbito de su vida privada para ser despedido, se aprecia la vulneración de derechos fundamentales. Tanto en la obtención, como en la utilización de las fotografías/vídeo en el que la empresa basa la carta de despido, y por ello, debe estimarse la pretensión de nulidad del mismo basada en la infracción de referido derecho fundamental"

Por todo lo expuesto, podemos concluir que estos derechos se consagran como derechos digitales "nuevos" ya se han venido reconociendo y regulando con anterioridad a través de criterios jurisprudenciales, pero es importante señalar que en ningún caso se tratan como derechos absolutos como ocurre con el derecho a la intimidad, a la protección de datos y secreto de las comunicaciones convencionales consagrados en el artículo 18 de la Constitución Española y habrá que estar a los límites que la doctrina y jurisprudencia va estableciendo.

---

389 Jurisdicción: Social Ponente: HELENA ANTONA SUENA Origen: Juzgado de lo Social Fecha: 09/04/2021 Tipo resolución: Sentencia Sección: Tercera Número Sentencia: 139/2021 Número Recurso: 656/2020 Numroj: SJSO 3072/2021 Ecli: ES:JSO:2021:3072 (TOL 8.522.821)

LA PROTECCIÓN DE LA OBJETORA DE CONCIENCIA Y DE LA PACIENTE EN ÁMBITO SANITARIO

DR. ANTONIO QUIRÓS FONS
Universidad Europea de Valencia
antonio.quiros@universidadeuropea.es

RESUMEN: Introducción: Algunas personas prestadoras de servicios sanitarios tratan de eludir ciertos tratamientos legales. En estas situaciones se da una peculiaridad: cuando se llega a juicio, derechos de la Mujer son esgrimidos en ambas partes, mujeres despedidas (libertad de conciencia) y pacientes femeninas (derechos de salud). Objetivo: Describir las situaciones documentadas en las que mujeres discriminadas pueden objetar también en base a dudas científicas razonables, precisamente de protección de la mujer. Método: Se ha llevado a cabo una investigación online para identificar: primero, casos registrados de mujeres objetoras en ámbito sanitario; segundo, investigaciones científicas recientes y actualizadas cuestionando prácticas éticamente controvertidas. Finalmente, se han identificado normas nacionales e internacionales y declaraciones deontológicas. Resultado: En lugares con prácticas legalizadas éticamente controvertidas, las mujeres objetoras han debido enfrentarse a procedimientos de despido, acciones judiciales y sucesivas readmisiones, para reconocer su libertad de conciencia relacionada con el respeto de principios sanitarios básicos. Conclusión: Los casos documentados de mujeres despedidas en ámbito sanitario sobre una base de conciencia demuestran que ellas son las principales objetoras reclamando judicialmente el respeto de su derecho. Una aproximación desde una perspectiva de género podría facilitar la protección de estas profesionales sanitarias.

I. LAS MUJERES Y LA OBJECIÓN DE CONCIENCIA EN EL ÁMBITO SANITARIO

1. La objeción de conciencia: del servicio militar al ámbito de la Salud

El derecho a objetar en conciencia se encuentra expresamente reconocido en numerosas Constituciones, pero como excepción circunscrita a la obligación del cumplimiento del servicio militar. Esta circunstancia podría calificarse como anacrónica por dos motivos: la práctica desaparición de la obligatoriedad del servicio de armas en los Estados y la adscripción de solo la población masculina a ese servicio. El caso español no es una excepción a esta redacción constitucional todavía vigente.

Ante la defensa positivista de un planteamiento que reduce la posibilidad de objetar al único ámbito constitucionalmente previsto, el servicio militar, debería ser suficiente oponer, por una parte, la mera constatación de que tal servicio ya no es obligatorio. Por otra parte, las nuevas demandas de ejercicio de la objeción surgidas contemporáneamente. Mientras el ámbito de la defensa nacional se estaba flexibilizando, otros campos como el de la Salud experimentaban cambios radicales. La descatalogación de ciertas patologías y la despenalización de algunas prácticas quirúrgicas o farmacéuticas ha derivado, sin solución de continuidad, en la regulación de derechos legalmente reconocidos.

La principal fundamentación de esos derechos reproductivos reside en normas internacionales como la Convención internacional sobre la eliminación de todas las formas de discriminación contra la Mujer[390]. En la misma, se garantizan los derechos de la mujer a decidir libre y responsablemente sobre el número y espaciamiento entre hijos, así como el acceso a la información, educación y medios sobre esos derechos. También se impone a los Estados la adopción de las medidas necesarias para eliminar la discriminación contra las mujeres en el ámbito de la Salud, asegurando así, sobre una base igualitaria entre hombres y mujeres, el acceso a los servicios sanitarios, incluyendo los relativos a la planificación familiar.

Cuando determinados operadores sanitarios se han visto obligados a realizar determinadas acciones o prestar determinados servicios por imperativo legal, han podido esgrimir únicamente la analogía con la obligatoriedad del servicio militar y el correspondiente código deontológico profesional, para tratar de evadir ese determinado cumplimiento. Un ciudadano puede evitar someterse a un período de instrucción y práctica sobre el modo de eliminar vidas humanas en legítima defensa nacional, por motivos ideológicos y religiosos. Un militar profesional encarna esa eventualidad: vulnerar el derecho a la vida e integridad física ajenos para proteger el propio y de sus connacionales. Un profesional sanitario ha debido jurar o prometer un compromiso opuesto al anterior: salvaguardar el derecho a la vida y la integridad física. Esta circunstancia ha permitido que puedan oponerse no solo convicciones morales o religiosas, sino también evidencias científicas o la ausencia de las mismas.

---

390 Aprobada por la Asamblea General de las Naciones Unidas en 1979. Se citan los contenidos explicitados en los artículos 16.1.e y 12 de la misma.

Dada la necesidad de tutelar el derecho a objetar de estos profesionales que carecían de amparo constitucional, surgió primero un consenso doctrinal de alcance internacional, esgrimiendo que era imposible analizar y resolver los diversos presupuestos de objeción de conciencia según los esquemas de la objeción militar[391]. Seguidamente, también en el ámbito internacional regional se ha llegado a reconocer expresamente la posibilidad de objetar en ámbito médico, de conformidad con las normas estatales.

En primer lugar y por motivos de mayor alcance en su tutela, debe citarse el artículo 9 de la Convención Europea de Derechos Humanos (CEDH), que en su primer párrafo reconoce la libertad de pensamiento, conciencia y religión, tanto individual como colectiva, en manifestación pública o privada, mediante culto, enseñanza, práctica y observancia. El segundo párrafo reconoce únicamente el establecimiento de los límites legales necesarios en una sociedad democrática por motivos de seguridad, orden, salud o moral públicos, o por la protección de derechos y libertades ajenos.

También lo prevé así la Carta Europea de Derechos Fundamentales[392] en su artículo 10, pero con un importante matiz positivizador. Mientras la jurisprudencia consolidada del Tribunal Europeo de Derechos Humanos ha sido la que sitúa el reconocimiento de la objeción en el artículo 9.2. de la CEDH, la Carta Europea, en cambio, lo especifica en el segundo párrafo del artículo 10: reconoce expresamente la objeción de

---

391 MARTÍN DE AGAR Y VALVERDE, T.: "Problemas jurídicos de la objeción de conciencia", *Scripta Theologica* 27 (1995), pp. 519-543.

392 Diario Oficial de la CE C 200 de 8 de febrero de 2000. Constituye la Parte II del proyecto de Constitución europea (Tratado por el que se establece una Constitución para Europa, Diario Oficial de la UE C 310, de 16 de diciembre de 2004).

conciencia, de conformidad con las leyes nacionales que regulan el ejercicio de este derecho. Debe advertirse que la Carta Europea es vinculante para todos los Estados miembros[393] y se la considera, ya desde su proclamación y en relación con la CEDH, como mecanismo de protección en el interior del sistema de la UE y dotada de carácter constitucional[394]. El Consejo de Europa aprobó además en 2010 la Resolución 1763 por la que se confirmaba el derecho a objetar en medicina, destacando explícitamente la práctica del aborto y la eutanasia.

En España, todavía existen opiniones que tratan de fundamentar la limitación del derecho de objeción al solo supuesto constitucional específico del servicio militar obligatorio, aunque el Tribunal Constitucional ha recordado expresamente la condición de derecho fundamental[395]. De este modo, los "objetores a la objeción" han optado subsidiariamente por reclamar la limitación de su ejercicio a los casos expresamente permitidos por ley[396]. Esto difiere de lo permitido por la Carta Europea, en cuanto que se persigue, más allá del reconocimiento genérico, la elaboración de procedimientos tasados.

---

393 Una versión revisada de la Carta fue proclamada el 12 de diciembre de 2007 en Estrasburgo, con motivo de la firma del Tratado de Lisboa, que desde su entrada en vigor el 1 de diciembre de 2009, por remisión de su art. 6, la hace vinculante para todos los Estados miembros.

394 MAYER, F.: "La Charte européenne des droits fondamentaux et la Constitution européenne", *RTD eur* 39 (2003/2), pp. 175-196.

395 TOL5.192.941.

396 Cfr. ASUA BATARRITA, A.: "Voto particular a la STC 145/2015, de 25 de junio de 2015", *BOE* 182 (31-julio-2015), pp. 66666-66673; VALDÉS DAL-RÉ, F., XIOL RÍOS, J. A.: "Voto particular doble a la STC 145/2015, de 25 de junio de 2015", *BOE* 182 (31-julio-2015), pp. 66678-66681.

2. Procesos de regulación de la objeción: un itinerario inverso al de otros derechos

El derecho a objetar, una vez reconocido a nivel europeo en ámbito sanitario, está experimentando una involución en los ordenamientos estatales. La transición en el tratamiento legal de ciertas conductas descriminalizadas hacia el estatuto de derechos ha implicado que, para obtener su pleno reconocimiento administrativo y su ejercicio, la objeción de conciencia deba ser sometida a un control tal que en algunos casos podría calificarse como de criminalización.

Existen procesos de regulación de la objeción de conciencia en el ámbito del aborto, basados en modelos limitativos del derecho y generalmente justificados como solución para dar respuesta a dos problemas de las administraciones públicas: el elevado número de objetores al aborto y la frecuente dispersión normativa sobre la materia.

A) La posible tipificación penal de la objeción de conciencia

Respecto al primer motivo, tratar de reducir el número de objetores[397], se dan posturas doctrinales penalistas en el entorno europeo que no dudan en tipificar la objeción como delito, aunque con distintas soluciones. Unos abogan por la inimputabilidad penal por motivos de conciencia. Otros son partidarios de mantener la criminalización, admitiendo que, por motivos

---

397 Se trata de un problema para el Estado afectado, dado que, en el caso del aborto, por ejemplo, un aumento de ginecólogos objetores puede provocar dificultades para garantizar que en todos los hospitales públicos haya un equipo que practique abortos.

de conciencia, en cada caso, se pueda llegar a eximir de la pena o reducirla[398].

Este debate por el que se admite o auspicia la penalización, puede deberse en gran parte a la confusión existente en numerosos Estados entre la objeción de conciencia y la desobediencia civil[399]. De este modo se ha calificado tradicionalmente la reclamación institucional religiosa de reconocimiento de la objeción de conciencia por parte de Estados sometidos a un régimen limitativo de libertades: esos gobiernos consideran hablan de llamada a la desobediencia civil[400]. Este sería pues el horizonte de las consecuencias jurídicas que tiene por delante quienes "cometan" objeción de conciencia en sus distintas manifestaciones, especialmente en materia de vida y familia.

Mediante un acto de desobediencia civil, no se pretende obtener una excepción a la norma, sino que se cuestiona la norma misma con carácter general, socavando su legitimidad. No puede, por tanto, considerarse como derecho una conducta que niegue la norma, pero sí puede considerarse como tal otra conducta que pide ser excepcionada de la aplicación de la norma, a la que no juzga. En España, como manifestación de desobediencia civil, se daba el caso de los llamados insumisos

---

398 Cfr. HERCEG PAKŠIĆ, B.: "The Criminal Law Position of the Perpetrator Motivated by His Conscience or Belief", *Zbornik Pravnog fakulteta u Zagrebu* 64 (16-diciembre-2014/5-6) 911-927.

399 Ibidem.

400 Cuando la Conferencia Episcopal Yugoslava solicitó en 1968 que, en la nueva ley (1969) sobre interrupción del embarazo en Yugoslavia, se incluyera una cláusula de conciencia para los trabajadores sanitarios católicos, el gobierno lo calificó como llamada de los obispos a la desobediencia civil. Cfr. JOZIĆ, T.: "Obiteljski moral u Bosni: povijesno tumačenje moralnih vrednota braka i obitelji", *Kršćanska Sadašnjost*, Zagreb 1995, 107-116.

al servicio militar obligatorio, que dieron lugar a la aparente incoherencia en la doctrina del Tribunal Constitucional sobre la objeción de conciencia[401].

B) Régimen sancionador como elemento común para solucionar la dispersión normativa

En cuanto al segundo motivo, tratar de solucionar la dispersión normativa, existen en el entorno comparado europeo e internacional diferentes propuestas de remedios técnicos. Desde la refundición de textos normativos[402] hasta la elaboración de leyes antidiscriminación, pasando por la creación de registros de profesionales objetores, todos los proyectos normativos confluyen en la necesidad de establecer un régimen sancionador administrativo –ya establecido en las reglamentaciones vigentes-, con apertura de expediente disciplinario, distinto del procedimiento penal, aplicable a una conducta tipificada como delito o falta. Estas sanciones administrativas se aplicarían a las objeciones de conciencia que no se encuentren autorizadas taxativamente por la ley. Se materializan generalmente en la imposición de multas y periodos de inhabilitación para el ejercicio de la profesión encausada. Dichas medidas pueden darse tanto en forma alternativa como complementaria.

---

401 Cfr. OLLERO TASSARA, A.: "Voto particular concurrente a la STC 145/2015, de 25 de junio de 2015", *BOE* 182 (31-julio-2015), pp. 66673-66678.

402 Cfr. ČIZMIĆ, J.: "The right of medical workers to conscientiously object", *Zbornik Pravnog fakulteta Sveučilišta u Rijeci* 37 (2016/1), pp. 753-786.

Atendiendo a las leyes de Estados europeos que han traspuesto Directivas sobre prevención de la discriminación[403], debe advertirse sobre la introducción generalizada en las mismas de un aspecto opuesto a un principio jurídico procesal: se ha invertido la carga de la prueba. Así, al denunciante solo se le exige hacer verosímil que se ha llegado a la discriminación. No debe probarlo fehacientemente. Estas leyes despliegan un régimen sancionador de carácter administrativo en el que, por la simple declaración del denunciante, corresponderá al acusado demostrar que no ha cometido la infracción que se le imputa. Un régimen preventivo de este tenor puede ser aplicado precisamente al objetor que, en ejercicio de su derecho de libertad religiosa o de creencias, haya sido denunciado por la persona o personas afectadas por el trato recibido.

En un ámbito más específico, las leyes y códigos deontológicos nacionales europeos coinciden en reconocer sectorialmente a sus correspondientes profesionales (médicos, enfermeras, matronas) el derecho a la objeción de conciencia[404]. Lo hacen de modo genérico, sin tasar más motivos que los personales éticos, religiosos o morales, o de creencias. Incluyen una cláusula de salvaguardia por la que no deben vulnerar los principios de la disciplina ni causar consecuencias duraderas para la salud, ni poner en peligro la vida del paciente. Añaden aspectos protocolarios, consistentes en la obligación de informar al paciente

---

403 Cfr. un análisis comprensivo de los regímenes, por incluir al último Estado miembro adherido a la Unión Europea. HORVAT, A.: "New standards of Croatian and European anti-discrimination legislation", *Zbornik Pravnog fakulteta u Zagrebu* 58 (2008/6), pp. 1453-1498.

404 Vid. v. gr., Professional Standards Of Practice And Behaviour For Nurses, Midwives And Nursing Associates (2nd ed, The nursing and midwifery regulator for England, Wales, Scotland and Northern Ireland 2018).

sobre su decisión y dirigirlo a otro colega. Si el profesional es empleado, debe informar a su superior o empleador.

Otra de las medidas propuestas más populares en Europa para la regulación del derecho a objetar es la creación de un registro de objetores en las instituciones, generalmente ante el Ministerio y por ocupaciones. Teniendo en cuenta la experiencia autonómica española ya refrendada jurisprudencialmente, desde una perspectiva comparada, podría prosperar la aprobación de un registro de objetores confidencial, de muy limitado acceso. Aunque los registros locales, regionales o nacionales de ámbito comunitario europeo respeten el Reglamento sobre protección de datos de carácter personal[405], el propio mecanismo presenta por sí mismo un efecto desalentador para el potencial objetor.

El Tribunal Constitucional (TC) español resolvió en este sentido un recurso de inconstitucionalidad promovido contra una ley foral navarra por la que se creaba un registro de profesionales en relación con la interrupción voluntaria del embarazo[406]. La Sentencia no consideró que tal registro implicara, per se, un límite al ejercicio del derecho a la objeción de conciencia , pero un voto particular discrepante argumentaba que "bastaría con que en cada centro sanitario se contara con fichero que recogiera, en los términos legalmente previstos, la posible condición de objetor", así como que el innecesario registro "implica un sacrificio injustificado del derecho fundamental

---

405 Reglamento (UE) 2016/679 del Parlamento Europeo y del Consejo de 27 de abril de 2016 relativo a la protección de las personas físicas en lo que respecta al tratamiento de datos personales
y a la libre circulación de estos datos y por el que se deroga la Directiva 95/46/CE (Reglamento general de protección de datos), DOUE L 119/1 de 4/05/2016.

406 TOL4.530.226

a la objeción de conciencia de los profesionales sanitarios del sistema público de salud navarro, dado el efecto desalentador del ejercicio del derecho, ante el explicable temor de los profesionales a sufrir represalias y perjuicios en sus legítimas expectativas profesionales".

De todos modos, el TC solo declaró inconstitucional una previsión que facultaba, más allá de los directores sanitarios públicos, "un nuevo acceso, posesión y uso de los datos personales que contiene el Registro en unos términos tan abiertos e indeterminados que supone un límite injustificado en el contenido constitucionalmente protegido del derecho fundamental a la protección de datos de carácter personal".

Otra propuesta menos estructurada que la del registro, defendida en foros de tipo reivindicativo, consiste en deducir del sueldo los trabajos que los operadores sanitarios se nieguen a realizar por motivos de conciencia. Podría decirse que, en definitiva, se persigue en algunos Estados europeos, una regulación al estilo del *Contraception Mandate* de Estados Unidos, por el que solo las instituciones de inspiración religiosa pueden acogerse a la excepción de la oferta obligatoria de planes de seguro que incluyan abortos y esterilizaciones.

Con ello, se legitimaría el despido de los operadores que se nieguen a practicar abortos en un hospital público, porque su lugar debe ser el hospital de orientación religiosa, único exento, que además solo podrá contratar a empleados de su confesión y prestar servicios solo a quienes también compartan esas mismas creencias[407]. Paradójicamente, esta difícil vía de escape, concebida como única posible administrativamente en un horizonte no

---

407 Martínez-Echevarría plantea esta y otras paradojas y dificultades sobre el régimen estadounidense, objeto de más de cincuenta recursos judiciales. Cfr. MARTÍNEZ-ECHEVARRÍA, I.: "The Protection of the

muy lejano, podría desembocar en acusaciones de discriminación contra quienes traten de ponerla en práctica.

Finalmente, tampoco la regulación mínima parece ser una solución apta para todo Estado. Así, aplicando los mecanismos regulatorios básicos arriba expuestos, ya es posible saber que Italia es un Estado paradigmático en cuanto al elevado porcentaje de objetores registrados[408]. Como en tal caso nacional, la excepción a la regla –incluso regulada- deviene estadísticamente mayoritaria, sucede entonces un fenómeno muy sociológico: la minoría de doctores no objetores intercambian los roles y se convierten en las nuevas víctimas del sistema legal. En este sentido, son doctoras abortistas[409]las que actúan como portavoces mediáticamente legitimadas de los derechos reproductivos de la mujer, deficientemente atendidos por el Estado.

II. MUJERES OBJETORAS Y MUJERES AFECTADAS POR LA OBJECIÓN

1. Objeción de conciencia ejercida colectivamente

Existe un precedente mundialmente conocido en el que se vieron afectadas mujeres empleadoras que pretendían actuar en

---

Christian Inspiration of Medical, Educational, and Charitable Institutions: the Obamacare Case", *Ius Ecclesiae* 25 (2013/3), pp. 729-754.

408 Información disponible en: https://www.theguardian.com/world/2016/mar/11/italian-gynaecologists-refuse-abortions-miscarriages (última visita: 29/10/2019).

409 Vid. Entrevista a la Doctora Agatone: https://www.buzzfeednews.com/article/nishitajha/italy-abortion-rights-silvana-agatone (última visita: 29/10/2019).

conciencia frente a una imposición estatal sobre el contenido de la cobertura de seguros sociales suscritos en favor de sus empleadas.

Se trata de un grupo de organizaciones estadounidenses sin ánimo de lucro, de orientación católica y protestante, lideradas mediáticamente por mujeres que regentan un hogar de ancianos[410]. Estas mujeres obtuvieron del Tribunal Supremo una resolución por la que no deben someterse a la ley federal que obligaba a cubrir determinados contraceptivos[411] en los seguros sanitarios que ofrecían a sus empleados. Esta ley les permitía quedar exentos de la obligación solo si manifestaban, ante la entidad aseguradora o ante el Gobierno federal, su objeción a suministrar esa cobertura por motivos religiosos. Pero la objeción podría acarrear la imposición gubernamental de tasas o sanciones.

Sin haber entrado a pronunciarse sobre el fondo, el logro judicial consistió en permitir que las entidades demandantes contrataran seguros sanitarios sin cobertura de contraceptivos, por motivos religiosos, pero sin necesidad de objetar, impidiendo que por ello sean sancionadas. Esto se debe a que el mismo Gobierno reconoció ante el Tribunal que podría adaptar el procedimiento de modo que las empleadas eventualmente interesadas pudieran recibir cobertura contraceptiva junto con el resto de cobertura sanitaria. El Tribunal añadía que no pretendía condicionar la capacidad gubernamental de asegurar la obtención sin costes de contraceptivos en ese caso, con lo que deberían llegar a un acuerdo sobre quién y en qué medida asumiría la financiación de tal cobertura: el Gobierno, la entidad aseguradora y/o la empleada que lo requiriera.

---

410 Las Hermanitas de los Pobres de Denver.

411 Supreme Court of the United States, *Zubik v. Burwell, 578 U.S. _ (2016) (per curiam)*, «www.supremecourt.gov» (16-mayo-2016).

Solo la organización sin ánimo de lucro y por motivos religiosos, contratante de la póliza, queda judicialmente exenta de ese pago o de medidas de efecto equivalente al mismo, que es en definitiva el papel desempeñado por las tasas o sanciones federales. El mencionado acuerdo podría resolverse imponiendo a la empleada la financiación voluntaria, medida que se ajusta mejor al ideario del empleador. Si se decide que la empleada abone una cuota obligatoria, esta podría entonces objetar en conciencia a tal pago, en unión con el ideario de su empleador.

2. Objeción de conciencia ejercida individualmente

A) Doctora objetora y derechos reproductivos de las pacientes

En Noruega, una doctora se opuso a implantar un dispositivo intrauterino (DIU) a una paciente, basándose en los efectos anti implantatorios del mismo, que científicamente se reconocen como efectos eventualmente abortivos. Aunque ella ya había expresado su objeción de conciencia al respecto en el momento de ser contratada en 2011, la administración pública local, responsable del centro sanitario, la despidió en 2015.

El juzgado de primera instancia resolvió en favor de esta profesional, pero las autoridades sanitarias recurrieron la sentencia ante el Tribunal Supremo noruego, quien acordó en favor de la doctora en 2018. Citaba en su Sentencia[412] el Caso Eweida del Tribunal Europeo de Derechos Humanos (TEDH), referida específicamente al artículo 9 CEDH, sobre libertad de

---

412 *Sak 2018/199* [2018] Norges Hoyesterett (Tribunal Supremo noruego) https://www.sauherad.kommune.no/_f/p2/i4aa2a8dc-87bf-4928-a447-9a05ce981131/dom-hr357603.pdf (última visita: 30/10/2019).

pensamiento, conciencia y religión, como uno de los fundamentos de una "sociedad democrática" en el marco de la Convención. El TEDH declara en el citado Caso que la dimensión religiosa es uno de los elementos vitales en la configuración de la identidad de los creyentes y su concepción de la vida, pero también constituye un precioso elemento para ateos, agnósticos, escépticos e indiferentes. Concluye que el pluralismo indisociable de una sociedad democrática, ganado con el esfuerzo de siglos, depende de ello[413].

B) Matronas objetoras y derechos reproductivos de las pacientes

En el caso anterior, se discuten los efectos abortivos de un método anticonceptivo. Sin embargo, el supuesto de abortos quirúrgicos es más conocido socialmente. Por ello, se da un debate global sobre la objeción de los diferentes operadores sanitarios implicados en el mismo. Las profesionales que mayoritariamente se han visto afectadas por la progresiva regulación restrictiva en torno al aborto son las matronas, sector profesional donde, a diferencia de la Enfermería, la presencia masculina es prácticamente inexistente a nivel global.

La principal medida legal aplicada a las matronas es la misma que a otros profesionales: declararse o registrarse como objetoras desde el inicio de la relación laboral. Algunas defienden colegialmente su condición cuasi natural de objetoras por el contenido propio de sus funciones: han sido formadas para ayudar a finalizar con éxito un embarazo mediante el nacimiento, no para ayudar a interrumpirlo mediante un aborto provocado. Sin embargo, las instancias profesionales internacionales ya prevén

---

413 *Eweida and others v United Kingdom (dec.), n. 48420/10, 59842/10, 51671/10 and 36516/10* [2013] European Court of Human Rights (n. 79).

su participación en abortos debido a la escasez de médicos en términos globales[414]. Existen estudios científicos de seguimiento de casos de matronas en diferentes Estados miembro de la Unión Europea[415]. Otros tantos no han trascendido en estudios empíricos, sino en medios de comunicación.

Aparte de su condición de matronas y mujeres, los elementos comunes en estos supuestos son: primero, haber objetado en conciencia por motivos religiosos; segundo, haber sido sometidas a un despido laboral. El empleador público, en todos los casos, entiende que el despido es procedente, fundamentado en una interpretación del acto de objeción como constitutivo de un incumplimiento de las correspondientes normas deontológicas: omisión grave del deber de prestar ayuda al paciente y al superior. Sin embargo, esa misma conducta viene reconocida en las mismas normas éticas profesionales como ejercicio legítimo de la libertad de conciencia, reforzado ade-

---

414 Son previsiones de la Confederación Internacional de Matronas (International Confederation of Midwives (2014). Position Statement: Collaboration for healthy partnerships. http://www.internationalmidwives.org/assets/uploads/documents/Position%20Statements%20-%20English/Reviewed%20PS%20in%202014/PS2008_002%20V2014%20Collaboration%20and%20Partnerships%20ENG.pdf. Última visita: 29/10/2019) y recomendaciones de la OMS (World Health Organization (2012). Safe abortion: Technical and policy guidance for health systems. Geneva: WHO. http://apps.who.int/iris/bitstream/10665/70914/1/9789241548434_eng.pdf?ua=1. Última visita: 29/10/2019).

415 FLEMING, V., RAMSAYER, B. y ZAKŠEK, T.Š.: "Freedom of Conscience in Europe? An Analysis of Three Cases of Midwives with Conscientious Objection to Abortion" (2017) 44 *Journal of Medical Ethics* 104; FLEMING, V., FRITH, L. y RAMSAYER, B.: "Tensions Between Ethics and the Law: Examination of a Legal Case by Two Midwives Invoking a Conscientious Objection to Abortion in Scotland". *HEC Forum* (2019). https://doi.org/10.1007/s10730-019-09378-4.

más en muchos ordenamientos mediante la previa inscripción registral como objetora en el archivo institucional.

Las matronas disponen de un código profesional distinto al de los médicos, quienes frecuentemente deberán al menos indicar a la paciente que contacte con otro profesional en la misma institución sanitaria, o incluso, dependiendo del ordenamiento nacional de que se trate, podrían verse obligados a acompañar a la paciente a otro colega. En cualquier caso, la paciente no puede quedar desinformada sobre la cuestión, pues se trata de un principio deontológico básico que siempre debe salvaguardarse. Una matrona, en cambio, deberá remitirse principalmente a la instancia superior jerárquica, no a la paciente o cliente. Algunas normas nacionales prohíben además que esta profesional explique a la paciente por qué está abandonando la sala, pero la mayoría de ordenamientos permite que la matrona (también enfermeras y asistentes sanitarias) diga a colegas, superior y paciente que tiene una objeción de conciencia a determinado procedimiento. También en este caso será ella la que deba tomar las medidas necesarias para transmitir la responsabilidad del cuidado de la paciente a una colega adecuadamente cualificada[416]. Debe constatarse el caso sueco, debido a que no existe ningún reconocimiento legal de este tipo de objeción y además se considera la práctica del aborto como parte integrante de las funciones propias de una matrona[417]. Los dos casos documentados de matronas despedidas en Suecia coinciden en el traslado

---

416 Ibidem, statement n. 4.4.

417 Una matrona agotó todos los recursos judiciales estatales y está pendiente de resolución por parte del TEDH. Grimmark vs Landstinget i Jönköpings Län (2014). Caso N. 19760930-2406. Alliance Defending Freedom, varias noticias disponibles en https://adfinternational.org/news/swedish-midwife-turns-to-human-rights-court/ (última visita 29/10/2019).

profesional de ambas a Noruega[418], donde sí está reconocido el derecho a que objeten.

Además de los supuestos de readmisión laboral de matronas resueltos judicialmente, también se ha podido observar algún caso europeo de recuperación del puesto de trabajo de modo menos tortuoso, aunque igualmente traumático. Una matrona croata fue despedida por haber ejercido su derecho a objetar en el hospital de su ciudad, donde llevaba años trabajando y gozaba de reconocido prestigio[419]. El despido y la indignación del entorno local trascendió a los medios. A la vez que ella recurría la decisión ante la gerencia del hospital, el clamoroso apoyo social se extendió a todo el país mediante campañas de apoyo. De este modo, la matrona fue rehabilitada en su puesto sin necesidad de acudir a los tribunales, sino por una llamada del Ministro al Director Médico del Hospital. Debe reseñarse que sus funciones pasaron a ser de inferior responsabilidad.

Sin embargo, como consecuencia de la doctrina jurisprudencial sentada en algunos casos como el del Tribunal Supremo británico decidiendo sobre las Matronas de Glasgow[420], la regulación del ejercicio de la objeción por parte de las matronas se puede ver limitado por la inclusión de restricciones

---

418 El caso de la otra matrona puede consultarse en la página web de Scandinavian Human Rights Lawyers, Fallet Linda Steen, http://manniskorattsjuristerna.se/fallet-linda-2/, (última visita 29/10/2019).

419 FLEMING, V., FRITH, L. y RAMSAYER, B.: "Tensions Between Ethics and the Law...", op. cit. Vid. reportaje en "Da sam i najveći ateist, bila bi protiv pobačaja", www.tportal.hr, 16/08/2013 (última visita: 30/10/2019).

420 Greater Glasgow and Clyde Health Board (Appellant) v Doogan and Another (Respondents) (Scotland) (2014). Case UKSC 2013/0124. UK Supreme Court, London, 5 November. https://www.supremecourt.uk/decided-cases/docs/UKSC_2013_0124_Judgment.pdf (última visita: 30/10/2019).

legales. Así, tras la reforma del *Abortion Statement* por parte del Real Colegio Británico de Matronas[421], estas solo pueden objetar si participan directamente en el aborto, no si son supervisoras. El problema reside en los cometidos de la supervisión, que implican la eventualidad de tener que sustituir en cualquier momento al personal directamente implicado.

III. CONCLUSIÓN

En el entorno europeo y en otros ordenamientos estatales similares, los operadores sanitarios pueden encontrar el reconocimiento de su derecho a la objeción de conciencia en la regulación sectorial de sus respectivas especialidades profesionales. Sin embargo, el ejercicio del derecho de la libertad de conciencia puede verse limitado por la interpretación del mismo como vulnerador de otro, el derecho reproductivo de la mujer. La reivindicación del último como superior al de conciencia y la consecuente regulación limitativa de la objeción, ha provocado la proliferación de conflictos de interpretación dentro del mismo ámbito de los Derechos de la Mujer: profesionales despedidas (libertad de conciencia) y pacientes afectadas (derechos de salud).

En lugares con prácticas legalizadas éticamente controvertidas, las mujeres objetoras han debido enfrentarse a procedimientos de despido, acciones judiciales y sucesivas readmisiones, para reconocer su libertad de conciencia relacionada con el respeto de principios sanitarios básicos. Los casos documentados de mujeres despedidas en ámbito sanitario sobre una

---

[421] RCM Abortion Statement, 20/05/2016. Texto disponible en www.rcm.org.uk, (última visita: 30/10/2019).

base de conciencia demuestran que ellas son las principales objetoras reclamando judicialmente el respeto de su derecho.

Se hace necesario el desarrollo de una aproximación desde una perspectiva de género para facilitar la protección de estas profesionales sanitarias. Esta medida preventiva debería introducirse en los procesos legislativos, principalmente para proteger la libertad de conciencia. De ese modo, las trabajadoras relacionadas con el ámbito sanitario podrán objetar en materia de aborto, reproducción asistida, eutanasia y otras intervenciones reconocidas legalmente, con suficientes garantías jurídicas para eludir sanciones administrativas.

IV. BIBLIOGRAFÍA

ASUA BATARRITA, A. Voto particular a la STC 145/2015, de 25 de junio de 2015, *BOE* 182 (31-julio-2015), pp. 66666-66673;

ČIZMIĆ, J.; The right of medical workers to conscientiously object, *Zbornik Pravnog fakulteta Sveučilišta u Rijeci* 37 (2016/1), pp. 753-786.

CONFEDERACIÓN INTERNACIONAL DE MATRONAS (International Confederation of Midwives (2014). Position Statement: Collaboration for healthy partnerships. http://www.internationalmidwives.org/assets/uploads/documents/Position%20Statements%20-%20English/Reviewed%20PS%20in%202014/PS2008_002%20V2014%20Collaboration%20and%20Partnerships%20ENG.pdf. Última visita: 29/10/2019)

ENTREVISTA A LA DOCTORA AGATONE: https://www.buzzfeednews.com/article/nishitajha/italy-abortion-rights-silvana-agatone (última visita: 29/10/2019).

EWEIDA AND OTHERS V UNITED KINGDOM (dec.), n. 48420/10, 59842/10, 51671/10 and 36516/10 [2013] European Court of Human Rights (n. 79).

GREATER GLASGOW AND CLYDE HEALTH BOARD (Appellant) v Doogan and Another (Respondents) (Scotland) (2014). Case UKSC 2013/0124. UK Supreme Court, London, 5 November. https://

www.supremecourt.uk/decided-cases/docs/UKSC_2013_0124_Judgment.pdf (última visita: 30/10/2019).

GRIMMARK VS LANDSTINGET I JÖNKÖPINGS LÄN (2014). Caso N. 19760930-2406. Alliance Defending Freedom, varias noticias disponibles en https://adfinternational.org/news/swedish-midwife-turns-to-human-rights-court/ (última visita 29/10/2019).

FLEMING, V.; FRITH, L. y RAMSAYER, B.; Tensions Between Ethics and the Law..., op. cit. Vid. reportaje en "*Da sam i najveći ateist, bila bi protiv pobačaja*", www.tportal.hr, 16/08/2013 (última visita: 30/10/2019).

FLEMING, V.; RAMSAYER, B.; ZAKŠEK, T.Š. Freedom of Conscience in Europe? An Analysis of Three Cases of Midwives with Conscientious Objection to Abortion, *Journal of Medical Ethics*, 2017, 44, 104.

FLEMING, V.; FRITH, L.; RAMSAYER, B. Tensions Between Ethics and the Law: Examination of a Legal Case by Two Midwives Invoking a Conscientious Objection to Abortion in Scotland, *HEC Forum*, 2019. https://doi.org/10.1007/s10730-019-09378-4.

HORVAT, A. New standards of Croatian and European anti-discrimination legislation, *Zbornik Pravnog fakulteta u Zagrebu,* 58, (2008/6), pp. 1453-1498.

HERCEG PAKŠIĆ, B. The Criminal Law Position of the Perpetrator Motivated by His Conscience or Belief, *Zbornik Pravnog fakulteta u Zagrebu,* 64 (16-diciembre-2014/5-6) 911-927.

JOZIĆ, T. Obiteljski moral u Bosni: povijesno tumačenje moralnih vrednota braka i obitelji, *Kršćanska Sadašnjost,* Zagreb, 1995, 107-116.

MAYER, F. La Charte européenne des droits fondamentaux et la Constitution européenne", *RTD eur* 39 (2003/2), pp. 175-196.

MARTÍN DE AGAR Y VALVERDE, T. Problemas jurídicos de la objeción de conciencia", *Scripta Theologica* 27, 1995, pp. 519-543.

MARTÍNEZ-ECHEVARRÍA, I. The Protection of the Christian Inspiration of Medical, Educational, and Charitable Institutions: the Obamacare Case, *Ius Ecclesiae* 25 (2013/3), pp. 729-754.

OLLERO TASSARA, A. Voto particular concurrente a la STC 145/2015, de 25 de junio de 2015", *BOE* 182 (31-julio-2015), pp. 66673-66678.

OMS (World Health Organization (2012). Safe abortion: Technical and policy guidance for health systems. Geneva: WHO. http://apps.who.int/iris/bitstream/10665/70914/1/9789241548434_eng.pdf?ua=1. Última visita: 29/10/2019).

Professional Standards Of Practice And Behaviour For Nurses, Midwives And Nursing Associates (2nd ed, The nursing and midwifery regulator for England, Wales, Scotland and Northern Ireland 2018).

RCM Abortion Statement, 20/05/2016. Texto disponible en www.rcm.org.uk, (última visita: 30/10/2019).

Scandinavian Human Rights Lawyers, Fallet Linda Steen, http://manniskorattsjuristerna.se/fallet-linda-2/, (última visita 29/10/2019).

Reglamento (UE) 2016/679 del Parlamento Europeo y del Consejo de 27 de abril de 2016 relativo a la protección de las personas físicas en lo que respecta al tratamiento de datos personales y a la libre circulación de estos datos y por el que se deroga la Directiva 95/46/CE (Reglamento general de protección de datos), DOUE L 119/1 de 4/05/2016.

Sak 2018/199 [2018] Norges Hoyesterett (Tribunal Supremo noruego) https://www.sauherad.kommune.no/_f/p2/i4aa2a8dc-87bf-4928-a447-9a05ce981131/dom-hr357603.pdf (última visita: 30/10/2019).

Tribunal Constitucional (ES), Sentencia 145/2015, de 25 de junio de 2015, BOE 182 (31-julio-2015), pp. 66654-66666.

Tribunal Constitucional (ES), Sentencia 151/2014 de 25 septiembre, del Pleno, RTC (2014) 151.

VALDÉS DAL-RÉ, F.; XIOL RÍOS, J. A. Voto particular doble a la STC 145/2015, de 25 de junio de 2015, *BOE* 182 (31-julio-2015), pp. 66678-66681.

EVOLUCIÓN DEL DERECHO DE FAMILIA Y LOS PACTOS MATRIMONIALES. CAMBIOS EN LAS MUJERES

DRA. LUCÍA ROZALÉN CREUS
Abogada del Ilustre Colegio de Abogados de Valencia
luciarozalen@icav.es

I. INTRODUCCIÓN

Las diferencias que tradicionalmente la sociedad imponía entre hombres y mujeres también tenían reflejo en nuestro ordenamiento jurídico.

En diversas áreas del derecho la mujer se encontraba en una situación de inferioridad respecto del hombre. Así a modo de ejemplo cabe destacar la consideración de delito conductas que realizadas por un hombre no eran castigadas, sin embargo, cometidas por una mujer eran penadas. Piénsese en el delito de adulterio penado de forma desigual en detrimento de la mujer.

Pero también en el orden civil se palpaba esta desigualdad al tener limitada su capacidad necesitando la licencia marital para la mayoría de los actos civiles, no pudiendo ostentar la patria potestad, ni ejercer cargos públicos, tampoco ejercer el voto hasta 1932.

Así eran numerosas las prohibiciones o restricciones que el ordenamiento jurídico español imponía a las mujeres por la única razón de serlo.

Una de las materias en las que más incidencia tenía estas diferencias es sin duda en el derecho de familia. Y como enseguida veremos, la Constitución de 1978 ha sido el gran punto de inflexión en esta materia.

La transformación sufrida por nuestra sociedad, necesita respuestas a las nuevas demandas que existen en el derecho matrimonial y el de familia en general.

Ello ha derivado en la trasformación de las reglas que rigen en esta materia, produciéndose por un lado la igualdad entre el hombre y la mujer, y por otro la flexibilización de las reglas que rigen entre los cónyuges. De esta manera se ha ido posibilitando que sean los propios interesados los que autorregulen las relaciones derivadas de su matrimonio fijando sus propias reglas, ganando terreno la autonomía de la voluntad en este campo ancestralmente tan cerrado a ella.

Si bien es cierto que por un lado, tenemos que tener en cuenta la autonomía de la voluntad de las partes, pero por otro se debe conjugar con el derecho de *ius cogens* y con los derechos inalienables tan presentes tradicionalmente en el derecho de familia.

Existen muchas causas que han sido decisivas para ello, entre los que podemos citar la secularización del matrimonio, puesto que el cristianismo pugna por un matrimonio único e indisoluble incompatible con la introducción de previsiones para una futura ruptura la cual no se contempla; la introducción de la mujer en el mundo laboral, momento hasta el cual su papel quedaba relegado al cuidado de la casa y los hijos, lo que le privaba de una economía propia, y por lo tanto en la mayoría de los casos no tenía se pactaba un régimen económico que no fuera el legal de gananciales, junto con la autoridad marital existente lo que hacía que no se dieran tampoco otro tipo de pactos de carácter personal; o la introducción del divorcio en 1981, y su gran incremento de número de casos en los últimos años ha contribuido en proliferar los acuerdos matrimoniales, entre otras muchas causas[422].

---

422 En este sentido se pronuncia MORENO VELASCO, VÍCTOR, Autonomía de la voluntad y crisis matrimoniales, Ed. Aranzadi, Cizur Menor, 1ª edición, 2013, pág. 27: *"Con la evolución de la sociedad hacia una cultura de independencia personal y patrimonial de los cónyuges, es frecuente encontrarse con modelos matrimoniales en los que son ambos miembros de la pareja los que perciben ingresos. Se percibe una tendencia hacia una independencia económica, y por ende, personal de los cónyuges, si bien, asumiendo conjuntamente las cargas del matrimonio.- A esta independencia económica de los esposos debemos añadir una cultura divorcista que iniciada en el año 1981, ha visto su máxima expresión en la ley 15/2005, de 8 de julio.- La ruptura matrimonial ha dejado de ser algo infrecuente para percibirse socialmente como una posibilidad, y de ahí que se esté observando un interés por regular anticipadamente sus consecuencias.- Proliferan, de esta forma, familias reconstituidas en las que los cónyuges han aprendido de experiencias pasadas y pretenden "asegurarse" de controlar al máximo una eventual ruptura.- Todo ello lleva a la generalización de las capitulaciones matrimoniales mediante las cuales los cónyuges, o los que van a serlo, acuerdan regirse por el régimen de separación de bienes, o bien deciden pactar aspectos, tanto de su vida matrimonial, como de eventual y futura ruptura".*

Esta autorregulación de los efectos del matrimonio así como los de las relaciones de los cónyuges con terceros, incluidos sus hijos, o las reglas que tienen que regir ante una futura crisis matrimonial se llevan a cabo a través de los pactos matrimoniales en sentido amplio, incluyendo en ellos tanto las capitulaciones matrimoniales, otros pactos por razón del matrimonio, pactos prematrimoniales en previsión de una futura crisis matrimonial, el convenio regulador, y el convenio no homologado judicialmente.

En mi opinión los pactos matrimoniales son un instrumente que plasma la voluntad de los cónyuges, permitiendo llegar a normas consensuadas y reforzando la igualdad entre ambos integrantes, siendo un requisito indispensable para su validez.

Los diferentes tipos de pactos matrimoniales que he enumerado no están desarrollados en el derecho común de igual forma y en el mismo grado, la evolución de cada uno de ellas ha seguido su curso, siendo diferentes según la figura que se trate, pudiendo afirmar que a día de hoy todavía queda mucho camino por recorrer, y que es necesaria una regulación completa y precisa para poder contar con este instrumento en aras a la seguridad jurídica.

II. EVOLUCIÓN HISTÓRICA

1. Influencia de la CE de 1978

Como hemos dicho el tema que nos ocupa es bastante novedoso en nuestro derecho. En el ordenamiento jurídico español bien es cierto que no existe una larga tradición respecto a los pactos matrimoniales como puede ocurrir en otros países sobre todo de origen anglosajón.

En el Derecho de Familia tradicional tal y como apuntaba la autonomía privada era muy limitada en su regulación, siendo las normas primordialmente imperativas y dejando poco espacio para la libertad de pacto entre los cónyuges.

En igual sentido se expresaba Carlos Lasarte2 al afirmar respecto de la naturaleza y el carácter del Derecho de familia, que la mayor parte de las normas se caracterizan por ser de carácter imperativo. Añadiendo, que la relación entre el *ius cogens* y la capacidad auto normativa de los interesados prevalece generalmente el derecho imperativo estando muy limitada la autonomía privada.

Si tenemos que buscar un punto de inflexión, sin duda, este es la Constitución de 1978, la cual cambió de manera radial la concepción del derecho de familia que existía hasta la época.

Como dice Encarna Roca2 "*la personalidad de los ciudadanos que les hace iguales ante la Ley, no tiene una traducción práctica en las normas del derecho de familia, en las que hasta la Constitución de 1978, no rigió el principio de igualdad, sino el de autoridad*". Es precisamente la CE la que teje todo un entramado de protección de la familia4 así como un catálogo de Derechos Fundamentales de los individuos que integran ésta, que en opinión de Roca[423] justifica que las normas de Derecho de familia sean imperativas.

---

[423] ROCA ENCARNA, ibídem, pág. 80. La autora dice al respecto: "*Seguramente, la única razón por la que se justifica que las normas de Derecho de familia sean imperativas reside en que la intervención de los poderes públicos, asegurando la protección social, económica y jurídica de la familia, de acuerdo con el artículo 39.1 CE, se justifica como garante de los derechos fundamentales de los individuos, de acuerdo con el artículo 53 CE. De aquí se deduce una importante consecuencia: los poderes públicos deben intervenir para controlar que la actividad de los miembros de la familia no produzca una lesión en los derechos fundamentales de algunos de ellos*".

José Ramón Polo Sabau nos da su visión de este cambio y a su modo de ver, la Constitución, viene a romper la batalla que se venía librando entre el Estado y la Iglesia en torno a la figura del matrimonio y por ende del derecho de familia. Así lo expresa el citado autor al apuntar que "*El art. 32 de la Constitución española vino a clausurar, en este caso en beneficio del Estado, la pugna históricamente entablada entre éste y la Iglesia a propósito de la competencia normativa y jurisdiccional sobre el matrimonio...*"[424].

También el Profesor Lasarte en parecido sentido se pronuncia, pero apoyándose en el art. 16 de la CE, al afirmar "*Al declarar la aconfesionalidad estatal (art. 16.3), presupone la Constitución la recuperación del poder civil en la regulación del* matrimonio, lo que *implícitamente supone delegar en el legislador ordinario la posibilidad de existencia del divorcio*"[425].

Como decíamos son varios los artículos constitucionales en los que podemos encontrar respaldo a la proclamación de la autonomía de la voluntad respecto de los pactos matrimoniales, reforzando la igualdad de la mujer respecto del hombre en el derecho de familia.

Tienen especial relevancia e influyen de una forma o de otra el art. 1.1 CE que proclama como valor superior del ordenamiento jurídico la libertad y la igualdad; el artículo 9.2 CE desde el que insta a los poderes públicos a promover la libertad y la igualdad de los individuos; el 10 CE que alude a la dignidad de la persona, y el libre desarrollo de la personalidad; el art. 14 CE que proclama la igualdad; el artículo 32 CE que garantiza

---

424 POLO SABAU, JOSÉ RAMÓN, *Matrimonio y Constitución ante la reforma del Derecho de Familia, Ed. Aranzadi, Cizur Menor, 1ª Edición, 2006, pág. 18.*

425 LASARTE, CARLOS, *Derecho de Familia. Principios de Derecho civil VI, Ed. Marcial Pons, Madrid, 7ª edición, 2008, pág. 6.*

el derecho al matrimonio en plena igualdad; el 39 CE que asegura la protección de la familia, y el artículo 53 CE garante de los derechos y libertades fundamentales.

Para Moreno[426] *"A la hora de buscar un reconocimiento legal de la autonomía de los cónyuges para pactar cuestiones relativas a su matrimonio debemos partir de los principios y derechos constitucionales, en concreto del principio de libertad y al libre desarrollo de la personalidad prevista en el artículo 10 de la Constitución Española."*

Para este autor la libertad que se proclama como uno de los valores supremos del ordenamiento hace que el Estado tenga que garantizar que los individuos puedan organizar libremente su matrimonio y su familia, aunque eso sí, con ciertos límites constituidos por otros principios, señalando el de igualdad, el de seguridad y el de protección a la familia, además de algunos de "*menos calado constitucional, pero de igual importancia práctica*", según palabras del propio autor, como el de protección a los acreedores.

Pero no todos ellos entraran en juego de la misma forma. Para la anteriormente citada autora Roca[427] *"los derechos protegidos a través de la técnica constitucional e identificados en el grupo de los derechos fundamentales prevalecen en todo caso frente a un hipotético interés familiar. Si los intereses en juego no tienen categoría constitucional, prima entonces el interés de la familia. Porque en el sistema basado en derechos constitucionales, la familia es una institución instrumental, cuya finalidad esencial es facilitar a sus miembros el ejercicio de los derechos fundamentales y la promoción de los valores que se consagran en el art. 10 CE."*

---

426 MORENO VELASCO, VÍCTOR, *Autonomía de la voluntad..., ob. Cit., pág. 29.*

427 ROCA ENCARNA, *Familia y cambio..., ob. Cit., pág. 76.*

Tras la proclamación de la CE se ha producido un cambio en el Derecho de Familia español para su adaptación a la misma, que se ha ido desarrollando a través de las diversas normas que paulatinamente se han dictado para acomodar nuestro ordenamiento jurídico a los mandatos constitucionales. Para ello el legislador ha tenido en cuenta los principios y valores que contiene nuestra norma fundamental para reflejarlos en el conjunto de leyes que desde 1978 hasta la actualidad han ido conformando el cambio en el actual derecho de familia.

Como señala María Ángeles Parra Lucán[428] *"El sistema de valores imprescindibles del que se deben deducir las reglas que permitan conformar las nomas imperativas está recogido en la Constitución. El concepto de orden público, tradicional en la elaboración de los conceptos del estado civil y de las relaciones familiares, en la actualidad debe identificarse con los principios y valores constitucionales, con los derechos fundamentales. En consecuencia, el «orden público familiar», es decir, las reglas básicas sobre las que se organiza la familia, son las que están en la Constitución."* Para la autora la autoridad y la jerarquía familiar, la estabilidad del matrimonio y la heterosexualidad ya no son orden público, formando los derechos fundamentales un nuevo orden público que se debe tener en cuenta para apreciar la validez de los pactos, junto con el interés superior del menor.

Pasamos ahora a reseñar las principales reformas que se han operado desde la proclamación de nuestra Carta Magna y que han tenido influencia en el tema que nos ocupa.

---

428 PARRA LUCÁN, MARÍA ÁNGELES, "Autonomía de la Voluntad y Derecho de Familia" en *Autonomía de la Voluntad en el Derecho Privado, Tomo I Derecho de la persona, familia y sucesiones, AAVV, Consejo General del Notariado, 2012, pág. 119.*

2. Ley 11/1981, de 13 de mayo, de modificación del Código Civil en materia de filiación, patria potestad y régimen económico del matrimonio

Tras la entrada en vigor de la Constitución, como suele decir la doctrina, se empezó a producir una "personalización del matrimonio". En palabras de José Ramón de Verda Beamonote[429] *"Poco a poco, se ha ido acentuando, en efecto, la función del matrimonio como un medio de desarrollo de la personalidad de los cónyuges, en detrimento de su carácter de institución social, cuya estabilidad se ha considerado, desde siempre, un valor social, lo que ha estado en estrecha relación con la conexión de la institución matrimonial con la procreación y educación de los hijos; y de ahí la exigencia del requisito de la heterosexualidad de los contrayentes".*

O como dice Fernández-Coronado[430] *"el legislador actual ha podido, por fin, desplazar su centro de atención desde el colectivo a la persona individual o, lo que es lo mismo, desde la lucha continua por la reivindicación y la defensa de sus competencias matrimoniales frente al Derecho canónico, a centrarse en su propio cometido y desarrollar su concepción matrimonial de Estado personalista, que tiene en su punto de mira los derechos de sus ciudadanos derivados de su propia dignidad como personas, y necesarios para el libre desarrollo de su personalidad; cuestiones ambas, dignidad y libre desarrollo, que sustentan la libertad de conciencia individual de todos ellos".*

---

429 VERDA BEAMONTE, JOSÉ RAMÓN DE, "La incidencia del principio constitucional de libre desarrollo de la personalidad en la configuración del matrimonio", Revista Boliv. De derecho, N° 17, enero 2014, págs. 10 – 31.

430 FERNÁNDEZ-CORONADO GONZÁLEZ, ANA, "La evolución jurídica del sistema matrimonial español desde la Constitución de 1978 a la admisión del matrimonio homosexual", Foro, Nueva época, N° 3/2006, pág. 105.

Una de las principales Leyes que han operado el cambio de la regulación del derecho de familia sin duda ésta ha sido la Ley 11/1981, de 13 de Mayo, de modificación del Código Civil en materia de filiación, patria potestad y régimen económico matrimonial.

Entre otros aborda reformas tan importantes como la que supone en materia de filiación y patria potestad, por lo que aquí nos interesa, especialmente el de la eliminación de los llamados "hijos ilegítimos" al desaparecer la distinción entre filiación legítima e ilegítima, eliminando cualquier distinción entre los hijos, y en materia de patria potestad como el establecimiento de que ésta será compartida por ambos progenitores, que como ya habíamos anticipado la mujer no ostentaba la patria potestad de sus hijos, lo que supone dar cabida a los principios constitucionales de igualdad consagrado en el art. 14 y 39.2 de la CE:

En la exposición de motivos del Proyecto de Ley de 14 de septiembre de 1979 se refería esta idea de igualdad diciendo: "*La ley de 2 de mayo de 1975 rectificó, atendiendo demandas urgentes de nuestra sociedad, una orientación legislativa ya ampliamente superada en la jurisprudencia de los países desarrollados, al liberar a la mujer casada de las trabas personales y patrimoniales que le imponían, en obsequio al marido y por razón de un cierto modo de entender la unidad de los cónyuges y la familia, diversos preceptos de nuestro Código, inspirados, a su vez, en el de Napoleón.*

La nueva versión de 1975 establecía, como principio rector de las relaciones personales entre esposos, el de la igualdad de varón y mujer, pero no alteraba la organización económica de la sociedad conyugal o de las relaciones entre padres e hijos que, fundadas ambas sobre el principio de la superioridad del marido y el padre, atribuían al varón el gobierno, con amplios poderes, de la economía del matrimonio; e igualmente de la persona y los bienes del hijo menor. De donde la libertad concedida de esposa y los bienes del hijo menor. De donde la libertad concedida de esposa y madre por la nueva ley quedaba habitualmente muy incompleta, al no tener aquélla, en el régimen legal de sociedad de gananciales, acceso suficiente a los medios económicos más frecuentes e inmediatos de los cónyuges, que son las ganancias del trabajo y las rentas de sus bienes; caudal que, sujeto a la gestión del marido, correlativamente quedaba fuera de la esfera de influencia de la mujer y no podía servirle como medio de hacer valer la deseada autonomía personal. De igual modo la madre seguía apartada de cualquier nivel de decisión mínimamente importante en la incumbencia es de sus hijos menores".

Igualmente se da entrada a los mandatos de protección al menor consagrados en éste último artículo. En este campo la autonomía de la voluntad está sometida a un control más exhaustivo, puesto que se protege el interés del menor.

Además, la citada Ley supone una revolución en cuanto al régimen económico matrimonial[431].

---

431 Diversas Sentencias del Tribunal Supremo recogen este espíritu de cambio operado por esta Ley *"Profunda es la reforma introducida en el CC por la Ley 11/1981, de 13 de mayo (modificación del CC en materia de filiación, patria potestad y régimen económico del matrimonio) sobre el régimen económico matrimonial, al atribuir protagonismo en el mismo a la mujer casada, conforme a los principios constitucionales, con lo que alcanzó la situación de igualdad y gestión con el varón, y por ello se vino a potenciar y preservar su haber ganancial, superando la casi plena disponibilidad que la legislación anterior y tradicional atribuía al marido, ya que era monopolizador de los bienes gananciales, como "jefe de familia". Así, la reforma legal impuso a la jurisprudencia la necesaria adaptación al texto vigente y, con ello, entre otras situaciones, superar el concepto de actuación en interés de la familia para jus-*

Regula novedosamente la sociedad de gananciales en régimen de igualdad entre el marido y la mujer, para así adaptarlo a lo prescrito con el principio constitucional, al igual que proclama tal igualdad para el régimen económico general o primario perfeccionando lo anteriormente legislado[432].

Mediante ella se da nueva redacción a la mayoría de artículos referidos al régimen económico matrimonial, entre otros, se aprecia como a través de la redacción del art. 1325 del CC se puede distinguir entre el contenido típico y el atípico de las capitulaciones matrimoniales, al decir *"En capitulaciones matrimoniales podrán los otorgantes estipular, modificar o sustituir el régimen económico de su matrimonio o cualquiera otras disposiciones por razón del mismo"*.

---

tificar las disposiciones del marido comprometedoras de los bienes gananciales, por atribución a sus deudas la condición de ganancialidad y atendiendo a los preceptos civiles vigentes, la literalidad de los mismos no la refieren y así resulta extralegal", entre otras STS Sala 1ª de 21 de diciembre de 1985.

432 En este sentido se pronuncia ESPIN CANOVAS, DIEGO, "La igualdad conyugal en la reforma del Código Civil", en AAVV, *El nuevo derecho de familia español*, Ed. Reus, S.A., Madrid, 1982, pág. 16, al referir respecto del régimen económico primario que *"La Ley de 2 de mayo de 1975, al suprimir la autoridad marital, aunque todavía dejó en vigor el poder de administrador conyugal a favor del marido, transformó la potestad doméstica de la mujer, regulándose en pie de igualdad para ambos cónyuges, de manera que si bien les colocaba en el plano igual en esa esfera, subsistía la desigualdad en los poderes de administración que excedieren del poder doméstico... La reforma actual, conservando la norma de la Ley de 1975, que más sistemáticamente incorpora al título sobre el régimen económico matrimonial, con leves modificaciones que mejoran su texto a mi juicio, faculta a ambos cónyuges para realizar los actos encaminados a atender las necesidades ordinarias de la familia, encomendadas a su cuidado, conforme al uso del lugar y a las circunstancias de la misma (artículo 1.319, ap. 1). Esta norma, cobra un sentido plenamente igualatorio al establecerse también un régimen de iguales facultades para los actos de gestión y disposición de los bienes gananciales (artículo 1.375)"*.

Y es también obra de esta Ley la modificación de los límites de las mismas a través del artículo 1328 estipulando *"Será nula cualquier estipulación contraria a las Leyes o a las buenas costumbres o limitativa de la igualdad de derechos que corresponda a cada cónyuge"*[433] al igual que la introducción del art. 1335 del Código Civil, diciendo *"La invalidez de las capitulaciones matrimoniales se regirá por las reglas generales de los contratos. Las consecuencias de la anulación no perjudicarán a terceros de buena fe"*.

Por tanto los límites fijados por el Código Civil después de ésta reforma a los pactos que pueden estipular los cónyuges son: los que contravengan las leyes imperativas; límites derivados del régimen económico matrimonial primario; pactos contrarios a las buenas costumbre; los que sean limitativos de la igualdad de derechos que correspondan a cada cónyuge; y los que perjudiquen a los derechos adquiridos por terceros con anterioridad.

En cuanto al contenido de las capitulaciones matrimoniales, el típico será el establecimiento, modificación o sustitución de un régimen económico matrimonial, pero podrán también contener cualesquiera otras disposiciones por razón del matrimonio.

Como hemos visto la finalidad primordial de esta ley fue la de adaptar la legislación matrimonial a los mandatos constitucionales, especialmente en cuanto al respeto a la igualdad entre hombre y mujer, dotando de los mismos derechos a las mujeres.

---

433 En la regulación originaria del Código Civil decía *"no podrán los otorgantes estipular nada que fuere contrario a las leyes o a las buenas costumbres, ni depresivo de la autoridad que respectivamente corresponde en la familia a los futuros cónyuges", art. 1.316; la reforma de la Ley de 2 de mayo de 1975 modificó el precepto transcrito diciendo "no podrán los otorgantes estipular nada que fuere contrario a las leyes o a las buenas costumbres ni a los fines del matrimonio".*

3. La Ley 30/1981, 7 de julio, por la que se modifica la regulación del matrimonio en el Código Civil y se determina el procedimiento a seguir en las causas de nulidad, separación y divorcio

Anteriormente a la entrada en vigor de ésta Ley el matrimonio era indisoluble[434], solamente era posible su terminación bien por la muerte bien por la declaración de fallecimiento de uno de los cónyuges.

Tras la entrada en vigor de la Constitución era necesario dar una respuesta, acorde con los tiempos, a las necesidades de las parejas que su matrimonio entra en crisis. O como decía en la época Vega Sala[435] *"La tradición en la aplicación de Derecho canónico,…, nos obliga a establecer el sistema matrimonial vigente en*

---

[434] A excepción del breve periodo de tiempo que duró la II República, cuya Constitución de 9 de diciembre de 1931 es la precursora de la Ley del Divorcio, siendo la que por primera vez lo introduce en nuestro ordenamiento jurídico, la cual en su artículo 43 predicaba *"El matrimonio se funda en la igualdad de derechos para ambos sexos, y podrá disolverse por mutuo disenso o a petición de cualquiera de los cónyuges, con la alegación en este caso de justa causa".* De ello derivó la Ley de Divorcio de 2 de marzo de 1932 la que establecía en su art. 1 que el divorcio disuelve el matrimonio cualquiera que hubiera sido la forma y fecha de celebración. Y en el art. 2 decía *"Habrá lugar al divorcio, cuando lo pidan ambos cónyuges de común acuerdo, o uno de ellos por alguna de las causas determinadas en esta Ley, siempre con sujeción a lo que en ella se dispone"*, estableciéndose en el artículo 3 las causas de divorcio. Ésta Ley fue derogada por la Ley de 23 de septiembre de 1939 relativa al divorcio, la cual en su único artículo declara la vigencia de nuevo del Código Civil en la materia, anteriormente fue suspendida la tramitación de los pleitos de separación y divorcio por Decreto del Ministerio de Justicia de 2 de marzo de 1938.

[435] VEGA SALA, FRANCISCO, El nuevo derecho del matrimonio", en AAVV, *El nuevo derecho de familia español*, Ed. Reus S.A., Madrid, 1982, pág. 243.

España como marco en el que, necesariamente, se tiene que desarrollar el matrimonio y los institutos jurídicos que la ley establece para cuando aparece la crisis de la relación conyugal". Como seguía afirmando el citado autor la CE de 1978 por sí sola no modificó el sistema aunque proclame los principios de igualdad, aconfesionalidad, la no obligación de declaración ideológica o religiosa, o la vinculación de todos los poderes públicos; además de proclamar que la Ley regulará las causas de disolución del matrimonio.

Se dejó abierta la puerta al legislador para que desarrollara tales principios y confeccionara las premisas para la disolución del matrimonio.

A partir de entonces se incluye una causa de extinción del matrimonio, el divorcio. Ello supone el poder poner fin a un matrimonio contraído válidamente, aunque eso sí, siempre que concurran unas causas tasadas. Éstas se contenían en el antiguo art. 86 del CC, hoy en día derogado, en el que en lista de numerus clausus se recogían hasta un total de cinco causas por las que se podía solicitar la disolución del matrimonio[436].

---

436 El citado art. 86 del CC, tras la reforma operada por la Ley 30/1981 establecía: *"Son causas de divorcio: 1ª El cese efectivo de la convivencia conyugal durante al menos un año ininterrumpido desde la interposición de la demanda de separación formulada por ambos cónyuges o por uno de ellos con el consentimiento del otro, cuando aquélla se hubiera interpuesto trascurrido un año desde la celebración del matrimonio.- 2ª El cese efectivo de la convivencia conyugal durante al menos un año ininterrumpido desde la interposición de la demanda de separación personal, a petición del demandante o de quien hubiere formulado reconvención conforme a lo establecido en el artículo 82, una vez firme la resolución estimatoria de la demanda de separación o, si trascurrido el expresado plazo, no hubiera recaído resolución en la primera instancia.- 3ª El cese efectivo de la convivencia conyugal durante al menos dos años interrumpidos: a) Desde que se consienta libremente por ambos cónyuges la separación de hecho o desde la firmeza de la resolución judicial, o desde la declaración de ausencia legal de alguno de los cónyuges,*

En principio, el divorcio no podía ser de mutuo acuerdo, o no al menos por la sola voluntad de los cónyuges, puesto que tenía que estar sustentado por alguna de estas causas, lo que hace que algunos autores hablen de un sistema culpabilista[437], aunque otros muchos lo tilden simplemente de causalista pero

---

a petición de cualquiera de ellos. b) Cuando quien pide el divorcio acredite que, al iniciarse la separación de hecho, el otro estaba incurso en causa de separación.- 4ª El cese efectivo de la convivencia conyugal durante el trascurso de al menos cinco años, a petición de cualquiera de los cónyuges.- 5ª La condena en sentencia firme por atentar contra la vida del cónyuge, sus ascendientes o descendientes. Cuando el divorcio sea solicitado por ambos o por uno con el consentimiento del otro, deberá necesariamente acompañarse a la demanda o al escrito inicial la propuesta de convenio regulador de sus efectos, conforme a los artículos 90 y 103 de este Código".

437 JIMÉNEZ MUÑOZ, FRANCISCO JAVIER, "Una visión de la evolución del divorcio en España desde 1870", en AUTORES VARIOS, *Familia, Matrimonio y Divorcio en los albores del Siglo XXI*, coedición Idadfe, UNED, y El Derecho, Madrid, 2006, pág. 303, distingue dentro del divorcio judicial: " *a) La tesis del divorcio-sanción, según la cual determinados hechos antijurídicos se configuran como una causa de divorcio para el cónyuge que no los haya cometido (al que comúnmente se denomina "inocente"), como una sanción cuya imposición queda al arbitrio de éste, mediante el ejercicio de la acción de divorcio. Por ello, el proceso de divorcio incide básicamente sobre la culpabilidad o la inocencia de los cónyuges, y en este sistema se hace hincapié en causas que entrañen incumplimientos graves de los deberes conyugales: abandono, adulterio …* " *de ésta otra tesis que describe "b) La más reciente tesis de frustración o del divorcio-remedio o divorcio-quiebra entiende que, cuando existe un fracaso razonablemente irreparable del matrimonio, su mantenimiento sería perjudicial, y por ello se considera más conveniente darlo por concluido, sin acudir a una difícil indagación de las causas de ruptura; se trata así de resolver una situación de los cónyuges en todas las situaciones en que la vida en común, por la concurrencia de determinadas causas, ha resultado intolerable. En este sistema, las causas de divorcio se objetivizan y residen básicamente en la ruptura de la vida conyugal cuando es razonablemente previsible la imposibilidad de recomponerla".*

sin tintes sancionadores, en este sentido se decanta la profesora Martínez de Morentin[438] entre otros.

La introducción del divorcio junto con la separación judicial supone un gran paso adelante en cuanto a la autonomía de la voluntad de los cónyuges. Así lo cree también el citado Profesor Jiménez[439] al afirmar *"En este sentido, La Ley de 1981 parece orientar las normas matrimoniales desde el Derecho imperativo hacia el ámbito del Derecho dispositivo, destacando los aspectos consensuales del matrimonio y su mantenimiento en tanto subsista la affectio maritalis, permitiéndose en cambio su disolución cuando cese el consentimiento continuado en su pervivencia, lo que se pone de manifiesto en que varias de las causas de divorcio se basen en el mutuo disenso o en un cambio del consentimiento otorgado en el momento de la celebración del matrimonio, exteriorizado por medio de determinadas conductas y fundamentalmente del cese efectivo de la convivencia conyugal, que se hace equivaler a una declaración de voluntad presunta".*

Si bien es cierto que la Constitución ya había dejado la puerta abierta al legislador para que pudiera introducir la disolu-

---

438 MARTÍNEZ DE MORENTIN LLAMAS, Mª LOURDES, "La supresión de las causas de separación en nuestro ordenamiento", Aequalitas, Nº 19, 2006, págs. 20 – 27. Como decíamos la citada autora en este sentido manifiesta: *"Sin embargo hay que recordar, que le sistema instaurado por la Ley 30/81, fue un sistema, no de búsqueda de culpables, sino un sistema mixto en el que además de haberse dado entrada a la separación consensual, verdadera innovación en 1981, se introducía la separación constatación de la quiebra de la vida matrimonial (separación-ruptura), a la vez que se mantenían una serie de causas de tipo subjetivo, pero no en un intento de sancionar conductas reproblables, sino de proteger al cónyuge que se veía perjudicado ante una serie de situaciones producidas por el otro cónyuge, y ello en un intento de aproximar la justicia a ese tipo de supuestos, en los que no podía premiarse al cónyuge causante de la ruptura matrimonial".*

439 JIMÉZ MUÑOZ, FRANCISCO JAVIER, "Una visión de la evolución...", ob. Cit., pág. 311.

ción del matrimonio al establecer en el apartado segundo del artículo 32 que: *"La ley regulará las formas del matrimonio, la edad y capacidad para contraerlo, los derechos y deberes de los cónyuges, las causas de separación y disolución y sus efectos"*, lo cierto es que es la Ley 30/1981 la que establece esta causa de disolución, lo que supone, como apuntábamos, la ruptura con el sistema matrimonial que regía hasta ese momento, presidido por el principio de indisolubilidad del matrimonio.

Decíamos que es toda una novedad en éste campo la introducción de la separación consensual entre los cónyuges. Así el art. 81 en su punto primero rezaba *"Se decretará judicialmente la separación, cualquiera que sea la forma de celebración del matrimonio: 1º A petición de ambos cónyuges o de uno con el consentimiento del otro, una vez transcurrido el primer año del matrimonio. Deberá necesariamente acompañarse a la demanda la propuesta del convenio regulador de la separación, conforme a los artículos 90 y 103 de este Código"*.

Por primera vez se reconoce la posibilidad de pactar los efectos derivados de la separación o del divorcio del matrimonio al introducir la figura del Convenio Regulador.

Se reconoce en un texto legislativo por primera vez la posibilidad de que sean los cónyuges los que a través de la figura del convenio regulador sean ellos mismos los que en manifestación de su autonomía regulen los efectos derivados de su separación o divorcio expresando al menos los extremos que se fijan en el art. 90 del CC. Aunque esta autonomía no es ilimitada puesto que como bien apunta Cristóbal Pinto Andrade [440] *"El Convenio Regulador del art. 90 CC es un negocio jurídico familiar de carácter mixto por intervenir en él los particulares la autoridad pública, de forma que la facultad que se les concede a los esposos de*

---

440 PINTO ANDRADE, CRISTOBAL, *El convenio regulador y su aplicación práctica,* Ed. Bosch, Hospitalet de Llobregat, 1ª Edición, 20013, pág. 7.

regular los efectos sustantivos del mismo no supone un reconocimiento ilimitado de su autonomía, al menos en los extremos del mismo que afectan a materias indisponibles para las partes –tales como los acuerdos referentes a los hijos menores de edad- si no interviene como es preceptivo el Ministerio Fiscal y no resulta luego aprobado judicialmente".

Una vez más tenemos que recalcar el gran avance que supuso para la mujer el promulgamiento de esta ley, pues si bien es cierto, que está dictada para tanto para hombre como para mujer y que a priori parece que en nada afecta al género femenino, desde mi punto de vista, creo el poder poner fin a un matrimonio no deseado, da mayor independencia a la mujer que era la que tenía más restringida la autonomía en la época.

4. Ley 15/2005, de 8 de julio, por la que se modifican el Código Civil y la Ley de Enjuiciamiento Civil en materia de separación y divorcio

"La reforma que se acomete pretende que la libertad, como valor superior de nuestro ordenamiento jurídico, tenga su más adecuado reflejo en el matrimonio. El reconocimiento por la Constitución de esta institución jurídica posee una innegable transcendencia, en tanto que contribuye al orden político y la paz social, y es cauce a través del cual los ciudadanos pueden desarrollar su personalidad.- En coherencia con esta razón, el artículo 32 de la Constitución configura el derecho a contraer matrimonio según los valores y principios constitucionales. De acuerdo con ellos, esta Ley persigue ampliar el ámbito de libertad de los cónyuges en lo relativo al ejercicio de la facultad de solicitar la disolución de la relación matrimonial.- Con este propósito, se estima que el respeto al libre desarrollo de la personalidad, garantizado por el artículo 10.1 de la Constitución, justifica reconocer mayor transcendencia a la voluntad de la persona cuando ya no desea seguir vinculado a su cónyuge. Así, el ejercicio de su derecho a no continuar casado no puede hacerse depender de la concurrencia de causa alguna, pues la causa determinante no es más que el fin

de esa voluntad expresada en su solicitud, ni, desde luego, de una previa ineludible situación de separación".

Es la propia Ley en su Exposición de Motivos la que nos da las claves para entender el espíritu de la misma señalando los motivos por los cuales se elaboró. Como vemos destaca la ampliación de la autonomía de la voluntad mermando la intervención de los poderes públicos[441].

Varias son las novedades introducidas en este sentido, en primer lugar destaca la supresión de las causas de separación o divorcio[442]. A partir de su entrada en vigor solamente es

---

441 La mencionada Exposición de motivos de la Ley 15/2005, de 8 de Julio, por la que se modifica el Código Civil y la Ley de Enjuiciamiento Civil en materia de separación y divorcio, dice al respecto: *"La intervención judicial debe reservarse para cuando haya sido imposible el pacto, o el contenido de las propuestas sea lesivo para los intereses de los hijos menores o incapacitados, o uno de los cónyuges, y las partes no hayan atendido a sus requerimientos de modificación. Solo en estos casos deberá dictar una resolución en la que imponga las medidas que sean precisas".*

442 Aunque para CERDEIRA BRAVO DE MANSILLA, GULLERMO, *Matrimonio y Constitución (Presente y posible futuro)*, ed. Reus, Madrid, 1ª edición, 2013, pág. 41, opina que aún existe algo de cuasalista en el sistema introducido por esta Ley, al decir: *"Al margen de tal requisito temporal, se vanaglorian los creadores de la ley 15/2005 en decir reiteradamente y abiertamente que con esta ley el sistema de separación y de divorcio es abstracto o sin causa. E insiste en ello buena parte de la doctrina".* Y haciendo referencia al art. 81.2 CC prosigue *"En esta norma subsiste, ahora como una modalidad más, no como la única, la separación /divorcio unilateral causal o circunstancial de los antiguos arts. 82 y 865ª CC; tan es así, que la genérica y amplia redacción del art. 81.2º CC vigente puede ejemplificarse con la casuística de las antiguas normas (82 y 86.5ª CC), así como para éstas servía el más antiguo art. 105 CC, sobre separación en vigor desde 1958 hasta 1981".*

necesario el transcurso de tres meses[443] desde la celebración del matrimonio para que sea suficiente solamente la voluntad de uno de los cónyuges para que, sin separación previa, se pueda solicitar el divorcio. Ello supone dar mayor autonomía al individuo puesto que de la misma forma que se recoge el derecho a contraer matrimonio, de esta manera se reconoce una mayor libertad de poner fin al mismo[444].

---

443 No es necesario el trascurso de este plazo cuando se acredite la existencia de un riesgo para la vida, la integridad física, la libertad, la integridad moral o la libertad e indemnidad sexual del cónyuge demandante o de los hijos de ambos o de cualquiera de los miembros del matrimonio, de conformidad con el apartado 2º del art. 81 del CC.

444 En palabras de ORTUÑO MUÑOZ, PASCUAL, *El nuevo régimen jurídico de la crisis matrimonial*, Ed. Aranzadi, Cizur Menor, 1ª Edición, 2006, pág. 16: *"Con la derogación de los artículos 82, 86 y 87 y la modificación del artículo 81 del Código Civil, el legislador español ha optado por introducir un sistema de absoluta consensualidad en la relación matrimonial, no únicamente referida al momento de la constitución de la unión, sino también respecto a la finalización de la relación y la extinción del vínculo. Puede afirmarse que el presupuesto esencial de la propia existencia del matrimonio es, a partir de ahora, la voluntad común de constituir y de mantener la unión. En tanto que persista la determinación de ambos cónyuges, en el entramado de derechos y deberes que la ley prevé estará vigente, pero en el momento en el que la permanencia de este elemento subjetivo desaparezca, tanto bilateral como unilateralmente, el matrimonio termina. En uno y otro caso el requisito que persiste es el control formal por el órgano judicial: en el momento de contraer matrimonio, para asegurar la inexistencia de impedimentos, asegurar la libertad de la expresión de la voluntad, y dar publicidad registral a la unión que se constituye; en el momento de la separación o el divorcio, con los mismos fines y, además, para regular los efectos de la ruptura de carácter personal, cuando existan hijos comunes, o de naturaleza patrimonial".*

Para muchos autores esta Ley, junto con la Ley 13/2005, de 1 de julio[445], ha supuesto una revolucionaria reforma en la regulación del matrimonio y de sus efectos tanto durante como tras el fin de éste. Pero sobre todo la mayoría de la doctrina destaca lo que han dado en llamar la "personalización del matrimonio".

445 La citada Ley 13/2005, en su exposición de motivos nos dice respecto de su afán por llevar a cabo esa desarrollo de la personalidad a través de la institución del matrimonio *"La relación y convivencia de pareja, basada en el afecto, es expresión genuina de la naturaleza humana y constituye cauce destacado para el desarrollo de la personalidad, que nuestra Constitución establece como uno de los fundamentos del orden político y la paz social ... Esta garantía constitucional del matrimonio tiene como consecuencia que el legislador no podrá desconocer la institución, ni dejar de regularla de conformidad con los valores superiores del ordenamiento jurídico, y con su carácter de derecho de la persona con base a la Constitución ... El establecimiento de un marco de realización personal que permita que aquello que libremente adoptan una opción sexual y afectiva por personas de su mismo sexo puedan desarrollar su personalidad y sus derechos en condiciones de igualdad se ha convertido en exigencia de los ciudadanos de nuestro tiempo, una exigencia a la que esta ley trata de dar respuesta... Pero, además, la opción reflejada en esta ley tiene unos fundamentos constitucionales que deben de ser tenidos en cuenta por el legislador. Así, la promoción de la igualdad efectiva de los ciudadanos en el libre desarrollo de su personalidad (artículos 9.2 y 10.1 de la Constitución), la preservación de la libertad en lo que las formas de convivencia se refiere (artículo 1.1 de la Constitución), y la instauración de un marco de igualdad real en el disfrute de los derechos sin discriminación alguna por razón de sexo, opinión o cualquier otra condición personal o social (artículo 14 de la Constitución) son valores consagrados constitucionalmente cuya plasmación debe reflejarse en la regulación de las normas que delimitan el estatus del ciudadano, en una sociedad libre, pluralista y abierta".*

En este sentido se pronuncia José Ramón de Verda Beamonte[446], añade *"Las referidas leyes, en efecto, hacen jugar al principio constitucional de libre desarrollo de la personalidad, consagrado en el art. 10.1 CE, una importancia hasta ahora desconocida. Acentúan, así, la función del matrimonio como un medio de desarrollo de la personalidad de los cónyuges, en detrimento de su carácter de institución social, cuya estabilidad se ha considerado, desde siempre un valor social, lo que ha estado en estrecha relación con la conexión de la institución matrimonial con la procreación y educación de los hijos; y de ahí la exigencia de la heterosexualidad de los contrayentes".*

En palabras de Lorenzo Prats Albentosa[447] *"se estima que el respeto al libre desarrollo de la personalidad justifica reconocer mayor transcendencia a la voluntad del individuo cuando ya no desea seguir vinculado a su cónyuge; ... se ha considerado que el ejercicio por uno de los consortes de su derecho a no continuar casado sólo puede hacerse depender de la manifestación del fin de esa voluntad expresada en la demanda, y, que desde luego, no puede someterse, ni dejarse en suspenso su realización al paso de un lapso de tiempo, previo e ineludible, de separación..."*

Aunque éste es el parecer de la mayoría de la doctrina, en contra Cerdeira[448] al expresar *"La libertad que reconoce la ley 15/2005 no es esa, no es la genuina autonomía de la voluntad; su fin ha sido igualar la libertad para casarse y «descasarse». Y si en efecto hay casamiento, el matrimonio no dejará de ser con esta ley un acto jurídico obligatorio, donde el margen de autonomía privada para fijar y observar su dimensión personal será tan inexistente como antes de la ley 15/2015".*

---

446 VERDA Y BEAMONTE DE, J.R. (Coordinador), "Derecho Civil IV. Derecho de Familia", Ed. Tirant lo Blanch, Valencia, 2013, pág. 34.

447 PRATS ALBENTOSA, LORENZO, "La nueva regulación del derecho matrimonial español: bases y principios", AFDUAM 10, 2006.

448 CERDEIRA BRAVO DE MANSILLA, GUILLERMO, *Matrimonio y Constitución...*, ob. Cit., pág. 75.

Evidentemente en segundo lugar como ya hemos apuntado se configura el divorcio como una figura autónoma a la separación. Ya no es necesario acudir a una previa separación para poder tener acceso al divorcio, de forma que se evita un doble procedimiento.

Y además mantiene la separación como figura propia dejando libertad para aquellos esposos que queriendo cesar su convivencia en común y regular los efectos derivados de la nueva situación no quieran disolver su vínculo matrimonial.

Son varios los autores que entienden que la separación tras la aprobación de esta Ley se queda como una figura residual[449].

---

449 Entre otros MARTÍNEZ DE AGUIRRE, CARLOS, "El nuevo matrimonio civil", en *Novedades legislativas en materia matrimonial*, Consejo General del Poder Judicial, Madrid, 2008, pág. 52. El citado autor afirma *"Con dicha reforma la separación pierde buena parte del sentido que tenía en nuestro Derecho, hasta el punto de que cabe aventurar que se convertirá, en buena medida en una figura residual. En la regulación derogada la separación estaba contemplada como un paso previo al divorcio... Las cosas cambian con la reforma: por un lado, ya no es precisa esa separación previa, y por otro, la coincidencia total entre las causas (meros: la ausencia de causas) de separación y de divorcio hace que previsiblemente, se vaya a optar directamente por el divorcio, y no por una separación inicial, seguida de divorcio, con la consiguiente duplicidad de procedimientos (y de costes). La separación quedaría reservada para quienes quieren darse un periodo de reflexión, dejando la puerta abierta a una posible reconciliación, o para quienes optan por la separación como mecanismo estable de salida de su crisis conyugal. Como queda indicado, previsiblemente una figura residual"*.

5. Evolución de las separaciones y divorcios tras la promulgación de la ley

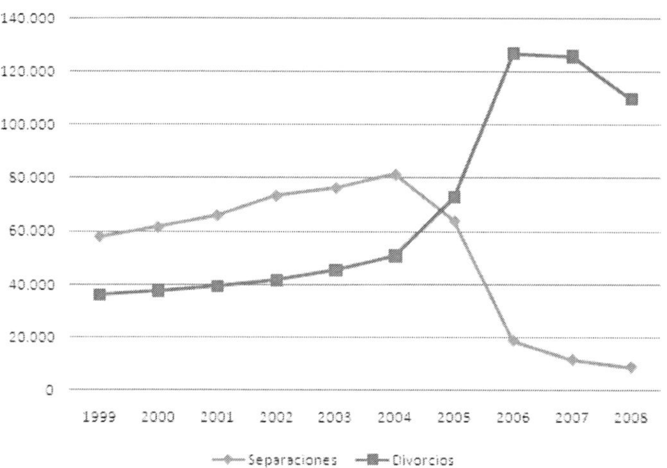

Existen de igual modo otras novedades introducidas por ésta ley que afectan a la posibilidad de pacto entre los cónyuges acerca de las medidas que a consecuencia de la crisis matrimonial regirán a partir de ese momento; como ejemplo citar la reflexión que hace Francisco Javier Forcada[450] en este sentido *"Es novedosa, igualmente, la actual mención expresa de la posibilidad de fijación de la prestación compensatoria en el convenio regulador, algo que antes no preveía expresamente este artículo pero que sí permitía el art. 90 apartado e) anterior, hoy f), y la práctica habitual con la mayor naturalidad. Ello no hace sino dar gran prevalencia al principio de libertada de regulación por los cónyuges en la fijación de las consecuencias de la ruptura de su relación.- En la propia exposición de motivos de la Ley 15/2005, late,*

---

450 FORCADA MIRANDA, FRANCISCO JAVIER, "Novedades en la pensión compensatoria: la compensación por desequilibrio", en *Novedades legislativas en materia matrimonial*, Consejo General del Poder Judicial, Madrid, 2008, pág. 117.

de forma reiterada, la voluntad del legislador de potenciar el acuerdo de las partes respecto a las mediad derivadas de la ruptura, teniendo en cuenta la mediación un papel muy importante en esta materia.- Se observa claramente el impulso dado a la voluntad negocial de las partes en la reforma, incluso potenciando el contenido del convenio regulador cuando en el encabezamiento del art. 90 del CC, se ha sustituido la expresión "deberá referirse" por la de "deberá contener".- Ahora, en el precepto reformado, se incluye específicamente la posibilidad de acuerdo entre los cónyuges como una exclusión a la facultad del juez de fijar la compensación a petición de parte, lo Que parece mejor respecto al sistema anterior que consideraba los acuerdos de los cónyuges como una circunstancia más a tener en cuenta para la fijación de la cuantía de la prestación".

Como vemos son importantísimas las reformas operadas por ésta Ley en el derecho de familia y su incidencia en el campo que nos ocupa, posibilitando una mayor autorregulación a los cónyuges tanto durante su matrimonio como los efectos que van a regir después del cese de éste o de su convivencia, en caso de optar por una separación.

III. CONCLUSIONES

Es indudable el cambio que ha experimentado el derecho de familia en los últimos años en España, y sobre todo en cuanto a los derechos de las mujeres cuya transformación ha sido mucho más sustancial. Como acabamos de ver han existido grandes reformas legislativas a través de la promulgación de normas tan importantes como las señaladas.

Pese a todo como apunta el anteriormente autor citado Martínez de Aguirre[451] *"Las leyes 13/2005 y 15/2005 han supuesto un*

---

451 MARTÍNEZ DE AGUIRRE, CARLOS, "El nuevo… " ob. Cit., pág. 16.

de la más importantes modificaciones del Derecho de Familia español de los últimos decenios. Pero no un cambio radical, son el último eslabón de una evolución que se inició con la ley 30/1981, de 7 de Julio, por la que se modifica la regulación del matrimonio en el Código Civil, y se determina el procedimiento a seguir en las causas de nulidad, separación y divorcio".

A mi entender y en relación con el tema que nos ocupa creo que si bien es cierto que supone una continuidad de la reforma iniciada por las leyes de 1981, o incluso me atrevo a decir, de la iniciada por la Constitución de 1978, discrepo del autor en cuanto a lo del último eslabón puesto que a mi juicio todavía queda camino que recorrer legislativamente hablando en alguna de las figuras planteadas, sobre todo en el derecho común, siendo en este campo los derechos forales los que han llevado la iniciativa contando alguno de ellos con una legislación más completa sobre todo en lo que se refiere a pactos prematrimoniales en previsión de una futura crisis matrimonial, los grandes olvidados para el Código Civil.

Creo que en general los pactos matrimoniales son un instrumento práctico y eficaz para plasmar la autonomía de la voluntad de los cónyuges, hombres o mujeres, para autorregular, dentro de los límites establecidos, las relaciones tanto personales como patrimoniales derivadas de su relación marital, así como otros aspectos relacionados con sus hijos o incluso con terceros, permitiendo conocer de antemano los efectos que va a producir tanto su enlace como su posible ruptura.

Ello contribuye ciertamente al desarrollo de la personalidad de ambos cónyuges, a la libertad de cada uno de ellos, y a saber de antemano los efectos y las consecuencias que se van producir a lo largo de su matrimonio o a la finalización de éste.

Es innegable la evolución que ha experimentado el derecho de familia en los últimos 40 años en España, y sobre todo como ha cambiado la regulación respecto de los derechos de la mujer, hasta alcanzar la plena igualdad, creyendo firmemente que la figura de los pactos matrimoniales viene a reforzar esta igualdad.

IV. BIBLIOGRAFÍA

CERDEIRA BRAVO DE MANSILLA, GULLERMO, *Matrimonio y Constitución (Presente y posible futuro)*, ed. Reus, Madrid, 1ª edición, 2013.

ESPIN CANOVAS, DIEGO, "La igualdad conyugal en la reforma del Código Civil", en AAVV, *El nuevo derecho de familia español*, Ed. Reus, S.A., Madrid, 1982.

FERNÁNDEZ-CORONADO GONZÁLEZ, ANA, "La evolución jurídica del sistema matrimonial español desde la Constitución de 1978 a la admisión del matrimonio homosexual", Foro, Nueva época, Nº 3/2006.

FORCADA MIRANDA, FRANCISCO JAVIER, "Novedades en la pensión compensatoria: la compensación por desequilibrio", en *Novedades legislativas en materia matrimonial*, Consejo General del Poder Judicial, Madrid, 2008.

JIMÉNEZ MUÑOZ, FRANCISCO JAVIER, "Una visión de la evolución del divorcio en España desde 1870", en AUTORES VARIOS, *Familia, Matrimonio y Divorcio en los albores del Siglo XXI*, coedición Idadfe, UNED, y El Derecho, Madrid, 2006.

LASARTE, CARLOS, *Derecho de Familia. Principios de Derecho civil VI*, Ed. Marcial Pons, Madrid, 7ª edición, 2008.

MARTÍNEZ DE AGUIRRE, CARLOS, "El nuevo matrimonio civil", en *Novedades legislativas en materia matrimonial*, Consejo General del Poder Judicial, Madrid, 2008.

MARTÍNEZ DE MORENTIN LLAMAS, Mª LOURDES, "La supresión de las causas de separación en nuestro ordenamiento", Aequalitas, Nº 19, 2006.

MORENO VELASCO, VÍCTOR, *Autonomía de la voluntad y crisis matrimoniales*, Ed. Aranzadi, Cizur Menor, 1ª edición, 2013.

ORTUÑO MUÑOZ, PASCUAL, *El nuevo régimen jurídico de la crisis matrimonial*, Ed. Aranzadi, Cizur Menor, 1ª Edición, 2006.

PARRA LUCÁN, MARÍA ÁNGELES, "Autonomía de la Voluntad y Derecho de Familia" en *Autonomía de la Voluntad en el Derecho Privado*, Tomo I Derecho de la persona, familia y sucesiones, AAVV, Consejo General del Notariado, 2012.

PINTO ANDRADE, CRISTOBAL, *El convenio regulador y su aplicación práctica*, Ed. Bosch, Hospitalet de Llobregat, 1ª Edición, 20013.

POLO SABAU, JOSÉ RAMÓN, *Matrimonio y Constitución ante la reforma del Derecho de Familia,* Ed. Aranzadi, Cizur Menor, 1ª Edición, 2006.

PRATS ALBENTOSA, LORENZO, "La nueva regulación del derecho matrimonial español: bases y principios", AFDUAM 10, 2006.

ROCA, ENCARNA, *Familia y cambio social (De la «casa» a la persona),* Ed. Cuadernos Civitas, Madrid, 1ª edición, 1999.

ROCHA ESPÍNDOLA, MARTÍN ANSELMO, "El principio del libre desarrollo de la personalidad en la persona, el matrimonio y la familia", Cuadernos Jurídicos del Instituto de Derecho Iberoamericano, Número 2 (2), Valencia, 2016.

VEGA SALA, FRANCISCO, "El nuevo derecho del matrimonio", en AAVV, *El nuevo derecho de familia español,* Ed. Reus S.A., Madrid, 1982.

VERDA BEAMONTE, JOSÉ RAMÓN DE, "La incidencia del principio constitucional de libre desarrollo de la personalidad en la configuración del matrimonio", Revista Boliv. De derecho, Nº 17, enero 2014.

VERDA Y BEAMONTE DE, J.R. (Coordinador), "Derecho Civil IV. Derecho de Familia", Ed. Tirant lo Blanch, Valencia, 2013.

EL AGRAVANTE POR RAZÓN DE GÉNERO. ANÁLISIS DOCTRINAL Y JURISPRUDENCIAL DE SU APLICACIÓN DESDE UNA PERSPECTIVA DE GÉNERO

NATHALIE SORIANO RUIZ
Universidad Internacional de Valencia.
Nathalie.soriano@campusviu.es
Jordi Bellver Sanchis
Universidad Internacional de Valencia
Jordi.bellver@campusviu.es

SUMARIO: I. Marco teórico; II. Análisis jurisprudencial; III. Conclusiones; IV. Bibliografía; V. Sentencias consultadas.

RESUMEN: En el año 2015 el sistema penal español sufrió una de las mayores reformas efectuadas hasta la fecha en su Ley Penal. Así, el CP de 1995 es modificado por la LO 1/2015, de 30 de marzo, introduciendo, entre una gran cantidad de cambios, en el artículo 22.4CP, referente a las agravantes, una específica por razón del género de la víctima. La introducción de esta circunstancia modificativa de la responsabilidad criminal busca perseguir aquellas discriminaciones y agresiones que se producen por la identificación del sujeto pasivo con unos determinados "papeles, comportamientos o actividades y atribuciones socialmente construidos que una sociedad concreta considera propios de mujeres o de hombres" (Comité de Ministros del Consejo de Europa el 7 de abril de 2011). Y es que el género *"puede constituir un fundamento de acciones discriminatorias diferente del que abarca la referencia al sexo"*, según se afirma en el mismo Preámbulo de la LO 1/2015.

En el presente trabajo vamos a realizar un análisis doctrinal sobre la necesidad de la introducción de esta nueva agravante en el CP español, así como un estudio jurisprudencial para determinar la aplicación real de la misma en los Juzgados y Tribunales españoles, tras sus casi cinco años de vigencia.

PALABRAS CLAVE:

agravantes, sexo, género, agravante específica por razón de género, aplicación judicial.

ABSTRACT: In 2015, the Spanish criminal system underwent one of the biggest reforms carried out in its Criminal Law. The Penal Code of 1995 is modified by LO 1/2015, of March 30, introducing, among a large number of changes, in its article 22.4CP, concerning aggravating factors, a specific one based on the gender of the victim. The introduction of this circumstance that modifies criminal responsibility seeks to pursue those discriminations and aggressions that occur due to the identification of the passive subject with certain "socially constructed roles, behaviors or activities and attributions that a specific society considers to be specific of women or men" (Committee of Ministers of the Council of Europe on April 7, 2011). And it is that gender "may constitute a basis for discriminatory actions different from that covered by the reference to sex," as stated in the same Preamble of LO 1/2015.In the present work we will carry out a doctrinal analysis on the need for the introduction of this new aggravating factor in the Spanish CP, as well as a jurisprudential study to determine the real application of it in the Spanish Courts and Tribunals, after almost five years of validity.

KEY WORDS:

Aggravating factors; gender; specific aggravating factor based on gender roles.

I. MARCO TEÓRICO

En el año 2015 se llevó a cabo una de las mayores reformas que ha sufrido el Código Penal Español: la LO 1/2015, de 30 de marzo, que realiza una serie de modificaciones en nuestra normativa de carácter criminal. No ha sido poca la producción doctrinal que ha suscitado esta nueva redacción de la ley penal, puesto que en ella se introducen novedades realmente necesitadas de análisis y crítica.

La LO 1/2015, entre otros cambios, elimina las faltas, convirtiendo todos los actos anteriormente descritos como tales en delitos leves o despenalizándolos; introduce la pena de prisión permanente (revisable) para los delitos más graves de nuestro elenco; modifica la edad de consentimiento sexual, introduce los nuevos tipos delictivos de *stalking* y *sexting*... Pero para lo que este artículo interesa, la nueva redacción del artículo 22.4 CP introduce una circunstancia agravante de la responsabilidad criminal: la discriminación por razón de género.

Las agravantes por motivo de discriminación quedan recogidas en el artículo 22.4 del CP español, dentro del Libro I, que lleva por rúbrica "disposiciones generales sobre los delitos, las personas responsables, las penas, medidas de seguridad y demás consecuencias de la infracción penal", en su Título I, "De la infracción penal", Capítulo IV, "De las circunstancias que agravan la responsabilidad criminal". Éstas, como todos y todas sabemos, están compuestas de distintos elementos, que pueden ser accidentales o esenciales, según si la presencia de tal circunstancia es necesaria o no para la consumación del tipo delictivo. Individualizan la pena que corresponde al sujeto activo del delito, en función de la antijuricidad de los actos que han envuelto el hecho delictivo. Las circunstancias agravantes, lógicamente, son aquellas que determinan un incremento de la pena a aplicar al autor.

Pues bien, la nueva redacción de este artículo, como hemos adelantado, introduce *la discriminación por género* como motivo para endurecer la respuesta penal ante los delitos en los que mediaron circunstancias que atentan contra el derecho fundamental a la igualdad entre hombres y mujeres. No obstante, ya en Memoria de Fiscalía del año 2016 se advierte que "l*a agravante de discriminación del artículo 22.4 CP presenta algunas lagunas y deficiencias que exigirían su reforma para garantizar una mejora en su aplicación*".

Esta nueva agravante despierta numerosas dudas entre juristas y magistrados: ¿cuándo debe ser aplicada? ¿cuál es la diferencia entre la discriminación por motivos de sexo y por motivos de género? ¿puede concurrir esta circunstancia junto con otras como la agravante por mixta de parentesco?

La Exposición de Motivos de la LO 1/2015 justifica la introducción de la agravante por razón del género de la víctima con la necesidad de "*reforzar la protección especial que actualmente dispensa el Código Penal a las víctimas de la violencia de género*". En este sentido, la introducción de este motivo de agravación en el artículo 22.4 CP puede venir a suplir el vacío de protección a algunas agresiones motivadas por los prejuicios de género del autor que deja la LO 1/2004, al centrar su ámbito de actuación exclusivamente en aquellas cometidas en el seno de la pareja heterosexual[452].

No obstante, si hacemos una reflexión más calmada, nos daremos cuenta de que el Código Penal español ya contaba en su artículo 22.4 con una agravante que, si se hubiera aplicado, podría haber actuado de la misma manera de la que se espere que actúe ésta. Nos referimos, claro está, a la agravante por razón de sexo que se prevé en el precepto tratado, junto con otros motivos de discriminación. Si bien sexo y género no son conceptos sinónimos, sino que hacen cada uno referencia a una realidad distinta, ya contábamos desde hacía años con un motivo de agravación de la pena con capacidad para cubrir el desvalor de una discriminación diaria y sistemática, especialmente grave por su carácter cultural y social.

---

452 En este mismo sentido, Maqueda Abreu, M. L. (2016) El hábito de legislar sin ton ni son. Una lectura feminista de la reforma penal de 2015, en *Cuadernos de Política Criminal*, (118), p. 13.

No obstante, esta causa agravatoria de la responsabilidad criminal ha brillado por su ausencia en nuestra tradición jurisprudencial. En el momento de redacción del Código Penal, el legislador español ni llegaba a plantearse la diferencia conceptual entre género y sexo. Sin embargo, la agravante por razón de sexo ya permitía agravar las penas por agresiones motivadas en el desprecio que el sujeto activo siente hacia la víctima, como mujer, y hacia todo el grupo de pertenencia de ésta: el género femenino.

Destaquemos aquí que hemos dicho género femenino, y no sexo femenino, pues finalmente el patriarcado afecta a las mujeres por la consideración histórica de éstas (nosotras) como inferiores en capacidades y derechos respecto al género dominante. Y dado que el género se basa en una asignación psicológica a una serie de valores y papeles de contenido cultural, cada vez influyen menos los genitales que la criatura presenta al nacer. Más adelante trataremos este tema, pero a día de hoy, resulta evidente que las agresiones por el hecho de ser mujer las podemos sufrir tanto las mujeres cisgénero como las mujeres transgénero.

Por ello, pese a que el legislador de 1995 habla de sexo (debido primordialmente a la falta de visibilidad y educación en diversidad de expresión e identidad de género, así como de orientación sexual) lo que busca agravar son las agresiones basadas en la asignación de la víctima al género femenino.

Si leemos la Exposición de Motivos de la LO 1/2015 veremos que esta nueva agravante basada en el género se introduce para diferenciarlo del sexo, en tanto en cuanto podrían ser "*fundamento de acciones discriminatorias diferentes*".

Analicemos. La discriminación, según jurisprudencia del Tribunal Constitucional, protege a colectivos socialmente vulnerables, entendiendo como tales aquellos que tradicionalmente han estado subordinados en base a una serie de rasgos personales (origen nacional, ideología, credo, sexo-género, etnia, orientación sexual...) compartidos por todos sus integrantes. Por lo tanto, no podemos entender al hombre como sujeto discriminado, precisamente por pertenecer al grupo privilegiado. Partiendo de la base de que el derecho a la no discriminación es unilateral[453] y asiste únicamente a estos colectivos históricamente subordinados, no podríamos entender que está habiendo una discriminación hacia un hombre por motivo de su sexo, por lo que no cabría en estos aplicar una agravante por razón de sexo.

Queda claro entonces: tanto la agravante por razón de sexo como la agravante por razón de género están ideadas para cubrir un desvalor extra de aquellas agresiones llevadas a cabo contra las mujeres por razón de serlo éstas, precisamente porque la discriminación histórica, cultural y sistemática por motivos de sexo-género se ha dado sobre nosotras.

Es menester hacer mención a la STC 59/2008, en la cual el Tribunal Constitucional examinó la constitucionalidad de las agravaciones penológicas contempladas en el artículo 153.1 CP, que entonces castigaba al que lesionara, causara menoscabo psíquico o maltratara a su pareja presente o pasada ya fuere su relación matrimonial o análoga. Señaló entonces el Tribunal en el fundamento jurídico séptimo de la mencionada sentencia, que dicha voluntad de castigar más gravemente las agresiones cometidas en una relación afectiva se debe a que tales conductas no son otra cosa que "*el trasunto de una desigualdad en el ámbito de las relaciones de pareja de gravísimas consecuencias para quien de un modo constitucionalmente intolerable ostenta una posición subordinada*". Recordando, a continuación (FJ 8), que la finalidad principal de la Ley Orgánica de medidas de protección integral contra la vio-

---

[453] El derecho a la no discriminación, pese a estar muy ligado, es autónomo del derecho a la igualdad, éste último sí bilateral y general. Más adelante trataremos esta diferencia.

lencia de género es, precisamente, "*prevenir las agresiones que en el ámbito de la pareja se producen como manifestación del dominio del hombre sobre la mujer en tal contexto*".

En el apartado c) del Fundamento Jurídico 9º de la STC 59/2008 se establece también una interpretación del término género de la Ley 1/2004, diferenciándolo del sexo, pues "*no es el sexo en sí de los sujetos activo y pasivo lo que el legislador toma en consideración con efectos agravatorios, sino -una vez más importa resaltarlo- el carácter especialmente lesivo de ciertos hechos a partir del ámbito relacional en el que se producen y del significado objetivo que adquieren como manifestación de una grave y arraigada desigualdad. La sanción no se impone por razón del sexo del sujeto activo ni de la víctima ni por razones vinculadas a su propia biología. Se trata de la sanción mayor de hechos más graves, que el legislador considera razonablemente que lo son por constituir una manifestación específicamente lesiva de violencia y de desigualdad*".

Así pues, el Constitucional deja ver que con "género" lo que refiere el legislativo es el diferente y desigual rol que hombres y mujeres desempeñan en la sociedad y no su sexo, sujeto a una condición biológica.

Los actos discriminatorios son selectivos, es decir, se dirigen a un colectivo que por su propia identidad se encuentra en posición inferior, de sometimiento y desigualdad. Por ello, no es posible pensar que va referido a los hombres, grupo privilegiado en las sociedades patriarcales como la nuestra. Los hombres no pueden sufrir discriminación en tanto hombres, pues la discriminación necesita que quien la sufre se encuentre estructuralmente en desventaja. Es por ello evidente que esta agravante no pretende castigar los actos llevados a cabo contra varones por el hecho de serlo – si es que este tipo de violencia existe.

De esta forma, la igualdad se configura como un derecho genérico, que le corresponde a todos los ciudadanos, mientras que el derecho a la no discriminación es específico, y con él cuentan, no todos los ciudadanos, sino únicamente los grupos que históricamente han sido discriminados y marginados.

Por lo tanto, a nivel jurídico-formal, no parece que tenga mucho sentido tener una diferenciación entre género y sexo en los motivos agravatorios, pues ambas son susceptibles de ser aplicadas en los mismos casos. Entonces, si no es por cubrir vacíos, ¿a qué motivos corresponde la introducción diferenciada de la agravante por discriminación basada en el género?

Si lo que el legislador buscaba era realizar una labor *pedagógica* con los aplicadores del derecho, quizá lo más eficiente hubiera sido renombrar la agravante, manteniendo sólo una para cubrir un desvalor idéntico, evitando duplicidades.

Dado que en la exposición de motivos de la LO 1/2015, de 30 de marzo, por la que se modifica el CP de 1995 no se nos explica prácticamente nada acerca de esta nueva agravante, creemos necesario analizarla conceptualmente y estudiar también su aplicación jurisprudencial. ¿Era realmente necesario introducirla, o responde a intereses políticos populistas y demagógicos? ¿Es un paso adelante en la consecución de la igualdad material entre hombres y mujeres, o sólo se trata de un movimiento legislativo para conseguir el favor del electorado? Analicémoslo desde una perspectiva de género.

II. ANÁLISIS JURISPRUDENCIAL

Una vez acabada la conceptualización de la circunstancia agravante de la responsabilidad criminal de discriminación por motivos de género del art. 22.4 del Código Penal Español, pasamos a analizar una serie de Sentencias de distintos órganos judiciales que la aplican en sus resoluciones.

Vamos a centrarnos en las Sentencias del Tribunal Supremo como fuente jurisprudencial para el análisis de la agravante que nos ocupa, aunque lo cierto es que la aplicación de la agravante de discriminación por género no ha sido mucho mayor que la agravante de discriminación por sexo, si bien, como veremos, en los dos últimos años ha empezado a ser definida jurisprudencialmente.

La primera Sentencia a destacar es la STS 420/2018, de 25 de septiembre, en la que admite que la agravante por razones de género está íntimamente unida a otras dos circunstancias modificativas de la responsabilidad criminal: por razón de sexo, y la mixta de parentesco del art. 23 CP español.

En la última se exige la existencia de una relación análoga a la conyugal, presente o pasada, cosa que la Sentencia entiende que concurre también en la agravante por razón de género, pero que no se exige en la agravante de discriminación por razón de sexo (art. 22.4 CP). Así, establece diferencias sexo–género, y reconoce la posibilidad de aplicar la agravante por razón de género sin necesidad de que haya relación de afectividad entre las partes.

La Sentencia a la que nos venimos refiriendo habla del sexo como las características biológicas y fisiológicas de las personas, mientras que conceptúa el género según lo establecido en el Convenio de Estambul, como los *"papeles, comportamientos, actividades y atributos construidos socialmente que una sociedad concreta considera propios de mujeres o de hombres"*.

Los hechos probados de la Sentencia de primera instancia que da lugar al recurso de casación refieren que "*el acusado presenta un patrón de personalidad de tipo narcisista y antisocial, con utilización de estrategias de imposición, explotación y dominación, así como el recurso al uso de la violencia en la resolución de problemas interpersonales*".

No obstante, no son estos rasgos de personalidad hostiles lo que fundamentan la aplicación de la agravante por género del art. 22.4 CP, sino el ambiente de dominación y desprecio hacia la mujer que envuelve la agresión que se está enjuiciando en particular, y toda la relación de pareja en general. En resumen, según la literalidad de la sentencia, el fundamento de la aplicación de esta agravante son las *"distorsiones cognitivas sexistas"* del sujeto activo.

Llama la atención que en esta resolución se intenta dotar de un contenido diferenciado a la discriminación por género y a la discriminación por sexo, expresando que la agravante por razón de género sólo puede operar en relaciones de pareja, mientras que la agravante por sexo podría operar fuera del ámbito de las relaciones interpersonales.

No obstante, una de las Sentencia más relevantes en este sentido hasta la fecha es la STS 565/2018, de 19 de noviembre, dictada por la Sala de lo Penal del Tribunal Supremo. La Sentencia es el resultado del recurso en casación contra la Sentencia 211/2018, dictada por la Audiencia Provincial de Madrid, y dimanante del Sumario 275/17 del Juzgado de Violencia contra la Mujer número 9 de Madrid.

Los hechos probados son los siguientes: que el agresor y la víctima mantenían, desde tres años antes de los hechos de autos, una relación sentimental análoga a la conyugal con convivencia; que este tiempo, el hombre maltrató física y psicológicamente a la mujer de forma continuada, creando en ella un estado clínico de ansiedad y depresión; que en varias ocasiones la víctima abandonó el hogar común, intentando así cortar la relación, pero siempre volvió al domicilio movida por la amenaza del agresor de enseñarle fotos de contenido erótico de la mujer a la madre de ésta; que un día, el hombre agredió a la mujer y posteriormente la amenazó con un destornillador, mientras profería expresiones como "te mataré"; que esta situación creó en la mujer un estado de pánico al conceptuar la amenaza de muerte como cierta y probable, por lo que, para evitar el ataque mortal, la víctima saltó a la calle desde la terraza; el resultado fue el ingreso hospitalario durante 19 días, y secuelas y lesiones que requirieron de 363 días para su curación.

El Juzgado de Violencia contra la Mujer instruyó sumario contra el acusado, y posterior recurrente en casación al Tribunal Supremo, por un delito continuado de maltrato habitual, amenazas graves, y tentativa de homicidio. Por su parte, la Audiencia Provincial condena al sujeto activo como autor de un delito de maltrato habitual, así como autor de un delito de homicidio en grado de tentativa, concurriendo el agravante de parentesco (art. 23 CP) y el agravante de discriminación por razón de género de la víctima (art. 22.4 CP).

El recurrente acude al Tribunal Supremo alegando, entre otros motivos, infracción de ley por:

- Aplicación de la agravante de parentesco, en tanto en cuanto, según palabras del condenado en primera instancia, entre él y la víctima no había una relación de afectividad.
- Aplicación de la agravante por discriminación por razón de género de la víctima, en tanto en cuanto dice éste actuar sin motivación machista.
- Aplicación conjunta de ambas agravantes al considerarlas incompatibles.

Las tres alegaciones son inobservadas por el TS. Respecto a la primera de ellas, recuerda el Tribunal que la circunstancia mixta de parentesco del artículo 23 CP es una "*circunstancia objetivable basada en la convivencia, sin exigirse vínculo de afectividad subjetiva en la relación de pareja*". De hecho, en la misma definición del precepto penal ni siquiera se exige que las partes estén unidas por un vínculo conyugal o afectivo presente, admitiendo su concurrencia en relaciones pasadas.

Por otro lado, la agravante por discriminación motivada en el género de la víctima se encuentra definida en el art. 22.4 CP, y su introducción en éste, como ya hemos visto, se encuentra apoyada en, según se indica en la Exposición de Motivos de la LO 1/2015, por la que se reforma el Código Penal, que el género puede constituir un fundamento de acciones discriminatorias diferente del que abarca a referencia al sexo.

El género se incluye en el artículo 22.4 junto con otros motivos que justifican una agravación de la responsabilidad criminal. Cuando el hecho delictivo se comete por cualquiera de estos motivos (raza, sexo, género, origen nacional, orientación sexual...), el mismo requiere de un mayor reproche penal, al haber concurrido un sentimiento de superioridad por parte del sujeto activo, pues considera a la víctima, y a todo su grupo de origen, inferiores en derechos.

A la vista de los hechos probados en la Sentencia, el Tribunal entiende que la relación de pareja se asentaba en una situación de sometimiento continuado hacia la víctima, habiendo creado el acusado "*un clima de terror para llegar a dominar su capacidad de decisión y voluntad*". Esta situación de dominación y desprecio hacia los derechos y libertades de la víctima es lo que justifica la agravación de la pena.

Además, y aquí vemos un salto cualitativo respecto a la Sentencia 420/2018 del mismo Tribunal, en ningún momento se exige que entre las partes del hecho delictivo haya o haya habido una relación de pareja, ni que la agravante pueda aplicarse exclusivamente en estos supuestos.

Lo que, en definitiva, está castigando la agravante por razones de género es un ánimo discriminatorio basado en la creencia de la inferioridad de la mujer. Y esta discriminación se puede acreditar por las mismas circunstancias en las que ocurre la agresión concreta, sin necesidad de que el sujeto activo exteriorice fehacientemente ese sentimiento, y sin necesidad de que sea consciente del mismo. Esto lo expresa también el Tribunal Supremo en la STS 420/2018, antes comentada.

Por otro, y aquí viene lo determinante, la Sala de lo Penal del Tribunal Supremo no acepta la alegación de incompatibilidad de "*las agravantes de parentesco y género, aplicadas para incrementar la antijuridicidad del homicidio en grado de tentativa, y correlativamente elevar la pena a la que se hace acreedor*". No obstante, el Tribunal no apoya el argumento casacional, pues ambas agravantes tienen fundamentos de aplicación distintos, y por lo tanto cubren un desvalor diferente.

Así, la agravante de parentesco cuenta con el requisito objetivo de la convivencia, el cual concurre en el supuesto analizado, mientras que la agravante por motivos de género tiene un requisito subjetivo, "*basado en consecuencia en la intención -manifestada por actos de violencia-, de llevar a cabo actos de dominación sobre la mujer*". Por otro lado, la primera de ellas se basa en un vínculo familiar entre las partes, mientras que en la segunda lo determinante es la condición de mujer de la víctima, a la que el agresor desprecia por considerarla carente de los derechos constitucionales a la integridad física y moral, la intimidad, y la libertad, así como capacidad de decisión.

Es por todo esto por lo que la concurrencia conjunta de las agravantes de género y parentesco no vulnera el principio penal del *non bis in idem*, pues se fundamentan en distintas razones. No obstante, pese a poder concurrir en una misma pena ambas agravantes, esto no significa que siempre vayan a hacerlo, pues la circunstancia agravante de la responsabilidad criminal por discriminación por motivos de género no exige una relación de pareja entre las partes.

La agravante de discriminación por género, pues, encuentra su fundamento en el mismo sistema de creencias del agresor, al considerar al género femenino –y otras expresiones e identidades de género no binomiales- como inferior al masculino. Por lo tanto, puede aplicarse independientemente de que entre sujeto activo y pasivo no haya un vínculo afectivo.

Por último, la STS 565/2018 matiza una cuestión procesal que podría resultar controvertida, y es que no puede aplicarse la agravante género específica en aquellos tipos que ya contemplen en su descripción típica el sexo–género de la víctima, so pena de infringir el principio penal de *non bis in idem*, según el cual un mismo hecho no puede ser sancionado dos veces cuando hay identidad de sujeto activo.

Así lo explica ésta al decir que: "*no puede aplicarse la agravante de género ni la circunstancia mixta de parentesco como agravante respecto de aquellos tipos penales que ya prevén entre sus elementos que necesariamente exista o haya existido entre víctima y autor esta relación, como ocurre con los delitos recogidos en los artículos 148.4º, 153.1, 171.4, 172.2, pues en otro caso estaríamos vulnerando la prohibición non bis in idem*".

Pasamos ahora a la STS 99/2019, de 26 de febrero, dictada en casación. Esta resulta interesante porque acaba de definir la independencia de la agravante por motivos de género de las relaciones de pareja.

Así, la STS 420/2018 afirma que la agravante de género únicamente puede aplicarse en casos en los que la agresión se haya producido en una relación de pareja entre víctima y victimario.

Por su parte, la STS 565/2018 (que ve la luz apenas unos después que la antes mencionada) acepta la aplicación de esta agravante en cualquier caso en el que haya habido una motivación de discriminación por género, independientemente de que las partes sean o hayan sido pareja.

Por último, esta reciente sentencia 99/2019 se reafirma en el hecho de que la agravante puede observarse fuera de las agresiones cometidas en el seno de la pareja, pero exige que pueda verse una asimetría de posiciones entre varón y mujer.

Esta asimetría de posiciones puede verificarse por las mismas circunstancias y características de la agresión.

Los antecedentes de hecho que dan lugar a la Sentencia son los siguientes: el sujeto activo, ex pareja de la víctima, agredió a ésta de palabra y obra una vez acabada la relación, hechos por los cuales la mujer no presentó denuncia. Posteriormente, acudió el acusado al domicilio de la víctima, invitándola a bajar para fumarse juntos un cigarrillo. La víctima entró para esto al coche del acusado, y con éste fueron a un sitio poco accesible separado del lugar de residencia de la víctima. Aquí, el sujeto activo aprovechó la imposibilidad de que alguien socorriera a la mujer, y consumó una agresión sexual. Esta agresión vino envuelta de golpes, además de comentarios y expresiones como: "*haremos lo que yo quiera, pues para eso estás* (la víctima), *y no sirves para otra cosa*", que denotan una cosificación extrema de la víctima, así como prejuicios de género evidentes.

Por estos hechos, la Audiencia Provincial de Valencia condena al sujeto activo como autor de un delito de malos tratos en el ámbito familiar y otro de agresión sexual, en concurso medial con un delito de lesiones del artículo 153.1 y 153.3 del CP, sin aplicar la agravante de motivación de discriminación por género a ninguno de los estos delitos.

La razón por la que la Audiencia Provincial no aplica esta circunstancia modificativa de la responsabilidad criminal es por entender que la misma requiere de una acreditación fehaciente de que se ha actuado por razones de género, énfasis añadido por la Audiencia Provincial a la que nos venimos refiriendo, y que en ningún caso consta descrito así en la literalidad del precepto penal.

Justifica, pues, la Audiencia su postura diciendo que "*la mayor culpabilidad trae causa de la mayor reprochabilidad del móvil que impulsa su acción delictiva, siendo por ello necesario que la motivación de actuar por razones de género sea la determinante para cometer el delito*".

De esta forma, supedita la Audiencia la aplicación de esta agravante a la prueba fehaciente de que "*la acción criminal fue reflejo de un ánimo gravemente discriminatorio hacia ella por el hecho de ser su compañera sentimental*".

Esta resolución es recurrida por el Ministerio Fiscal ante el Tribunal Superior de Justicia de Valencia, el cual estima el recurso, y añade *ex novo* la agravante por razón de género, incrementando así la pena impuesta en primera instancia.

Dos son las razones en las que se asienta el TSJ para proceder a esta agravación de la pena en segunda instancia.

En primer lugar, ésta entiende que ese elemento subjeto (es decir, un deseo de discriminación por razón de género que determine la realización de los hechos) que la sentencia recurrida quiere hacer preceptivo no es un requisito para la aplicación de la agravante.

En segundo, entiende el Tribunal que el fundamento de la esta nueva agravante de género es corregir una desigualdad que casi aparece por defecto en la relación autor–víctima. Esta discriminación es especialmente grave cuando se da en una relación afectiva, precisamente por el quebranto que supone del sentimiento de seguridad y confianza que de forma natural se siente hacia quien es la pareja. Este mismo contexto de discriminación y desigualdad en la relación es el fundamento de la cualificación del art. 153.1 CP, cuando la víctima es o ha sido la pareja del victimario.

No obstante, la sentencia de primera instancia no admite la aplicación de la agravante, por entender que el motivo de discriminación no ha concurrido, pero sí condena al autor por un delito de maltrato en el ámbito familiar contra la persona a la que está o ha estado unido por relación de afectividad análoga a la conyugal.

Como hemos adelantado ya, el Tribunal Superior de Justicia modifica la sentencia recurrida, aplicando la agravación de género, "*dado que la Audiencia considera que concurre un delito del artículo 153* (y) *ello implica que las lesiones ocasionadas constituyen una manifestación de la discriminación, situación de desigualdad, y las relaciones de poder entre el acusado y la víctima*". Por lo tanto, estima que esta manifestación de discriminación y dominio que define el 153.1 concurrió también en la agresión sexual.

La resolución del TSJ es recurrida ante el Tribunal Supremo por parte del procesado.

En ésta STS 99/2019 el TS pretende solucionar la discrepancia surgida entre el órgano primera y el de segunda instancia, esto es, si la aplicación de la agravante de género del 22.4 puede aplicarse a tipos penales no cualificados por el género de la víctima sin necesidad de acreditar ese elemento subjetivo de ánimo discriminatorio.

En delitos como el del 153 CP[454] al que nos venimos refiriendo, cualificados por la LO 1/2004, de Medidas de Protección Integral contra la Violencia de Género, no se requiere la acreditación de un propósito discriminador en el sujeto activo, sino que "*basta que el autor conozca que con la conducta que ejecuta sitúa a la mujer en esa posición subordinada, humillada o dominada*" (STS 677/2018). Por lo tanto, como decíamos, tiene un componente de corrección de una desventaja y discriminación social que se arrastra con el tiempo.

El TS, en la sentencia 99/2019 que estamos viendo, se reafirmó en esta postura, afirmando que ese fundamento de los tipos de los arts 153.1, 171.4, 172.2 y 148.4 CP es el mismo en la agravante del 22.4. En estos casos, además, teniendo en cuenta que "*nada obliga a limitar la agravante a los casos de relación de pareja*". No obstante, continúa, "*para aplicar la agravante en casos ajenos*

---

[454] Junto con el 171.4, 171.2, y 148.4 del CP español.

a esa relación de pareja habrá de exigirse al menos una asimetría en la relación entre varón-autor y mujer-víctima que sea reflejo de la discriminación que constituye el fundamento de la mayor sanción penal". Esta asimetría puede verse en el mismo contexto en el que se produce la agresión, o en la forma en la que se consuma ésta.

De hecho, el TS, remitiéndose a los hechos probados de la Sentencia de la Audiencia Provincial, entiende que "*el escenario y comportamiento*" descritos "*implican objetivamente una situación de machismo origen de discriminación fruto de la cual son los actos atribuidos al acusado, relación y asimétrico estatuto que sin duda le constaba, y que resultaron funcionales para el objetivo delictivo de su voluntad de agredir a la víctima con menoscabo de su libertad sexual*".

Por lo tanto, para la aplicación de la agravante del 22.4 no hará falta que concurra en el agresor un dolo específico o "*una específica voluntad de reafirmar su hegemónica prevalencia*". Bastará, pues, con que la situación coloque objetivamente a la mujer en una posición de discriminación y subordinación, y que el autor pueda ser consciente de esto.

III. CONCLUSIONES

Al analizar el contexto en el que se introduce en la redacción del art. 22.4 CP el motivo específico de discriminación por género, la sensación que deja es que, más que responder a necesidades jurídicas, responde a una estrategia política destinada a la consecución de afinidades y votos.

Por un lado, entendemos que su introducción en el Código Penal puede resultar beneficiosa si se aplica como una forma de paliar la reduccionista definición de violencia contra la mujer que nos da la legislación española, que circunscribe la cualificación de la pena por agresiones basadas en el género de la víctima al ámbito de la relación afectiva. Así, podría penarse el desvalor extra de la agresión basada en motivos de discriminación de género, por considerar a la mujer carente de los derechos mínimos de respeto, igualdad y capacidad de decisión, en base a unos prejuicios de género arrastrados históricamente, independientemente del contexto (afectivo o no) en el que se produzca la agresión. No obstante, este ánimo pedagógico y reeducador podría haber sido puesto ya en marcha con la aplicación de la agravante por motivos de sexo del mismo 22.4, pues a nivel jurídico–formal, ambas podrían aplicarse en los mismos supuestos.

Sin embargo, la aplicación de la agravante por motivos de sexo ha brillado por su ausencia, y durante los años siguientes a la modificación del CP por la LO 1/2015 que introduce la agravante de discriminación por género, parecía que la aplicación de esta última iba a seguir el mismo espectro. Aunque en los últimos años, no obstante, sí que ha empezado a ser jurisprudencialmente definida por el Tribunal Supremo, como hemos podido ver.

Por otro lado, en la declaración de motivos de la LO se justifica la introducción de esta agravante por la necesidad de observar en nuestro ordenamiento lo establecido internacionalmente por el Convenio de Estambul. Sin embargo, la agravante de género y la anterior y ya existente agravante por razones de sexo son, si no la misma, susceptibles de interpretaciones análogas. Cuando el legislador, allá por 1995, hizo la primera redacción de nuestro Código Penal, no era habitual ahondar en las distintas realidades que presentan sexo y género, pero sin lugar a dudas ya pretendía castigar la discriminación hacia las mujeres (puesto que, como hemos repetido una y mil veces, los hombres no pueden sufrir violencias fruto del hecho único de ser hombres). La agravante de sexo, pues, ya podía ser interpretada -aunque no fuese así lo que ocurría- para castigar más duramente las conductas que lesionaban a las mujeres, perpetuando su rol de inferioridad.

Entendemos que, si no se definen y aplican, tanto la agravante de discriminación por sexo como la agravante de discriminación por género sólo hacen que consolidar una igualdad formal entre personas ya subsumida en todos los textos legales, y concretada constitucionalmente. La igualdad formal, desgraciadamente, no asegura la igualdad material.

No obstante, este tipo de agresiones vienen determinadas por la socialización patriarcal de las personas. Vivimos en una sociedad que tradicionalmente ha situado, y aún sitúa, al varón como cabeza de la privada y protagonista de la vida pública. Esta desigualdad se muestra a través de agresiones y vejaciones, más o menos sutiles, que no hacen sino perpetuar una posición de subordinación de un género respecto a otro.

Es necesario que veamos el trasfondo cultural y social que hay detrás de las actitudes discriminatorias y violentas hacia las mujeres, para entender que la eliminación de ésta se acerca más a las medidas preventivas y educaciones, que a las represivas y judiciales.

La eliminación de los prejuicios de género patriarcales, como decimos, requiere de medidas educativas preventivas urgente. Si únicamente nos centramos en la represión judicial de agresiones basadas posiciones de poder desiguales, los preceptos que nos hablan de igualdad real entre hombres y mujeres se quedan vacíos de contenido, pues ninguna tipología delictiva, y menos una tan arraigada a la estructura social, puede eliminarse a golpe de Código Penal.

IV. BIBLIOGRAFÍA

GUTIÉRREZ, E. (2018). ¿Son compatibles la circunstancia agravante de género y la circunstancia mixta de parentesco respecto de unos mismos hechos?

Recuperado de https://elderecho.com/wp-content/cache/page_enhanced/elderecho.com/compatibles-la-circunstancia-agravante-genero-la-circunstancia-mixta-parentesco-respecto-unos-mismos-hechos/_index_ssl/

MARÍN DE ESPINOSA CEBALLOS, E. B. (2018). La agravante genérica de discriminación por razones de género (art. 22.4). *Revista Electronica de ciencia penal y criminología,* RECPC(20-27).

Recuperado de http://criminet.ugr.es/recpc/20/recpc20-27.pdf

MAQUEDA ABREU, M. L. (2016) El hábito de legislar sin ton ni son. Una lectura feminista de la reforma penal de 2015, en *Cuadernos de Política Criminal,* (118), pp. 5-42

MINISTERIO FISCAL ESPAÑOL. (2016). Memoria Fiscalía 2016. https://www.fiscal.es/memorias/memoria2016/FISCALIA_SITE/recursos/pdf/capitulo_VI/cap_VI_1.pdf

Wollstonecraft, M., y Burdiel, I. (1994). Vindicación de los derechos de la mujer. Madrid, España: Cátedra.

1. SENTENCIAS CONSULTADAS

STC 59/2008, de 14 de mayo. (TOL1.315.315)

STS 1160/2006, de 9 de noviembre. (TOL1.022.924)

STS 420/2018, de 25 de septiembre. (TOL6.812.262)

STS 565/2018, de 19 de noviembre. (TOL6.919.645)

STS 247/2018, de 24 de mayo. (TOL6.630.740)

STS 677/2018, de 20 de diciembre. (TOL7.658.849)

STS 99/2019, de 26 de febrero. (TOL7.088.043)

SAP Cuenca 182/2016, de 20 de diciembre. (TOL5.937.569)

SAP Córdoba 283/2016, de 14 de junio. (TOL5.946.968)

SAP Ourense 150/2016, de 20 de abril. (TOL5.736.611)

SAP Valencia 3646/2015, de 13 de octubre.

SAP Oviedo 18/2017, de 20 de enero.

SAP Oviedo 526/2016, de 27 de diciembre.

SAP Castellón 182/2018, de 6 de junio. (TOL6.652.693)

STSJ Catalunya 64/2019, de 20 de mayo. (TOL7.373.332)

EL RETO DE LA EFECTIVA INTERSECCIONALIDAD GÉNERO-DISCAPACIDAD EN EL ORDENAMIENTO JURÍDICO Y EN LAS POLÍTICAS PÚBLICAS ESPAÑOLAS

DRA. RAQUEL VALLE ESCOLANO
Profesora de Derecho Constitucional. VIU. -España-

I. INTRODUCCIÓN

Los derechos de las personas con discapacidad, y entre ellas, singularmente, de las mujeres y niñas con discapacidad, hoy en día figuran consagrados en numerosos textos legales, que no solo los reconocen, sino que, avanzando un paso más, han diseñado y puesto en marcha previsiones y políticas diversas para eliminar obstáculos y barreras, con el fin de caminar hacia la meta de la efectiva igualdad de todas las personas, que, aun siendo diferentes, son acreedoras de idéntico respeto y protección por las leyes a la hora de ser titulares de derechos y poder ejercitarlos de forma efectiva. No es éste un camino fácil, al encontrarnos múltiples y resistentes discriminaciones y violaciones de derechos, ya explícitas o veladas, que son fruto de una historia de siglos de desigualdad y de opresión, sufrida por muchas personas y colectivos. En este sentido, las mujeres han sido objeto de numerosas discriminaciones, en prácticamente todos los ámbitos de la vida –personal, profesional, social, económico, etc-, tanto en la esfera pública como en el terreno puramente privado. Y otro tanto podría decirse de las personas con discapacidad, que históricamente han sido tratadas como seres y ciudadanos de segunda categoría, sin respetar sus derechos ni reconocer el valor de la diversidad, en una sociedad estrecha de miras y profundamente injusta.

Afortunadamente, hoy en día las mujeres con discapacidad tienen ante sí una realidad distinta. El panorama legislativo se ha transformado de forma absoluta, y en gran medida lo ha hecho también la sociedad, cuyas concepciones, valores y principios son otros, por lo que, tanto a nivel internacional como, en nuestro ámbito más cercano, en la Unión Europea (UE) y en España, son numerosas las normas que recogen derechos, libertades, garantías y herramientas para hacerlos efectivos.

Si hablamos de mujeres y niñas con discapacidad, sin embargo, estamos aludiendo a una doble fuente de discriminaciones y desigualdades, las que estas personas sufren por ser mujeres, y las violaciones de derechos que les amenazan por tener una discapacidad. Se trata de una problemática que es mucho más que un sumatorio, ya que esta discriminación múltiple incrementa exponencialmente el peligro de ser objeto de un trato desigual e injusto, y resta eficacia a las herramientas para combatir la discriminación utilizando únicamente uno de los elementos del binomio, ya sea el género o la discapacidad.

Surge entonces la interseccionalidad, como modelo teórico de análisis y de acción práctica, que dé respuesta a la necesidad de hacer visibles y de responder ante las problemáticas entrecruzadas de género y discapacidad, actuando mucho más allá de enfoques unitarios. Y es que ni las normas y políticas surgidas del ámbito de la igualdad de oportunidades entre hombres y mujeres, ni aquellas que plantean de forma uniforme las necesidades de las personas con discapacidad, consideradas de forma unitaria, individual y separada, pueden proporcionar una comprensión adecuada, ni estar en la base de una implementación eficaz, de políticas útiles para que las mujeres con discapacidad sean miembros de pleno derecho en nuestra sociedad.

Cierto que se ha avanzado en planteamientos que consideran todas las variables implicadas, como pondremos de manifiesto en estas páginas, pero ni la *Convención Internacional sobre la Eliminación de todas las Formas de Discriminación Racial 1966* ni la *Convención sobre la Eliminación de todas las Formas de Discriminación contra la Mujer 1979* o la *Convención sobre los Derechos del Niño de 1989*, incluyen en sus definiciones de discriminación la existencia de discriminación múltiple, ni mucho menos, interseccional, aunque hay que destacar la labor desarrollada por sus respectivos Comités a la hora de abundar en esta cuestión.

A todo ello aludiremos brevemente en este trabajo, que, tras exponer la legislación específica existente protectora del derecho a la igualdad de las mujeres y niñas con discapacidad, a partir de los problemas específicos y eventuales discriminaciones de que las mismas pueden ser objeto, planteará algunas reflexiones sobre retos y posibles líneas de avance en la materia. En esta línea, se analizarán los orígenes y el significado de la interseccionalidad entre ambos factores y su potencialidad como herramienta para el diseño normativo y la puesta en marcha de políticas que combatan de forma efectiva las discriminaciones que sufren las mujeres y niñas con discapacidad.

II. METODOLOGÍA Y OBJETIVOS

El presente trabajo tiene como objeto el análisis de la discapacidad en clave de género, explorando la eventual presencia en la normativa aplicable en la materia de la perspectiva de la interseccionalidad género-discapacidad. En particular, el estudio persigue los siguientes objetivos fundamentales de carácter particular:

- Llevar a cabo un recorrido por la normativa internacional y española, rastreando e identificando en el articulado la protección de derechos de las mujeres con discapacidad, en general y en los diversos ámbitos de la vida social, económica, profesional, etc.
- Analizar el significado e implicaciones del concepto de interseccionalidad género-discapacidad, distinguiéndolo al tiempo de otras nociones similares, con las que comparte algunos elementos, pero de las que se distingue en otros
- Investigar la presencia de la interseccionalidad en la normativa y en la agenda de igualdad internacional y española, en concreto de la interseccionalidad género-discapacidad

La investigación y el estudio son puramente teóricos, por lo que, como fuentes utilizadas en el mismo, destacan la normativa y textos legales en materia de discapacidad y de género, que se han analizado de forma detallada, de igual modo que los estudios, fundamentalmente académicos, existentes sobre la interseccionalidad. De forma complementaria, además de en las fuentes secundarias de la literatura, el estudio ha utilizado también el contenido de documentos políticos oficiales de la UE, como directivas, programas y debates parlamentarios, así como de la información contenida en páginas web de instituciones y asociaciones operativas en materia de género y/o de discapacidad, tanto a nivel español como europeo.

III. LEGISLACIÓN SOBRE GÉNERO Y DISCAPACIDAD A NIVEL INTERNACIONAL, EUROPEO Y ESPAÑOL

El reconocimiento legal de derechos de las mujeres con discapacidad, es una cuestión muy amplia, por lo que solo será tratada de forma sintética en estas páginas, haciendo referencia a la misma como marco que permita abordar el tema concreto objeto de análisis.

1. Normativa y textos jurídicos de derecho internacional

En este apartado se hará referencia a tres instrumentos jurídicos:

a. La Convención sobre los Derechos de las Personas con Discapacidad (CDPD)

b. El Convenio del Consejo de Europa sobre Prevención y Lucha contra la Violencia contra las Mujeres y la Violencia Doméstica (Convenio de Estambul)

c. Recomendaciones de Naciones Unidas (ONU)

A) La Convención sobre los Derechos de las Personas con Discapacidad (CDPD)

La *Convención sobre los Derechos de las Personas con Discapacidad* (CDPD) es una norma fundamental, cuyo propósito esencial, declarado en su primer artículo, es proteger y asegurar el goce pleno y en condiciones de igualdad de todos los derechos humanos y libertades fundamentales por todas las personas con discapacidad, y promover el respeto de su dignidad inherente. Este instrumento jurídico, que reforzó decisivamente la visibilidad de este grupo ciudadano dentro del sistema de protección de derechos humanos de Naciones Unidas, es esencial a la hora de hacer valer sus derechos, al tiempo que definitivamente sitúa el tema de la discapacidad como una cuestión de derechos humanos. El Reino de España firmó y ratificó esta Convención, más su Protocolo facultativo, por lo que este cuerpo normativo internacional forma parte plenamente del ordenamiento jurídico español desde el 3 de mayo de 2008.

Este texto legal contiene entre sus Principios Generales, el principio de igualdad entre el hombre y la mujer. Por otro lado, en su artículo 6 contiene una referencia concreta a las Mujeres con discapacidad, señalando que:

> Los Estados Partes reconocen que las mujeres y niñas con discapacidad están sujetas a múltiples formas de discriminación y, a ese respecto, adoptarán medidas para asegurar que puedan disfrutar plenamente y en igualdad de condiciones de todos los derechos humanos y libertades fundamentales.
>
> Los Estados Partes tomarán todas las medidas pertinentes para asegurar el pleno desarrollo, adelanto y potenciación de la mujer, con el propósito de garantizarle el ejercicio y goce de los derechos humanos y las libertades fundamentales establecidos en la presente Convención.

Finalmente, en otros artículos concretos, como el relativo a la Protección contra la explotación, la violencia y el abuso (art. 16), se hace asimismo referencia a la recuperación física, cognitiva y psicológica, la rehabilitación y la reintegración social de las personas con discapacidad que sean víctimas de cualquier forma de explotación, violencia o abuso.... que tenga en cuenta las necesidades específicas del género".

B) El Convenio del Consejo de Europa sobre Prevención y Lucha contra la Violencia contra las Mujeres y la Violencia Doméstica (Convenio de Estambul)

Varios son los preceptos en los que esta norma, esencial en la protección a las mujeres y la lucha contra los distintos tipos de violencia que éstas sufren, alude, de forma directa o velada, a las mujeres con discapacidad:

- En primer lugar, dentro de los objetivos del Convenio, uno de ellos apunta a las mujeres con discapacidad. En concreto, cuando esta norma señala que el Convenio desea "contribuir a eliminar toda forma de discriminación contra las mujeres y promover la igualdad real entre mujeres y hombres, incluida mediante la autonomía de las mujeres". Con esta declaración se está subrayando la necesidad de fomentar un mayor grado de igualdad mediante un mayor nivel de autonomía de las mujeres.
- La autonomía se relaciona, en los diversos textos jurídicos que regulen la discapacidad, con la libertad en la toma de decisiones, que tenga en cuenta las circunstancias personales del individuo.
- Por otro lado, también en el artículo 4, regulador de los Derechos fundamentales, igualdad y no discriminación, se establece de forma específica que la aplicación por las Partes de las disposiciones del presente Convenio, en particular las medidas para proteger los derechos de las víctimas, deberá asegurarse sin discriminación alguna, basada en particular en…la discapacidad

C) Recomendaciones de Naciones Unidas (ONU)

Varias son las recomendaciones en esta materia de las Naciones Unidas, que merecen ser destacadas; todas ellas son

Recomendaciones generales adoptadas por el Comité para la eliminación de la discriminación contra la mujer:

> d.1) Séptimo período de sesiones (1988). Recomendación general Nº 8, Aplicación del artículo 8 de la Convención
>
> "Recomienda a los Estados Partes que adopten otras medidas directas de conformidad con el artículo 4 de la Convención a fin de conseguir la plena aplicación del artículo 8 de la Convención y garantizar a la mujer, en igualdad de condiciones con el hombre y sin discriminación alguna, las oportunidades de representar a su gobierno en el plano internacional y de participar en las actividades de las organizaciones internacionales"
>
> d.2) Décimo período de sesiones (1991) Recomendación general Nº 18 Las mujeres discapacitadas.
>
> "Recomienda que los Estados Partes incluyan en sus informes periódicos información sobre las mujeres discapacitadas y sobre las medidas adoptadas para hacer frente a su situación particular, incluidas las medidas especiales para que gocen de igualdad de oportunidades en materia de educación y de empleo, servicios de salud y seguridad social y asegurar que puedan participar en todos los aspectos de la vida social y cultural"

2. Normativa española en materia de género y discapacidad

Las políticas de igualdad y no discriminación, así como de integración de las personas con discapacidad desarrolladas en España, tienen su base en la Constitución, particularmente en los artículos 9.2, 10, 14 y 49.

Si buscamos la conexión normativa género-discapacidad, la primera norma en la materia la constituye la Ley Orgánica 3/2007, de 22 de marzo, para la igualdad efectiva de mujeres y hombres (LOIEMH), que contiene algunas previsiones que relacionan género y discapacidad.

- En primer lugar, dentro de las políticas públicas para la igualdad, la ley establece, cuando enuncia los criterios generales de actuación de los Poderes Públicos, la consideración de las singulares dificultades en que se encuentran las mujeres de colectivos de especial vulnerabilidad como son las que pertenecen, entre otros grupos, a las mujeres con discapacidad, para las cuales los poderes públicos podrán adoptar, igualmente, medidas de acción positiva
- Asimismo, cuando regula las medidas específicas a adoptar en la AGE, la norma señala que, con el objeto de actualizar los conocimientos de los empleados y empleadas públicas, se otorgará preferencia, durante un año, en la adjudicación de plazas para participar en los cursos de formación a quienes se hayan incorporado al servicio activo procedentes de excedencia por razones de atención a personas con discapacidad.

En cuanto a la regulación específica de los derechos de las personas con discapacidad en España, la normativa fundamental la constituye el Real Decreto Legislativo 1/2013, de 29 de noviembre, por el que se aprueba el Texto Refundido de la Ley General de derechos de las personas con discapacidad y de su inclusión social. Se trata de una norma esencial y muy positiva desde el punto de vista de la discapacidad, pero que no ha adoptado una óptica sensible a las diferencias de género y a la mayor fuerza de las discriminaciones, en gravedad y número, que sufren las mujeres y niñas con discapacidad, que por ello en muchos terrenos quedan más desprotegidas. Ello no obstante, las referencias más destacables que contiene la ley en cuanto a temas de igualdad de oportunidades entre hombres y mujeres y a cuestiones de género, son las siguientes:

- En primer lugar, dentro de los Principios de esta ley, se mencionan los principios de igualdad de oportunidades, así como de igualdad entre mujeres y hombres

- En su artículo 7 se regula el Derecho a la igualdad, señalando específicamente que las AAPP protegerán de forma especialmente intensa los derechos de las personas con discapacidad en materia de igualdad entre mujeres y hombres. Y a continuación establece que las AAPP protegerán de manera singularmente intensa a aquellas personas o grupo de personas especialmente vulnerables a la discriminación múltiple como las niñas, niños y mujeres con discapacidad
- De igual modo, en su art. 67, la norma señala que los poderes públicos adoptarán medidas de acción positiva en beneficio de aquellas personas con discapacidad susceptibles de ser objeto de un mayor grado de discriminación, incluida la discriminación múltiple, o de un menor grado de igualdad de oportunidades, como son las mujeres, los niños y niñas, entre otros grupos.

IV. LA INTERSECCIONALIDAD GÉNERO-DISCAPACIDAD

En el presente apartado se analizará un concepto y planteamiento novedoso, a la hora de proteger la consagración y el efectivo ejercicio de las mujeres con discapacidad. Se trata de la intereseccionalidad, respecto de la cual se estudiará en primer lugar su significado, delimitándolo de otras ideas y nociones afines, para, a continuación, mostrar cómo la teoría de la interseccionalidad ha ido penetrando, tímidamente, en los textos legales internacionales y en las resoluciones judiciales.

1. Orígenes del concepto y análisis de su significado

Las personas somos una suma de identidades, todas ellas complejas, que deben ser objeto de una adecuada integración, comprensión y ponderación, en el estudio de cualquier grupo social. También en el análisis de la igualdad y de la discriminación, en muchas ocasiones nos encontramos con que opera más de un factor, y de dicha suma de fuentes de discriminación resulta una situación de desigualdad que es mucho más potente cualitativamente que lo que supondría cada factor actuando por separado (Añón Roig, 2013).

En esta línea es donde aparece la teoría de la interseccionalidad, surgida en el ámbito de la sociología y en la práctica del movimiento feminista negro, que desde los años sesenta y setenta del siglo pasado insistió en la idea de que las situaciones, experiencia de vida y discriminaciones que experimentaban las mujeres blancas y de clase media son completamente diferentes a las que sufren las mujeres negras y pobres. Tampoco el movimiento de liberación afroamericano, centrado en los hombres negros, proporcionaba respuestas válidas a sus necesidades, expectativas y reivindicaciones. El problema no era otro que la existencia de múltiples opresiones que afectan de forma simultánea a las mujeres afroamericanas, cuyas interrelaciones no estaban siendo ponderadas ni por ello consideradas en los esquemas feministas ni en otros movimientos de protesta y lucha contra la discriminación, como el Movimiento Negro.

Esta es una forma de expresar que las múltiples identidades que afectan a las personas como la etnia-raza, la clase social, su orientación sexual o su ideología, entre otras, han constituido en el caso de las mujeres, instrumentos de múltiples discriminaciones a lo largo de la historia. El feminismo hegemónico (blanco, occidental y de clase media), comenzó de este modo a ser cuestionado como herramienta explicativa y de análisis aplicable a la problemática de todas las mujeres. Y no solo el feminismo, sino que el planteamiento que está en la base de la interseccionalidad, cuestiona de forma más amplia las estrategias de lucha existentes hasta ese momento, por no tener en cuenta que los sistemas de opresión están interrelacionados.

Esta nueva forma de entender y abordar la desigualdad y la discriminación, surgida desde el Feminismo Negro y otros movimientos, ha sido destacada por su interés y su carácter absolutamente novedoso, en cuanto pionero y rompedor del planteamiento imperante hasta la fecha, que tan solo abordaba dicho fenómeno a partir de identidades homogéneas y unidireccionales (Romero Bachiller, 2012; Platero, 2012a). Al poner de manifiesto el modo en que el feminismo norteamericano privilegiaba el punto de vista de las mujeres blancas, anglosajonas, heterosexuales y de clase media, perpetuando con ello prejuicios racistas y étnicos, así como jerarquías de clase, la idea de interseccionalidad supuso un avance enriquecedor para el movimiento feminista. Este enfoque crítico también favoreció a que otros ejes de discriminación tales como la clase social, la orientación sexual, la discapacidad, entre otros, pasaran a formar parte de las exigencias en la consecución de derechos

En el ámbito de la academia, el término «interseccionalidad» (intersectionality), fue utilizado por primera vez por la abogada afroestadounidense Kimberlé Crenshaw a finales de la década de los ochenta[455], para expresar las discriminaciones

---

455 Ello no obstante, no podemos olvidar como precursor, un *Manifiesto feminista Negro*, publicado en el año 1977 por un colectivo feminista denominado *Combahee River Collective*, que ya destacaba las opresiones múltiples y simultáneas a que debían hacer frente las mujeres afroamericanas, mencionando las de clase, género, raza y sexualidad, y subrayando las interrelaciones de todas estas formas de discriminación, al tiempo que se criticaba el que no se tuviera en cuenta que los sistemas de opresión están interrelacionados (Combahee River Collective, 2012)

por razones de etnia-raza y género a las que estaban expuestas las mujeres, así como para referirse a un complejo sistema de opresiones múltiples que actuaban en ámbitos diversos, como el laboral (1989) y el de la violencia de género (1991).

Este enfoque interseccional tiene una potencialidad de análisis mucho mayor que la suma del racismo y el sexismo, por lo que, en opinión de Crenshaw cualquier análisis que parta de la interseccionalidad, no servirá para abordar la manera particular en que las mujeres negras se encuentran subordinadas. Si el feminismo o los movimientos antirracistas quieren integrar la multidimensionalidad de la experiencia de las mujeres negras, no podrán hacerlo a partir del análisis de un solo eje, que hace desaparecer y distorsiona las experiencias y la problemática de este colectivo. Insistiendo en esta idea, no solo las mujeres negras, sino, por extensión, cualesquiera mujeres que formen parte de un grupo cuya realidad se encuentre definida por un eje opresión concreto, como puede ser la discapacidad, solo estarán amparadas y protegidas cuando su experiencia concreta coincida con la de los grupos hegemónicos, dejando de estarlo en el caso de que, por la multidimensionalidad de su realidad, confluya más de un factor de discriminación.

En consecuencia, el enfoque interseccional huye de posturas que consideran a las mujeres como un todo homogéneo, y critica la posibilidad de abordar cada factor de discriminación de manera independiente, subrayando que no pueden tratarse como una simple suma o adición. Creenhaw explica, en este sentido, la diferencia que existe entre la *discriminación doble, triple o cuádruple, múltiple,* en definitiva, que se caracteriza por ser aditiva, constituyendo una simple suma de discriminaciones, frente a la *discriminación interseccional,* que pone de relieve y subraya que cada uno de estos ejes de desigualdad se construye de manera relacional, y que lo relevante son los efectos de tal interconexión.

Tras presentar el concepto de interseccionalidad, Creenhaw (1991) distingue distintos tipos, en concreto habla de:

- Interseccionalidad estructural: Una idea que alude a la experiencia concreta de discriminación que experimenta una persona cuando inciden sobre ella diferentes ejes de opresión que se interconectan, lo que provoca una limitación de sus oportunidades económicas, políticas y/o sociales.
- Interseccionalidad política: Identificada con las estrategias políticas puestas en marcha por las instituciones y los movimientos sociales para dar respuesta a las situaciones de desigualdad que la interconexión de diferentes ejes de opresión produce sobre las personas. Tal conjunto de estrategias no puede concebir las causas de la desigualdad como fenómenos compartimentados, donde el género, la clase, la étnica o la discapacidad, aparezcan como dimensiones que avanzan en paralelo
- Interseccionalidad representativa: un terreno en el que el análisis se centra en la imagen de desventaja y exclusión de los sujetos subordinados, construida a través de la actuación de los medios de comunicación, la educación, etc.

A partir de las aportaciones de Creenshaw, se ha comenzado a abordar la discriminación por más de un motivo, bajo diversas denominaciones, que incluyen las de discriminación múltiple, doble discriminación, triple discriminación, o multidiscriminación, no existiendo consenso en la doctrina a propósito del uso de estos términos, tal y como señala Salomé (2017), que trae a colación las definiciones realizadas por el autor finlandés Timo Makkonen (2002). Makkonen habla de *discriminación múltiple* cuando una persona es discriminada por distintos motivos que operan en diferentes momentos de su existencia[456]. Por su parte, la *discriminación interseccional* se produce, dirá este autor, cuando los distintos motivos de discriminación operan de manera simultánea[457].

Si aplicamos la interseccionalidad de forma particular al terreno de la discapacidad, género y discapacidad interactúan y definen conjuntamente la situación de desventaja social de las mujeres con discapacidad. Se trata de un planteamiento que va más allá del puro sumatorio de los dos factores que lo componen, discapacidad y género, pese a que en muchas ocasiones se han analizado las discriminaciones de género, discapacidad, sexualidad, origen étnico y otras como realidades aisladas que actúan, sin percibir sus solapamientos. De ahí que la teoría de la interseccionalidad, como herramienta analítica, suponga un valioso hallazgo para las mujeres con discapacidad a la hora de sustentar análisis conceptuales y teóricos y una nueva praxis capaz de conectar los distintos ejes de opresión, muchos de los cuales no habían sido suficientemente ponderados ni desde los estudios feministas, ni desde el ámbito de la discapacidad.

---

456 Un ejemplo lo constituiría el caso de una mujer con discapacidad que en un momento determinado es discriminada en el acceso a un alto cargo directivo por el hecho de ser mujer; y, en otro momento, se ve impedida de acceder a un edificio público porque este no es accesible para personas con silla de ruedas (Makkonen, 2002, p. 10).

457 Makkonen propone en este caso como ejemplo el caso de una mujer con discapacidad que es sometida a una operación de esterilización no consentida, situación en cuyo origen concurren simultáneamente dos categorías sospechosas de discriminación: el género y la discapacidad (Makkonen, 2002, p. 11)

2. *La interseccionalidad en la normativa internacional y en la agenda jurídica Unión Europea.*

El concepto de interseccionalidad, sin embargo, tal y como señalan Rey Martínez y Giménez Glück (2010), se ha mantenido en un ámbito más doctrinal y político, que normativo y judicial. Pese a su discreta entrada en algunos instrumentos internacionales de protección de los derechos humanos, lo cierto es que su incorporación a las agendas prácticas, políticas y legislativas es muy reciente tanto a nivel internacional como a nivel europeo y nacional, y tan solo se ha producido de forma muy puntual.

En estas páginas se analizará dicha cuestión, y se hará no solo rastreando en la normativa, sino también basándose en estudios precedentes, que hacen referencia, coincidiendo de forma muy sustancial, cuál ha ido el recorrido de la interseccionalidad en los ámbitos citados. En particular destacan los realizados por Caballero Pérez (2016), Salomé (2017), o Díaz Polegre (2018), entre otros.

Cierto que en muchas de estas declaraciones y textos legales no se menciona explícitamente la perspectiva interseccional, ya que la penetración de este planteamiento se ha producido paulatinamente, avanzando a partir de conceptos como la transversalidad y la discriminación múltiple, que daban entrada a otros factores que operaban junto con el género, incrementando la desigualdad y la discriminación de las mujeres que los sufrían. Ya se ha señalado que la doble discriminación o la discriminación múltiple no son lo mismo que la interseccionalidad, pero constituyen sin duda puertas de entrada de este último concepto en el plano jurídico.

En esta exposición tan solo nos centraremos en textos relacionados por su temática con el género o la discapacidad, no haciendo alusión a otros relativos a otras facetas de protección de los derechos humanos, que solo traeremos a colación en alguna ocasión, por su oportunidad o relevancia.

Si comenzamos por los textos jurídicos en la esfera internacional, ya en la *Declaración de Beijing*, aprobada en el año 1995 durante la Cuarta Conferencia Mundial sobre la Mujer, se aludió a la transversalidad de género, como realidad que debía permear la política pública de gobiernos y administraciones y la actividad de las organizaciones sociales, declarando la voluntad de los gobiernos de trabajar por la igualdad de mujeres y niñas "que enfrentan múltiples barreras para lograr su potenciación y su adelanto por factores como la raza, la edad, el idioma, el origen étnico, la cultura, la religión o la discapacidad, o por pertenecer a la población indígena" (párrafo 4 de la Declaración de Beijing). Otras Convenciones anteriores, y en particular la *Convención sobre la Eliminación de todas las Formas de Discriminación contra la Mujer* (1979), no habían mencionado en sus definiciones de discriminación la idea de discriminación múltiple, ni menos aún, aludían a la discriminación interseccional.

El momento clave, fundacional, de la utilización en la esfera internacional del concepto de discriminación múltiple, se produce en 2001, según señala Rey Martínez (2008), con la Declaración de Durban, durante la Conferencia Mundial Contra el Racismo, la Discriminación Racial, la Xenofobia y las Formas Conexas de Intolerancia, donde se subraya que la existencia de factores discriminatorios como la raza, el color, o el origen nacional o étnico, pueden concurrir simultáneamente con, como son el sexo, la religión, el origen social, la situación económica, etc., dando lugar a "formas múltiples o agravadas de discriminación".

En esta misma línea, unos años después, en 2006, también la *Convención sobre los derechos de las personas con discapacidad*, aprobada por la Asamblea General de las Naciones Unidas, utilizará el concepto de discriminación múltiple. Lo hará, en primer lugar, en su preámbulo, donde este instrumento expresa la preocupación de los Estados Partes por la difícil situación en que se encuentran las personas con discapacidad que son víctimas de " (…) múltiples o agravadas formas de discriminación' por motivos de raza, color, sexo, idioma, religión, opinión política o de cualquier otra índole, origen nacional, étnico, indígena o social, patrimonio, nacimiento, edad o cualquier otra condición"; y singularmente en su artículo 6.1., en el que los Estados Partes reconocen que las mujeres y niñas con discapacidad " (…) están sujetas a 'múltiples formas de discriminación' y, a ese respecto, adoptarán medidas para asegurar que puedan disfrutar plenamente y en igualdad de condiciones de todos los derechos humanos y libertades fundamentales".

Diversas autoras (Caballero, 2016; Salomé, 2017) también destacan el modo en que los distintos Comités u órganos de trabajo de diversas Convenciones, han incluido en sus documentos el concepto y las ideas analizadas, hablando ya de *discriminación interseccional* o de *discriminación múltiple* (entre otras denominaciones afines) para referirse a este fenómeno. En particular, esta última autora sistematiza, sin ánimo exhaustiva, tales declaraciones, haciendo referencia, entre otros, a las siguientes:

- El Comité de Derechos Humanos, en su Observación General 28 -relativa a la igualdad de derechos entre hombres y mujeres- reconoció la vinculación existente entre la discriminación por razón de sexo y los demás tipos de discriminación que enuncia el Pacto internacional de derechos civiles y políticos (raza, color, idioma, religión, opinión política o de otra índole, origen nacional o social, posición económica, nacimiento o cualquier otra condición social) (párr. 30).

- El Comité de Derechos Económicos, Sociales y Culturales, en su Observación General 20, enuncia una relación de motivos de discriminación, que cierra mencionando "o cualquier otra condición social", subrayando que en la intersección entre las diversas causas es posible.

- El Comité para la Eliminación de la Discriminación Racial, en su Recomendación General 25, reconoce que la discriminación racial no siempre afecta a las mujeres y a los hombres en igual medida ni del mismo modo, anticipando la integración de la perspectiva de género en sus métodos de trabajo (párrafo 4).
- El Comité para la Eliminación de la Discriminación contra la Mujer, en su Recomendación General 25, reconoce que las mujeres pertenecientes a algunos grupos, además de sufrir discriminación por ser mujeres, también pueden ser objeto de múltiples formas de discriminación por otras razones
- En 2014, el Comité de los Derechos del Niño y el Comité para la Eliminación de la Discriminación contra la Mujer, adoptaron una observación o recomendación general conjunta (Observación General 18 y Recomendación General 31, respectivamente) con el objeto de prevenir y eliminar determinadas prácticas nocivas que afectan los derechos de mujeres, niños y niñas.
- También en el año 2014, el Comité de los Derechos de las Personas con Discapacidad emitió su primera Observación General, en la que reconoció que las mujeres con discapacidad pueden sufrir múltiples e intersectoriales de discriminación por motivos de género y de discapacidad. En particular, el Comité menciona las prácticas de control de su salud reproductiva y las elevadas tasas de esterilización forzada de que son objeto, instando a respetar su capacidad jurídica en múltiples ámbitos de la vida social, laboral, etc., facilitando su participación.

Si nos centramos en la agenda del derecho de la Unión Europea, tal y como señalan Lombardo y Verloo (2010), aunque recientemente algunas instancias europeas, y singularmente la Comisión, se muestra interesada en la discriminación múltiple, no existe una evidencia de prácticas políticas que incorporen un enfoque interseccional al tratamiento de las desigualdades. Ello no obstante, estas autoras detectan un cambio de paradigma institucional, impulsado desde la Unión Europea, que aunque lentamente, avanza en dicha dirección.

A partir del Tratado de Ámsterdam, podemos señalar que se inició una transición de las políticas antidiscriminación, que pasaron de un enfoque unitario a adoptar uno múltiple. La Unión Europea, desde los años 80 del siglo XX hasta el año 2000, había desarrollado el enfoque unitario al abordar las diversas fuentes de desigualdad, tratando de forma separada, por ejemplo, las discriminaciones con origen en el género y en la discapacidad, que se asumían por Direcciones generales distintas. El concepto de discriminación múltiple comienza a aparecer en algunas Directivas, como la entre los considerandos de la Directiva 2000/43/CE, de 29 de junio del año 2000, relativa a la aplicación del principio

de igualdad de trato de las personas independientemente de su origen racial o étnico; o entre los considerandos de la Directiva 2000/78/CE, de 27 de noviembre del año 2000, relativa al establecimiento de un marco general para la igualdad de trato en el empleo y la ocupación por razón de religión o convicciones, discapacidad, edad y orientación sexual; y en la Decisión del Consejo 2000/750/CE, de 27 de noviembre de 2000, por la que se establece un programa de acción comunitario para luchar contra la discriminación. En todos estos textos se afirma que las mujeres son, en muchos casos, víctimas de discriminaciones múltiples.

También resulta interesante subrayar la existencia de diversos informes publicados en el ámbito de la Unión Europea, ya por la Comisión Europea o por redes de expertos, que enfatizan la intersección de la discriminación por razón de sexo con otros factores de discriminación. Entre los mismos, destacan el informe titulado *Multiple Discrimination in EU Law Opportunities for legal responses to intersectional gender discrimination (Burri, Schiek y The European Network of Legal Experts in the Field of Gender Equality),* 2009), así como el informe titulado *Tackling Multiple Discrimination Practices, policies and laws* (Comisión Europea, 2007).

Todos estos documentos, pronunciamientos, normas y estudios, constituyen sin duda avances en el reconocimiento y la aplicación de las discriminaciones interseccionales, que aunque no constituyen en modo alguno en la Unión Europea el enfoque dominante, sí dan entrada a nuevos prismas capaces de medir los efectos de este tipo de discriminación, que singularmente actúa, en el tema que nos ocupa, minando la igualdad de oportunidades de las mujeres discapacitadas.

V. A MODO DE CONCLUSIÓN

Como se ha señalado, el esquema que ofrece la interseccionalidad entre diversos factores de discriminación, que operan de forma acumulativa –en particular, en nuestro análisis, el género y la discapacidad-, resulta extraordinariamente sugerente, en la medida en que su aplicación como herramienta de estudio y como eje de las políticas públicas relativas a la desigualdad de oportunidades, a la exclusión y a la discriminación, permitiría introducir todos los matices en juego, rellenando esas fisuras que ofrece el ordenamiento jurídico, cuando en la protección de derechos no se presta la debida atención al modo en que operan todos los factores presentes en una situación de facto. Abordar de forma unitaria diferentes fuentes de discriminación, como si actuaran en paralelo y no se interrelacionaran, potenciando sus efectos, no es un planteamiento que responda a la realidad. Las mujeres discapacitadas sufren discriminaciones que operan de forma simultánea y que se sustentan en su condición de mujeres, que además tienen una discapacidad. Atacar dichas discriminaciones, que se producen entrelazadas, es algo que debiera de acometerse igualmente con una unidad de acción, tanto en el planteamiento de las normas y políticas, como en su ejecución, seguimiento y evaluación. El concepto de interseccionalidad, tal y como señalan Lombardo y Verloo (2010), sin duda podría promover el desarrollo de políticas más inclusivas y de mejor calidad en el tratamiento de las desigualdades, en la medida en que, como señala Ferree (2009), es un enfoque capaz de suscitar en los responsables políticos una reflexión sobre las dinámicas de privilegios y exclusiones que emergen en las intersecciones entre las distintas desigualdades, evitando diferencias de trato al privilegiar algunas desigualdades, ignorando al tiempo otras, que son mutuamente constituyentes.

Sería deseable que dicho enfoque se adoptara de forma efectiva a nivel internacional, en la dimensión europea y, como consecuencia, también en las normas y en las políticas públicas españolas, de modo que se consideraran conjuntamente el conjunto de factores que podían actuar como elementos de discriminación y generar desigualdad a las mujeres con discapacidad, consideradas como personas con una identidad configurada por el género y la desigualdad, que no pueden ser ponderados de forma separada, ya que éstas mujeres son un todo que no puede separarse en planos distintos, que por el contrario están intrínsecamente interconectados.

Lo cierto es que, como hemos visto, en la normativa española, europea e internacional, tan solo muy tímidamente ha comenzado a introducirse la idea de interseccionalidad, por lo que la misma está muy lejos de convertirse en un instrumento plenamente operativo. Cierto que se advierten cambios, pero, como señala Giménez Glück (2013), ni en la legislación comunitaria ni en la jurisprudencia del Tribunal de Justicia, el esquema interseccional ha alcanzado una verdadera virtualidad. A ello no es ajeno, considerando los argumentos que ofrece

Chacartegui Jávega (2010), el riesgo de aparición de numerosas demandas realizadas por grupos diversos, factor que puede estar en la base de que, hasta el momento, legisladores y jueces no hayan sido particularmente proclives a reconocer esta forma de discriminación.

En definitiva, concluimos con Salomé (2017), en la riqueza de posibilidades para el análisis de los fenómenos discriminatorios que ofrece este concepto, que puede dar luz a nuevas estrategias de lucha contra los mismos, sin dejar de apreciar las dificultades y/o riesgos que entraña esta aproximación, lo que provoca que el debate sobre el enfoque interseccional sea una discusión todavía inconclusa.

VI. BIBLIOGRAFÍA

Añón Roig, M. J. (2013). Principio antidiscriminatorio y determinación de la desventaja. *Isonomía: Revista de teoría y filosofía del derecho,* 39, 127-157.

Burri, S.; Schiek, D.; The European network of legal experts in the field of gender equality (2009). *Multiple Discrimination in EU Law. Opportunities for legal responses to intersectional gender discrimination?* Disponible en https://eige.europa.eu/docs/3028_multiplediscrimination-final7september2009_en.pdf

Caballero Pérez, I. La Interseccionalidad de género y discapacidad a la luz de la convención internacional sobre los derechos de las personas con discapacidad. En Cayo Pérez Bueno, L., De Lorenzo García, R. y De Miguel Vijandi, B. (coord.). (2016). *La convención internacional sobre los derechos de las personas con discapacidad 2006-2016: una década de vigencia,* pp. 93-128

Chacartegui Jávega, C. (2010). Mujer, discriminación múltiple y exclusión social». En Oscar Pérez de la Fuente (ed.), Mujeres: Luchando por la igualdad, reivindicando la diferencia (pp. 39-62). Madrid: Dykinson.

Combahee River Collective (2012). Un manifiesto feminista Negro. (Trad. R. Platero y J. Sáez). En Raquel Platero (Lucas) (ed.), *Intersecciones: Cuerpos y sexualidades en la encrucijada* (pp. 75-86). Barcelona: Edicions Bellaterra.

Comisión Europea, Dirección General de Empleo, Asuntos Sociales e Inclusión, (2007) Tackling multiple discrimination: practices, policies and laws, Publications Office. Disponible en https://op.europa.eu/es/publication-detail/-/publication/f1f6da3a-2c36-4ef7-a7c2-b906349220b4

Comité de Derechos Humanos (2000). Observación General 28. La igualdad de derechos entre hombre y mujeres (artículo 3). 68° periodo de sesiones.

Comité de Derechos Económicos, Sociales y Culturales (2009). Observación General 20. La no discriminación y los derechos económicos, sociales y culturales (artículo 2, párrafo 2 del PIDESC). 42° periodo de sesiones.

Comité para la Eliminación de la Discriminación Racial (2000). Recomendación General 25, relativa a las dimensiones de la discriminación racial relacionadas con el género. 56° periodo de sesiones.

Comité para la Eliminación de la Discriminación contra la Mujer (2004). Recomendación General 25. Medidas especiales de carácter temporal (párrafo 1 del artículo 4 de la CEDAW). 30° periodo de sesiones.

Comité para los Derechos del Niño (2014). Observación General 18, sobre prácticas nocivas. Adoptada de manera conjunta con el Comité para la eliminación de la discriminación contra la mujer (Recomendación General 31 de este último comité).

Comité Sobre los Derechos de las Personas con Discapacidad (2014). Observación General 1. Artículo 12: Igual reconocimiento como persona ante la ley. 11° periodo de sesiones.

Constitución Española (1978). BOE» núm. 311, pp. páginas 29313 a 29424. Disponible en https://www.boe.es/eli/es/c/1978/12/27/(1)

Consejo de Europa (2011). Convenio del Consejo de Europa sobre Prevención y Lucha contra la Violencia contra las Mujeres y la Violencia Doméstica. Disponible en https://rm.coe.int/1680462543

Crenshaw, K W. (1989). *Demarginalizing the Intersection of Race and Sex: A black feminist Critique of Antidiscrimination Doctrine, Feminist Theory and Antiracist Politics.* University of Chicago legal Forum. vol. 1989, Iss. 1, Article 8, p. 140 https://chicagounbound.uchicago.edu/

Crenshaw, K. W.(1991). Mapping the Margins: Intersectionality, Identity Politics, and Violence against Women of Color. *Stanford Law Review, 43*(6), 1241-1299.

Critique of Antidiscrimination Doctrine, Feminist Theory and Antiracist Politics. *University of Chicago Legal Forum*, Vol. 1989, Article 8, pp. 139-167. Disponible en: http://chicagounbound.uchicago.edu/uclf/vol1989/iss1/8

Díaz Polegre, L. (2018). *Género e Interseccionalidad. Una revisión histórico-crítica.* En https://riull.ull.es/xmlui/handle/915/7309

Ferree, M. M. (2009). "Inequality, intersectionality and the politics of discourse: framing feminist alliances". En Lombardo, E.; Meier, P. y Verloo, M., *The discursive politics of gender equality.* Stretching, bending and policy-making. Londres: Routledge: 86-104.

Giménez Glück, D. (2013). La legislación y la jurisprudencia de la Unión Europea ante la Multidiscriminación. En Rosario Serra Cristóbal (coord.), La discriminación múltiple en los ordenamientos jurídicos español y europeo (pp. 45-70). Valencia: Tirant lo Blanch.

Guerra Palmero, M. J. (2001). *Teoría feminista contemporánea. Una aproximación desde la ética.* Madrid, España: Editorial Complutense.

Guerra Palmero, M. J. (2013). "Derechos humanos, intersección de opresiones y enfoques crítico-feministas". En Corredor Lanas, C.; Peña Echeverría, J. (coord.). *Derechos con razón. Filosofía y Derechos Humanos,* Universidad de Valladolid, España, Thomson Reuters, pp. 49-67.

Ley Orgánica 3/2007, de 22 de marzo, para la igualdad efectiva de mujeres y hombres. «BOE» núm. 71, de 23/03/2007, pp. 12611 a 12645. Disponible en https://www.boe.es/eli/es/lo/2007/03/22/3/con

Lombardo, E.; Verloo, M. (2010). La 'interseccionalidad' del género con otras desigualdades en la política de la Unión Europea. *Revista Española De Ciencia Política,* (23), 11-30. Disponible en https://recyt.fecyt.es/index.php/recp/article/view/37496

Makkonen, T. (2002). *Multiple, compound and intersectional discrimination: Bringing the experience of the most marginalized to the fore.* Institute for Human Rights. Abo Akademi University. Disponible en https://www.abo.fi/wp-content/uploads/2018/03/2002-Makkonen-Multiple-compound-and-intersectional-discrimination.pdf

ONU (1966). Convención Internacional sobre la Eliminación de todas las Formas de Discriminación Racial. Disponible en https://www.ohchr.org/sp/professionalinterest/pages/cerd.aspx

ONU (1979). Convención sobre la eliminación de todas las formas de discriminación contra la mujer. Disponible en https://www.ohchr.org/sp/professionalinterest/pages/cedaw.aspx

ONU (1988). Convención sobre la eliminación de todas las formas de discriminación contra la mujer. Recomendación nº 8. Disponible en https://catedraunescodh.unam.mx/catedra/mujeres3/html/cedaw/Cedaw/3_Recom_grales/8.pdf

ONU (1989). Convención sobre los Derechos del Niño. Disponible en https://www.un.org/es/events/childrenday/pdf/derechos.pdf

ONU (1991). Comité para la Eliminación de la Discriminación contra la Mujer. Recomendación nº 18. Disponible en https://catedraunescodh.unam.mx/catedra/mujeres3/html/cedaw/Cedaw/3_Recom_grales/18.pdf

ONU (1995). Declaración y Plataforma de Beijing. Disponible en https://beijing20.unwomen.org/es/about

ONU (2006). Convención sobre los Derechos de las Personas con Discapacidad. Disponible en https://www.un.org/development/desa/disabilities-es/convencion-sobre-los-derechos-de-las-personas-con-discapacidad-2.html

ONU (2011). Convenio del Consejo de Europa sobre prevención y lucha contra la violencia contra las mujeres y la violencia doméstica. Disponible en https://rm.coe.int/1680462543

Platero, R. (ed.) (2012). *Intersecciones: Cuerpos y sexualidades en la encrucijada.* Barcelona: Edicions Bellaterra.

Platero, R. (2012a). La interseccionalidad como herramienta de estudio de la sexualidad. En Platero, R. (ed.), *Intersecciones: Cuerpos y sexualidades en la encrucijada* (pp. 15-72). Barcelona: Edicions Bellaterra,

Real Decreto Legislativo 1/2013, de 29 de noviembre, por el que se aprueba el Texto Refundido de la Ley General de derechos de las personas con discapacidad y de su inclusión social. «BOE» núm. 289, de 3 de diciembre de 2013, pp. 95635 a 95673. Disponible en https://www.boe.es/eli/es/rdlg/2013/11/29/1

Rey Martínez, F. (2008). La discriminación múltiple, una realidad antigua, un concepto nuevo. *Revista Española de Derecho Constitucional*, 84, 251-283.

Rey Martínez, F.; Giménez Gluck, D. (coords.) (2010). *Por la diversidad, contra la discriminación. La igualdad de trato en España: hechos, garantías, perspectivas.* Madrid: Fundación Ideas.

Romero Bachiller, C. (2012). Enmarañadxs en las sexualidades (reflexiones para tiempos de crisis). En R. Platero (ed.), *Intersecciones: Cuerpos y sexualidades en la encrucijada* (pp. 9-14)). Barcelona: Edicions Bellaterra.

Salome Resurección, L. M.(2017). La discriminación y algunos de sus calificativos: directa, indirecta, por indiferenciación, interseccional (o múltiple) y estructural. *Pensamiento constitucional*, vol. 22, nº 22, pp. 255-290. Disponible en https://revistas.pucp.edu.pe/index.php/pensamientoconstitucional/article/view/19948

www.tirantonline.com

Suscríbete a nuestro servicio de base de datos jurídica y tendrás acceso a todos los documentos de Legislación, Doctrina, Jurisprudencia, Formularios, Esquemas, Consultas o Voces, y a muchas herramientas útiles para el jurista:

- Biblioteca Virtual
- Herramientas Salariales
- Calculadoras de tasas y pensiones
- Tirant TV
- Personalización
- Foros y Consultoría
- Revistas Jurídicas
- Gestión de despachos
- Biblioteca GPS
- Ayudas y subvenciones
- Novedades

* Según ranking del CSIC

96 369 17 28

96 369 41 51

atencionalcliente@tirantonline.com

www.tirantonline.com